陶行知教育名篇导读

主　编　余子侠

副主编　申国昌

天津教育出版社

内容简介

《陶行知教育名篇导读》,由陶行知留世的数百万文字中精选而成。全书共选陶行知各个时期各个方面和各教育层次的教育著述57篇,每篇均加以注释和导读,旨在使读者通过这些文章的研读较为全面而系统地了解陶行知的教育思想,把握其教育理念和事业目标,学习其教育革新和创造精神,为有志于中国教育变革和发展的人们提供教育改革实践的理论指导或借鉴资料。全书选文精当,注释简明,导读切合文意且背景知识丰富。对于爱好教育或乐意从事教育工作的大中学生,尤其是基础教育的教师及教育管理工作者来说,这是一部很好的案头读物。

图书在版编目(CIP)数据

陶行知教育名篇导读/余子侠主编. —天津:天津教育出版社,2010.2
ISBN 978-7-5309-5988-6

Ⅰ.①陶… Ⅱ.①余… Ⅲ.①陶行知(1891~1946)—教育理论—文集 Ⅳ.①G40-092.6

中国版本图书馆CIP数据核字(2010)第032568号

陶行知教育名篇导读

出 版 人 胡振泰

主　　编 余子侠
责任编辑 李勃洋

出版发行 天津教育出版社
天津市和平区西康路35号
邮政编码 300051
经　　销 全国新华书店
印　　刷 北京市燕鑫印刷有限公司
版　　次 2010年4月第1版
印　　次 2013年5月第3次印刷
规　　格 16开 (787×1092毫米)
字　　数 300千字
印　　张 11.5

定　　价 23.00元

前　言

陶行知（1891—1946），安徽歙县（今属黄山市）人，20世纪前半期中国一位“伟大的人民教育家”（毛泽东评语）。他以“爱满天下”的博爱精神，“捧着一颗心来，不带半根草去”的奉献精神，“敢探未发明的新理”的创造精神和“敢入未开化的边疆”的开拓精神，为中华民族的独立解放和中国教育的变革发展，耗尽了平生的精力和心血，而为中国历史宝库留藏下一笔富厚的教育思想遗产。

少年时代的陶行知，以“文浚”的学名就读于乡间的传统塾学中，后在县城一所教会学校完成自己的中学学业。在同为教会开办的南京金陵大学求学期间，因受王阳明学说的影响而改名“知行”。大学毕业后，怀着以教育来改造共和国民和创建共和国家的心志，他远渡重洋留学美国，先后就读于伊利诺斯大学和哥伦比亚大学师范院，其间深受杜威等人的实验主义教育哲学的影响。1917年归国后，他即走上中国的教育革新舞台，欲借变革和发展教育事业来实现自己追求的“真正的民主制度”的“理想国”。自是而后，为着中国教育沿着“人民教育”的路径发展整整奋斗了人生最宝贵的三十年。

依循陶行知的人生事业轨迹和思想发展路向，我们可以将其平生教育理论和实践的贡献大致划分为若干时期：提倡试验教育时期，其时立足高校，借助教育实验来推进新教育运动；其间在南京高师试验“教学法”，试行高校男女同校，借办暑期学校和安徽公学等，来进行教育实验活动。推动教育改进时期，其时借力团体，从实验平民教育学校到参加组建中华平民教育促进总会，在全国范围内积极推动平民教育运动蓬勃开展；与教育对象向平民社会推移的同时，其时的教育改进，还包括教育方法、学校制度、教育精神等教育变革主张的提出及实验，并且将国人教育改进的目光导向国际的教育舞台。开展乡村教育时期，由平民教育的路向直接推进到乡村教育的改造，从而开拓出新的教育发展领地，并且在这种乡村教育运动中形成自己的“生活教育”理论。试验乡村教育改造受到来自政治方面的阻挠后，陶行知转而进入发动普及教育运动时期；此期在教育实践上用心开展“科学下嫁”和创办普及教育行之有效的实践方式“工学团”；长期的教育革新实验，思想认识也有了一定程度的跨越，后人常见的“行知”大名由是取替了早期的“知行”。然而国难当头，为了拯救民族的危亡，不容这位教育改革家继续自己的教育实验，于是借助推行国难教育来实现教育对时代主题的担负；这种国难教育的大课堂及其课程讲授，不仅在于呼唤全民族团结救亡，而且还在于呼唤全世界爱好和平人们的觉醒。为宣传中国抗战而周游二十八国及地区归国后，他的事业随之转为战时教育的提倡，以在香港创办中华业余补习学校为始，以在重庆开办育才学校为终，他又将自己的教育定位于全面教育。所谓全面教育，是对为全面抗战服务的全面性的战争环境下的教育，是对为适应全面民族战争之需要、为夺取全面民族战争之胜利的战时教育的深广发展。抗战胜利后，为了实现真正的民主社会和建设真正的民主国家，陶行知的教育理念及其实践又进入了实行民主教育时期，并依照民主教育的要求创办起社会大学，其民主教育理论就成了他人生教育理想的最后一个音符！

概观陶行知的整个教育理想体系，“生活教育”是该体系建构的总体称谓和精神支柱，而今日人们常言的幼儿教育、初等教育、中等教育、高等教育、终身教育、师范教育、职业教育、社会教育、女子教育、教师教育、道德教育、科学教育、创造（新）教育、乡村教育、民主教育等教育概念及范畴，均为这种生活教育所涵盖，为他的生活教育在不同的教育层面、教育域区、教育阶段的说明和表现，因此，陶行知在教育理论上的建树丰富而多彩。然而，斯人已逝六十余年，我们无法聆听他对这些教育理论的亲口讲解和阐释，只能借助其留世文字来“领悟”其中发人深省和启人心智的真谛。

要想从数百万言的文字结晶中清理出陶行知教育思想最有活力最有价值的东西来，确非一件易事。但为了今日我国教育的变革和发展，也为了在伪教育家泛滥成灾的今日正人视听，作为一名教育研究工作人员，不妨斗胆一试。因此，在写出《陶行知生平事迹五考》时隔八年之后，本人只得再从头至尾通读一遍《陶行知全集》，来确定自己应选的篇章。在初选出近70篇陶文之后，作为一种科研训练，我让本所研究生们试写出导读的初稿，然后由申国昌老师进行初步的整理，最后由本主编全面修改、校实并定稿，收笔时保留其中57篇。参加本书工作的编研人员，除本人与国昌外，按本书陶文导读的编排顺序有：覃小放、于文哲、李雪、赵晓明、吴建章、陈波、谢娜、任秋敏、杨洁琼、许金萍、袁传明、江玲等十二位硕士研究生。

最后需要说明数点：一是本书所选陶文，基本上是贴近今日教育急需提倡或确有一定实践借鉴价值的文字。一些在当时对中国教育变革和发展具有较大甚至很大意义的文章，诸如“平民教育”、“小先生制”等方面的阐释或论述，由于篇幅所限，更因为时代的不同以及今日中国教育环境、条件、层次要求的改异，故而尽量少选或不选。二是在所选的篇章中，一些离主题稍显疏远的说明性文字，选者作了一些删减，而代之以省略号（……）加以连接；个别字词因照应今日的通常用法而有所改易，比如当时作疑问代词或语气助词的“那”一律改为“哪”；对原文的校对，除少数篇章对应原始材料外，基本上以湘版《陶行知全集》为主，对应参照川版《陶行知全集》的同篇文字，其中个别错、漏文字则借［ ］作出改正，原出版物标点符号有误的地方则直接改之。三是为了学习也为了借鉴，我们在导读的撰写中对当代的“陶研”成果尤其陶研界同仁的成果有所参考和吸收，在此表示衷心的感谢；对出版社的组织和编辑人员的工作亦致以深深的谢忱。最后，非常欢迎读者诸君对我们的工作不吝批评和指正，以利在学陶师陶的道路上共同进步！

蕲阳　余子侠

于己丑年冬至

目　录

试验主义之教育方法[①]

【原文】

……试验者，发明之利器也。试验虽不必皆有发明，然发明必资乎试验。人禽之分，在试验之有无；文野之别，在试验之深浅。试验之法，造端于物理、生物、生理，浸假而侵入人群之诸学，今则哲理亦且受其影响矣。盖自培根(Bacon)[②]用以格客观之物，笛卡儿(Descartes)[③]用以致主观之知，试验精神，遂举形而上学、形而下学而贯彻之。穷其结果，则思想日精，发明日盛。欧美之世界，几变其形。

吾国数千年来，相传不绝之方法，惟有“致知在格物”[④]一语。然格物之法何在？晦翁[⑤]与阳明[⑥]各持一说。晦翁以即物穷理释之，近矣。然而即物穷理，又当用何法乎？无法以即物穷理，则物仍不可格，知仍不可致。阳明固尝即物而穷理者也，然未得其法，格物不成，归而格心。使阳明更进一步，不责物之无可格，只责格之不得法，兢兢然以改良方法自任，则近世发明史中，吾国人何至迄今无所贡献？故欧美之所以进步敏捷者，以有试验方法故；中国之所以瞠乎人后者，以无试验方法故。征之世界进步，试验方法既如此，不可废也，则其应用于教育界者，又何若哉？

教育为群学[⑦]之一种，介乎形而上学、形而下学之间。故其采用试验方法也，较迟于物理、生物诸学。然近二百年来，教育界之进步，何莫非由试验而来？是以泼斯泰来齐(Pestalozzi)[⑧]试验幼子，而官觉之用以明；赫耳巴尔忒(Herbart)[⑨]设研究科，而统觉之理以阐；福禄伯(Froebel)[⑩]创幼稚园，而游戏之效以著；杜威(J·Dewey)[⑪]之集成教育哲学，也以试验；忒耳诺泰刻(Thorndike)[⑫]之集成教育心理也，亦以试验……举凡今日教育界所视为金科玉律者，何莫非昔贤屡试不爽之所遗留哉？是故试验之消长，教育之盛衰系之。

柏林大学保尔生(Paulsen)[⑬]曰：德国中世纪以前，狉狉榛榛，等于化外之民。及拉丁文输自罗马，民情一变。既而文艺北渐，蕴成宗教变革[⑭]，而民德又一进，是德人再得力于拉丁民族也。当十七世纪，法国礼乐艺术最盛，德人见异思迁，其贵族咸以能说法语为荣。及十八世纪，大风烈铁骑帝(Fredrich the Great)[⑮]又定法文为学校必修科，并聘法人为高级教师。其学于法人也，可谓勤矣！此外，于英吉利及希腊之文化，皆无所不吸收。此德人师天下之期也。迨至十八世纪之初，哈里大学(Halle University)[⑯]与郭听斯堡大学(Göttinsburg University)相继而兴，皆以宣扬试验精神为务。其后赫尔巴耳忒与福禄伯诸贤，先后辈出，凡所建树，皆根本于试验。虽执政者屡加干预，而其教之流行，速于置邮传命，不数十年而弟子几遍国中。至十八世纪末叶，复与国家主义[⑰]会合，以国家主义定目的，试验主义定方法，相演相成，用著大效。此后言教育者多宗德人。故十九世纪以前，德人师天下；十九世纪以后，天下师德人。试验主义实与有力焉！

美国三十年前之教育，亦几无事不模仿旧大陆。自乾姆(James)[⑱]创设心理试验科，而学者趋向一变。至于今日，凡著名大学，莫不设教育科，其同时试验教育心理者以百计。其试验机关与从事实地试验教育之人，几无处无之；其试验精神之充塞，可谓盛矣。观其效果，虽未必人人皆有贡献，然英德识者，佥谓美国近今小学教法冠天下。其收效之速，有如此者，夫岂偶然哉？

吾国办学十余年，形式上虽不无可观，而教育进化之根本方法，则无人过问。故拘于古法，而徒仍旧贯者有之；慕于新奇，而专事仪型者有之。否则思而不学，凭空构想，一知半解，武断从事。即不然，则朝令夕罢，偶尔尝试。提学使[19]弗善也，一变而为教育司；教育司弗善也，再变而为教育科；教育科弗善也，三变而为教育厅。不满十年，而变更者三，岂其善于试验哉？毋亦尝试而已。孔子曰："温故而知新，可以为师矣。"[20]仍旧贯，只是温故；仪型他国，则吾人以为新，他人以为旧矣。空想无新可见，武断绝自新之路，尝试则新未出而已中途废矣。何怪乎吾国教育之不振也！故欲教育之刷新，非实行试验方法不为功。盖能试验，则能自树立；能自树立，则能发古人所未发，明今人所未明。人将师我，岂惟进步已哉？若徒因人成事，逐世浮沉，则人进一尺，我进一寸；人退一寸，我退一尺。亦太可怜矣！

今之议者，每曰教育救国。教育岂尽能救国乎？吾敢断言曰：非试验的教育方法，不足以达救国之目的也。虽然，试验岂易言哉？知其要而无其才，不足以言试验；有其才而无百折不回之气概，犹不足以言试验也！故试验者，当内省其才，外度其势；视阻力为当然，失败为难免；复贯以再接再厉之精神，然后功可成也。吾教育界有急起直追以试验自矢者乎？吾将拭目以待之。

【注释】

①本篇原载1917年下半年《南京高等师范学校教育研究会会刊》第1期，后载1918年4月《金陵光》第9卷第4期。

②培根　指弗兰西斯·培根(Francis Bacon，1561～1626)，"英国唯物主义和整个现代实验科学的真正始祖"。(马克思语)

③笛卡儿(Rene Descartes，1596～1650)　法国哲学家、数学家和物理学家。

④致知在格物　《礼记·大学》中有"致知在格物，物格而后知至"的话。格：推究，研究。格物：推究事物的原理。

⑤晦翁　即朱熹(1130～1200)，南宋哲学家、教育家。

⑥阳明　即王阳明，名守仁，字伯安，别号阳明。明代哲学家、教育家，"心学"流派的重要代表人物。

⑦群学　即社会学。

⑧泼斯泰来齐　通译裴斯泰洛齐(Johann Heinrich Pestalozzi，1746～1827)，瑞士教育家。

⑨赫耳巴尔忒　通译赫尔巴特(Johann Friedrich Herbart，1776～1841)，德国哲学家、心理学家、教育家。

⑩福禄伯　通译福禄培尔(Fredrich Wilhelm August Froebel，1782～1852)，德国学前教育家。

⑪杜威(John Dewey，1859～1952)，美国实用主义的主要代表，哲学家、教育学家。

⑫忒耳诺泰刻　通译桑戴克(Edward Lee Thorndike，1874～1949)，美国心理学家。

⑬保尔生　通译保罗生(Fr·Paulsen)，德国哲学家。

⑭宗教变革　16世纪欧洲新兴资产阶级在宗教改革旗帜下发动的一次反封建的大规模社会政治运动。

⑮大风烈铁骑帝　即弗里德里希二世(Fredrich Ⅱ，1712～1786)，又称腓特烈大帝，普鲁士国王。

⑯哈里大学(Halle University)　通译哈勒大学，1694年创设于普鲁士萨克森(Saxony)。

⑰国家主义　是一种以抽象的国家概念诱导人民服从资产阶级利益的反动思想。对内强调"国家至上"，对外宣扬民族优越论，并以"保卫祖国"的名义为侵略战争进行辩解。

⑱乾姆　通译詹姆斯(William James，1842～1910)，美国哲学家、心理学家。

⑲提学使　清末学官名，为省一级教育行政长官，辛亥革命后废除。

⑳温故而知新，可以为师矣　出自《论语·为政》。意思是广泛地熟读典籍，复习所学的知识，进而从中获得新的领悟，同时还努力吸收新知识以求融会贯通。做到这样的程度，才可称为老师。

【导读】

该文系陶行知为倡导新的教育方法而撰写。"试验主义"亦作"实验主义"，是杜威教育哲学的要义之一，主要是在方法论层面上强调教育的实验作用。这种教育理论的勃兴乃至成型，得力于实验心理学的发展。通过西方心理学家和教育家冯特、霍尔、梅伊曼、拉伊、比纳一直到桑代克等几代人的努力，至 20 世纪初，作为一种新的教育思潮开始产生重大的世界性影响。

由于实验主义教育注重的是科学方法的研究和应用，因此"五四"前后，在时代的"科学"大潮影响下，中国教育领域中那些提倡新教育的学人们，作为一种批判旧教育的武器，纷纷借用和引进实验主义教育学说，实验主义教育思想很快在中华教育界形成一种思潮。深受美国进步主义教育运动影响和以杜威为首的美国实验主义教育理论熏陶的陶行知，自然很自觉地成为这种教育思潮的一位主要的理论建设者。他归国从教后，于推进新教育运动的实践进程中，注意"敢探未发明的新理"，开始了试验主义教育理论的观念阐释和方法验证，以求使中国的教育事业得到更深层次的翻新改造。

该文在比较中西教育的优劣同异时，指出二者最大的区别在于有无试验的方法和精神。在陶行知看来，西方教育从裴斯泰洛齐、赫尔巴特、福禄培尔直至杜威，形成了重视试验的传统，教育因之不断演进出新。相反，中国数千年虽然以"致知在格物"为认知法门，但却长期停留在形而上学的思辨上，不求方法的改进，导致了中国的科学和教育在近代落伍。文中，陶行知以德国和美国的教育事业为例，通过列举两国在倡行试验主义后带来的变化加以论证教育领域采用试验教学方法的必要性。最后，他反思中国自清末实施新教育十几年来收效甚微，深层原因即在于中国仅仅在教学形式上模仿西方，没有抓住西方教育成功的根本方法，"故欲教育之刷新，非实行试验方法不为功"，"非试验的教育方法，不足以达救国之目的也"。而要从事教育试验，需要有相关才能、百折不回的气概和再接再厉的精神，方能成功。

陶行知撰写这篇文章，表现出一个留学归来的爱国青年对中国教育事业的忧患意识。在分析试验方法对西方教育发展所产生的影响后，他指出，中国教育欲求振衰起弱，舍试验主义而难有成果。此后他的言论和行动几乎均围绕这个中心运转。陶行知所提倡的试验主义在今天仍有诸多可资借鉴之处。正确的教育方针是教育的生命线，教育要改革、要创新，必由之路在试验，绝不能纸上谈兵。只有抱着科学的试验精神，始终以试验的方法去探索，才会获得真知、求得真理。

教育研究法[①]

【原文】

今日系本会诞生之辰，亦即鄙人与诸君观摩之始。总干事云："指导员为本会学识之产婆。"鄙人内省颛蒙，短绠深汲，覆餗堪虞。兹姑勉竭绵薄，以占可否耳！

本会既定名教育研究会，则国家何以必有教育？教育何以必须研究？研究何必待集会？诸君顾名思义，不可不知也。鄙意共和国有要素二：一、正当之领袖也。盖先知先觉，楷则蒸黎，导斯民于轨范之中，进社会于缉熙之域，悉其责焉。然英才俊质，虽恃先天之禀赋，亦赖经验之陶冶。故必有完美之人才教育，始能产正当之国民领袖。非然者，不胎求子，庸有济乎？二、健全之公民也。盖社会日进，庶业綦繁，国事良夥，断非少数之国民领袖所克左右。苟无多数健全之公民，利害洞彻，时势明了，取鉴先觉，各尽其职，则有倡无和，事卒不举。故人才教育以外，又当以普通教育为根本，以造成健全之公民。然则领袖也，公民也，实共和之长城也。而产此长城者何乎？舍教育吾奚属哉！

故方今教育家之天职，在考察吾国共和之长城造乎未造，所造者完乎不完；何者应改弦更张，何者应补苴修正。如欧美之职业教育，吾国曩未之行，此则急宜酌采者也。国人受教育者，百分应有九十，而今仅居其一，此则急宜完足者也。实业学校[②]办法弗良，学生应用其所学者，十仅一二；改营他业者，十且八九，致演成农不农、工不工、商不商之险状，此则急宜改革者也。醉心西化，动辄效颦，而不知宜于彼者，未必皆宜于我；宜于中学者，未必宜于小学。如代数一科，中学校莫不肄习。以鄙人所见，未必皆受益，此则急宜修正者也。教育家之在今日，殆所谓仔肩重任者乎！

夫教育之关系既如彼，教育家之天职又如此，则吾人之不能昧于斯道也，明矣。盖教育之举措，悉当根据于学理。学理幽深，研究始明。教育学术，吾人所宜研究，庶南辕无北辙之虞，奏刀有理解之效也。

虽然，独学寡闻，千虑一失，集会琢磨，厥利有三：一、可以交换知识也。盖集众人之才力经验，共研所学，则切磋观摩，互资考鉴，学理因辨难而大明，知识以互易而愈广矣。二、彼此可以鼓励也。学理深邃，则玄眇难明；事业恢宏，则困阻恒多。畏难者见而步却，虑失者当之心灰。苟集会攻研，则彼此激励，中阻无碍矣。三、可以互益兴趣也。盖治学以兴趣为主。兴趣愈多，则从事弥力；从事弥力，则成效愈著。然离群独立，索然寡欢，困难偶及，兴阻中途。苟集会研究，则彼此激励，兴味时增，无此弊矣。

然则研究之道，果何在乎？今仅就管见所及，约略言之，以资考证。一、疑难须发乎中，标题须择其要。发于中，则蕴蓄有素，心得恒多；择其要，则真实不虚，言皆切中。譬一人焉，始则多数问题，蕴蓄于中，继乃举其无关教育，涉及专门，繁杂难理鲜趣乏资料者，依次汰除，则所存者，莫非普通应用、平易切实、兴味饶足、研资丰厚者已。二、问题既拟，则必征求知识以解决之。征求知识之法，就主观言之，约有三端：一曰虚心，虚心则成见消除，不为物蔽，休休相容，惟真理之是求；二曰留心，留心则社会环象随在考察，不仅恃载籍以资考证；三曰专心，专心则精敛神萃，致力一途，不扰于物，易底于成。若就客观言之，则亦有三：一曰明辨，盖资料杂陈于前，苟不明辨剖析，以别其用途，则取舍不当，必有留瓦遗珠之憾；二曰比校，比校则古今中外之异同，因果是非之轨迹，同时并观，了如指掌；三曰统列，统列则纪录之资料，进化之事实，群分类聚，条理井然矣。

且征求知识之方法，亦随知识之性质而异。知识有新有旧，有已有者，有本无者。征求已有之旧知识，有二法：一曰交谈问答，盖交谈学理，彼此之意见融通，问答辨难，事物之真理阐发，其助学识诚非浅鲜；二曰读书，读书多，则积理富，积理富，则随时应用绰有余裕矣。但专事征求旧知识，则世界无进化；欲求世界进化，非探觅新知识不为功。探觅新知识之法亦有二：一曰观察，观察愈力，则物感愈众，天文等学之发明，俱赖于是；二曰试验，试验者，自设景况，产生结果，以为学理之左证也。一须统束各种情况，使之纯一不杂；二宜活动其一，使为主因。非然者，主因之外又杂他因，则结果难确矣。故教育家欲比较两教授法之优劣，则课堂之设备同，课本之教材同，时间教师同，其他教法同，以及学生之年龄、男女、程度、家境同，然后施各异之教法，而后可知其结果之究孰优孰劣也。然则欲教育之进步，须先有正当之试验家，施行精密之试验术也，明矣。此外，复将一事之结果、内容，条分缕析，开会逐一讨论，决不可模糊影响，混合而言。盖拓都[③]为幺匿[④]之结体，幺匿明，则拓都易知矣。讨论时最忌者有数事：一曰闲谈，盖泛滥无节，难中肯綮，隔靴搔痒，徒作捕光掠影之谈，最足以眩惑是非也；二曰盲从，胸无定见，人云亦云，实不足以言讨论；三曰成见，盲从固陋，拘执亦非，盖有成见在胸，则自是其是，不能容纳真理；四曰武断，不先论事理之果何如，而遽下判断，非特抑他人之思想，亦且失研究之真诠。忘己忘人，俱为要道。忘己则大公无我，真理是徇；忘人则独抒己见，不畏诽谤。讨论既毕，则其结果非特牢记于心，又宜举行试办，然后将其良者竭力推广，导人效则。现卅二法身，掉广长圣舌[⑤]，实分内事也。再鄙人不才，忝居本会指导员之职，间尝思教员二字，殊属不妥。盖人师之责，不在教学生，而在教学生学。故本会之精神，亦当在学而不在教。尝观世界大教育家，如白斯达罗齐[⑥]、福禄伯等之伟功盛业，无不在试验，无不在发明。故鄙人深愿本会为试验之先河，为发明之鼻祖……

【注释】

①本篇系陶行知在南京高等师范学校教育研究会上的讲演。记录者：刘著良、吴崑。原载1918年6月《金陵光》第9卷第5期。

②实业学校　民国初年办的职业学校，分甲乙两种。

③拓都　英文 total 的音译，意为全体或整体。

④幺匿　英文 unit 的音译，意为单个或个体。

⑤现卅二法身，掉广长圣舌　“卅”意即“三十”。《楞严经》卷六曰：“我身成三十二应，入诸国土。”说观音为拯救苦难众生，能现三十二种应化身形。《法华经》说观音能示现三十三身，与前说大同小异。广长舌相为三十二大人相中的二十七相。《大智度论》卷八：舌相广长，语必真实。

⑥白斯达罗齐　通译裴斯泰洛齐，瑞士教育家。

【导读】

1914年秋到1917年秋，陶行知在美国学习和生活了三年。其间，他凭借自己随事留意的行为习性和敏锐的观察能力，对于美国教育事业的有关优长之处，多有感悟和记取。回国后，通过比对中国的现时学校教育，他比较清晰地认识到中国教育的种种不足，注意将西方的教育理论和教学方法与中国社会实际加以联系和结合，形成了自己对中国教育改革的思路。比如：他发现国内的学校教育依然把教师看作教学的中心和主体，而把学生当作被动接受知识的对象。在整个教学活动过程中，先生只管教，学生只管学。对此他深感不满，多次借有关场合提倡对教育方法进行研究。1918年3月，南京高等师范教务主任郭秉文被指定代理校长职，随后他推荐陶行知代理教务主任。这年6月，陶行知支持南京高师学生成立“教育研究会”，并被特邀作为该会“指导员”。本篇即是他在研究会成立会上的演讲。

该文主要阐述了三个大问题：国家为什么必须有教育，教育为什么需要有研究，如何采用集会的形式开展研究。陶行知对此的回答是：一、只有通过教育才能为国家培养出正当的领袖、健全的公民。教育家的天职在于立足本国的教育实情，研究教育、教学过程中的实际问题，在此过程中要正确对待西方的教育经验。二、成立教育研究会的目的在于方便各成员之间切磋交流经验，增加研究兴趣，减少前进中的阻力。三、关于研究教育的方法，第一步要选择研究的问题，问题来源于日常研究过程中遇到的疑难点。第二步是寻求相应的知识来解决问题。知识有新旧之分，查找旧知识，可以通过查阅书本，也可以通过与人交谈问答得来。对于新知识，就要在一定程度上依靠观察、试验得来。第三步要分析资料，集会讨论，得出正确的认识。在大家讨论各种材料和观点时，要避免闲谈、盲从、成见、武断。最后他强调，研究会的精神“当在学而不在教”。

陶行知对教育方法进行改革的主张，即提出将“教授法”改为“教学法”的观点，是一种崭新的教育理念，冲击了几千年来的旧教育、旧传统，在“五四”时期教学方法的改革上写下了浓重的一笔，为随后的中华教育界所普遍接受。他对开展教育研究的过程及方法论所作的详细论述，具体入微，可操作性强，对教育研究会的运作起到了纲领性的指导作用。今天学习他的《教育研究法》，对于更好地把握教育规律、改进教学方法、建立新型的师生关系，仍可得到重大启迪。

生利主义之职业教育[①]

【原文】

自本社[②]标解决生计问题为进行之方针，一般学者往往以文害辞，以辞害意，误会提倡者之本旨。推其原因，多由于不明生计二字之界说所致。惟其不明乎此，故或广之而训作生活，或狭之而训作衣食；驯至彼一是非，此一是非，议论纷纭，莫衷一是。不徒反对者得所藉口，即办学者亦无所适从。其隐为职业教育前途之障碍，良非浅鲜。孔子曰：“名不正则言不顺；言不顺则事不成。”故欲职业教育之卓著成效，必自确定一正当之主义始。

夫职业教育之成效既有赖于正当之主义，则问何谓正当之主义，生活乎？衣食乎？抑生活衣食之外别有正当之主义乎？

生活主义包含万状，凡人生一切所需皆属之。其范围之广，实与教育等。有关于职业之生活，即有关于职业之教育；有关于消闲之生活，即有关于消闲之教育；有关于社交之生活，即有关于社交之教育；有关于天然界之生活，即有关于天然界之教育。人之生活四，职业其一；人之教育四，职业教育其一。故生活为全体，职业为部分；教育为全体，职业教育为部分。以教育全体之生活目的视为职业教育之特别目的，则职业教育之目的何以示别于教育全体之目的，又何以示别于他种教育之目的乎？故生活之不能为职业教育独专之主义者，以其泛也。

生活主义固不适于职业教育之采用矣。衣食主义则何如？大凡衣食之来源有四：职业、祖遗、乞丐、盗窃是也。职业教育若以衣食为主义，彼之习赖子、乞丐、盗窃者，不亦同具一主义乎？而彼养成赖子、乞丐、盗窃者，亦得自命为职业教育家乎？此衣食主义之不适于职业教育者一也。不宁惟是，职业教育苟以衣食为主义，则衣食充足者不必他求，可以不受职业教育矣。此衣食主义之不适于职业教育者二也。且以衣食主义为职业教育之正的，则一切计划将趋于温饱之一途。此犹施舍也。夫邑号朝歌，墨翟回车[③]；里名胜母，曾子不入[④]。学校以施舍为主旨，则束身自好者行将见而却步矣。此衣食主义之不适于职业教育者三也。凡主义之作用，所以指导进行之方法。若标一主义不能作方法之指针，则奚以贵？故衣食之可否为职业教育之主义，亦视其有无补助于职业方法之规定耳。夫学校必有师资，吾辈选择职业教员，能以衣食为其资格乎？学校必有设备，吾人布置职业教具，能以衣食为其标准乎？又试问，职业学校收录学生，可否以衣食为去取？支配课程，可否以衣食为根据？衣食主义之于职业教育方法，实无丝毫之指导性质。有之，则吾不知也。衣食既不能为职业教育方法施行之指导，则其不宜为职业教育之主义，又明矣。此衣食主义之不适于职业教育者四也。不特此也，吾人作事之目的，有内外之分。衣食者，事外之目的也；乐业者，事内之目的也。足衣足食而不乐于业，则事外虽无冻馁之虞，事内不免劳碌之患。彼持衣食以为职业教育主义者,是忽乐业之道也。此衣食主义之不适于职业教育者五也。且职业教育苟以衣食主义相号召,则教师为衣食教,学生为衣食学,无声无臭之中隐然养成一副自私之精神。美国人士视职业教育与学赚钱(Learning to earn)为一途,有识者如杜威(Dewey)先生辈,咸以其近于自私,尝为词辟之。吾国当兹民生穷蹙之际,国人已以衣食为口头禅,兴学者又从而助长其焰,吾深惧国人自私之念,将一发难厌矣。此衣食主义之不适于职业教育者六也。是故衣食主义为众弊之渊薮,欲职业教育之有利无弊,非革除衣食主义不为功。

衣食主义既多弊窦,生活主义又太宽泛,二者皆不适用于职业教育,然则果应以何者为正当之主义乎?曰,职业作用之所在,即职业教育主义之所在。职业以生利为作用,故职业教育应以生利为主义。生利有二种:一曰生有利之物,如农产谷,工制器是;二曰生有利之事,如商通有无,医生治病是。前者以物利群,后者以事利群。生产虽有事物之不同,然其有利于群则一。故凡生利之人,皆谓之职业界中人;不能生利之人,皆不得谓之职业界中人。凡养成生利人物之教育,皆得谓之职业教育;凡不能养成生利人物之教育,皆不得谓之职业教育。生利主义既限于职业之作用,自是职业教育之特别目的,非复如生活主义之宽泛矣,此其一。以生利主义比较衣食主义尤无弊窦之可指,故以生利主义为准绳,则不能生利之赖子、乞丐、盗窃与养成之者,皆摈于职业教育之外矣,此其二。学校既以生利为主义,则足于衣食而不能生利者无所施其遁避,此其三。父母莫不欲其子女之能生利,职业教育苟以生利为主义,自能免于施舍之性质,自好者方将督促子女入学之不暇,又何暇反加阻力乎?此其四。职业既以生利为作用,吾人果采用生利主义以办职业教育,则生利之方法,即可为职业教育方法之指针,此其五。职业教育既以养成生利人物为主义,则其注重之点在生利时之各种手续,势必使人人于生利之时能安乐其业,故无劳碌之弊,此其六。生利主义侧重发舒内力以应群需,所呈现象正与衣食主义相反。生产一事一物时,必自审曰:“吾能生产乎?吾所生产之事物于群有利乎?”教师学生于不知不觉中自具一种利群之精神,此其七。不特此也,能生利之人即能得生活上一部分之幸福;而一衣一食亦自能措置裕如。不能生利之人,则虽有安富尊荣亦难长守。故惟患不能生利,不患不得生活之幸福与温饱。然则生利主义既无生活主义之宽泛,复无衣食主义之丛弊,又几兼二者之益而有之,岂非职业教育之正当主义乎?

生利主义之职业师资　职业教育既以养成生利人物为其主要之目的,则其直接教授职业之师资,自必以能生利之人为限。盖己立而后能立人,己达而后能达人,天下未有无生利经验之人而能教育人生利者。昔樊迟请学稼,子曰:“吾不如老农。”请学为圃,曰:“吾不如老圃。”孔子岂故为拒绝哉?亦以业有专精,事有专习,孔子之不知农圃,亦犹老农老圃之不知六艺[5]耳。由是以推,无治病之经验者,不可以教医;无贸易之经验者,不可以教商。百凡职业,莫不皆然。故职业教师之第一要事,即在生利之经验。无生利之经验,则以书生教书生,虽冒职业教师之名,非吾之所谓职业教师也。

然职业教师不徒负养成生利人物之责,且负有改良所产事物之责。欲求事物之改良,则非于经验之外别具生利之学识不可。无学识以为经验之指导,则势必故步自封,不求进取。吾国农业数千年来所以少改良者,亦以徒有经验而无学识以操纵之耳。故职业教师之第二要事,是为生利之学识。

兼有生利之经验、学识,尚不足以尽职业教师之能事。盖教授生利之法,随业而异。有宜先理想而后实习者,有宜先实习而后理想者,有宜理想、实习同时并进者。为职业教师者自宜熟悉学者之心理,教材之性质,使所教所学皆能浃洽生利之方法,而奏事半功倍之效。故职业教师之第三要事，为生利之教授法。

准如前说，则健全之职业教师，自必以经验、学术、教法三者皆为标准。三者不可得兼，则宁舍教法学术而取经验。盖无学术教法而有经验，则教师尚不失为生利之人物，纵无进取良法，然学生自能仪型教师所为，以生产事物。既能生产事物，即不失职业教育之本旨。如无经验，则教授法无由精密，纵学术高尚，断不能教学生之生利。既不能生利，则失职业教育之本旨矣。是故经验学术教法三者皆为职业教师所必具之要事，然三者之中，经验尤为根本焉。

职业教师既以生利经验为根本之资格，则养成职业师资自当取材于职业界之杰出者。彼自职业中来，既富有经验，又安于其事，再加以学术教法，当可蔚为良材，概之收录普通学子，为事当较易，收效亦当较良且速也。

职业教师既以生利之经验、学术、教法三者为资格，则如何养成此种教师之方法，亦在吾人必须研究之列。大概养成职业师资之法有三：（一）收录普通学子教以经验学术与教法；（二）收录职业界之杰出人物，教以学术与教法；（三）延聘专门学问家与职业中之有经验者同室试教，使其互相砥砺补益，蔚为职业教师。夫经验所需之多少，随职业而异；其需经验较少之职业，利用第一法。如普通师范学校之教师有二三年之经验者，即可作教授之基础。故收录普通学子而养成之，为事甚易。其次，则商业学校教员，似亦可以利用此法。但农工等职业之教师，性质迥异，非富有经验，不足以教生利。舍难就易，似不如采用第二法，精选职业界之杰出者养成之。彼既从职业中来，自必有相当之经验，再教以实用之学术教法，为事自顺。然此法效力之大小，常视国中教育普及之程度为差。其在欧美教育普及之邦，职业中人，大半受过八年之公共教育，既有普通知能以植其基，则于学术、教法自易领悟。中国则不然，教育未普及，农工多数不识文字；既不识文字，则欲授以学术教法，自有种种困难。然而职业界之杰出者，终不乏粗识文字之人。当事者苟能精选而罗致之，则有用之职业师资，或能济济而出也。此外则有延聘学问家与经验家同室试教一法。当今职业师资缺乏，为其备选者，或有学术而无经验，或有经验而无学术，速成之计，莫如合学问家与经验家于一炉而共冶之；既可使之共同试教，又可使之互相补益，则今日之偏材，经数年磨练之后，或能蔚成相当之师资，岂非一举两得哉？然一班二师，所费实巨，况学术、经验贵能合一，若分附二人之身，终难免于隔膜。故此计虽有优点，不过为过渡时代权宜之策耳。总之，职业教师最重生利之经验，则养成之法，自宜提其要领，因已有之经验而增长之，方能事半功倍也。

生利主义之职业设备　孔子曰："工欲善其事，必先利其器。"无利器而能善其事者，吾未之前闻。职业教育又何独不然？必先有种种设备，以应所攻各业之需求，然后师生乃能从事于生利；否则虽有良师贤弟子，奈巧妇不能为无米之炊何！故无农器不可以教农，无工器不可以教工。医家之教必赖刀圭。画家之教必赖丹青。易言之，有生利之设备，方可以教职业；无生利之设备，则不可以教职业。然职业学校之生利设备可分二种：一、自有之设备；二、利用职业界之设备。但无论设备之为己有，为利用，学生教师莫不可因以生利。故设备虽有己有利用之分，而同为学生教师生利之资则一。余尝游美之麻撒朱赛州（Massachusetts）[⑥]，视其乡村中学校附设之农业科，多利用学生家中之田园设备，使各生在家实习，命之曰家课（Home projects）。教员则自御汽车，循环视察，当场施教。农隙则令学生来校习通用之学术。故校中自有之设备，除课堂点缀以外，实属寥寥无几；校外则凡学生足迹所至，皆其所利用之设备。论其成效则不特设备之经费可省，而各家之农业皆藉学生而间接改良之。此盖利用他人生利设备以施职业教育之彰明较著者也。

生利主义之职业课程　职业学校之课程应以一事之始终为一课。例如种豆，则种豆始终一切应行之手续为一课。每课有学理，有实习，二者联络无间，然后完一课即成一事。成一事再学一事，是谓升课。自易至难，从简入繁。所定诸课，皆以次学毕，是谓毕课。定课程者必使每课为一生利单位，俾学生毕一课，即生一利；毕百课则生百利，然后方无愧于职业之课程。职业课程既以生利为主，则不得不按事施教，欲按事施教，则不得不采用小班制。故欧美之职业实习班至多不满十五人，凡以便生利课程之教授也。不特每课为然，即各课之联络亦莫不以充分生利为枢机。客有学蚕桑者，学成执蚕桑业，终岁生利之期两三月而已，余则闲居坐食，不数年而家计渐困，卒改他业。此能生利而不能充分生利之过也。故职业课程之配置，须以充分生利为标准，事之可附者附教之，事之可兼者兼教之。正业之外，苟能兼附相当之业，则年无废月，月无废日，日无废时矣。此之谓充分之生利。根据此旨以联络各课，是为充分生利之课程。

生利主义之职业学生　有生利之师资、设备、课程，遂足以尽职业教育之能事乎？曰，未也。学生择事不慎，则在校之时，学不能专；出校之后，行非所学。其弊也：学农者不归农，学商者不归商。吾国实业教育之所以鲜成效，固由于师资、设备、课程之不宜于生利，然其学生择业之法之不当，亦其一因也。大凡选择职业科目之标准，不在适与不适，而在最适与非最适。所谓最适者有二：一曰才能；二曰兴味。吾人对于一业，才能、兴味皆最高，则此业为最适；因其最适而选之，则才能足以成事，兴味足以乐业，将见学当其性，用当其学，群与我皆食无穷之益矣。故能选最适之业而学者，生大利不难，岂仅生利已哉！择业不当，则虽居学习生利之名，而究其将来之生利与否，仍未可必。故欲求学业者归业，必先有精选职业之方法。方法维何？曰，职业试习科是也。职业试习科包含农工商及其他业之要事于一课程，凡学生皆使躬亲历试之。试习时期可随遇伸缩，多至半载，少至数星期皆可。但试习之种种情形，必与真职业无异，始可试验学生之真才能真兴味。一参假面具则试验科之本旨失矣。试习之后，诸生于各业之大概既已备尝，再择其最有才能最有兴味之一科专习之。彼其选择既根本于才能兴味，则学而安焉，行而乐焉，其生利之器量，安有不大者哉？

结论　职业学校有生利之师资、设备、课程，则教之事备；学生有最适之生利才能、兴味，则学之事备。前者足以教生利，后者足以学生利：教与学咸得其宜，则国家造就一生利人物，即得一生利人物之用，将见国无游民，民无废才，群需可济，个性可舒。然后辅以相当分利之法，则富可均而民自足矣。故职业教育之主义在是，职业教育之责任在是，余之希望于教育家之采择试行者亦莫不在是。谨贡一得，聊献刍荛⑦，幸垂教焉。

【注释】

①本篇发表在 1918 年《教育与职业》第 1 卷第 3 期上，有编者按语云："作者所谓'生利'，当作'生产'。再进一步讲，'生产'云者，增加物力之谓。而'生利'当作增加物力之有益于群生者。"

②本社　指中华职业教育社。我国近代著名的职业教育团体，1917 年成立于上海，主要负责人为黄炎培。

③邑号朝歌，墨翟回车　朝歌是商朝都城，纣王歌舞作乐之地。墨翟(约前 468～前 376)，即后人常言的墨子(墨家学派创始人)，曾在《非乐》一文中提出反对贵族奢靡之乐，所以，他一见到朝歌就马上回车。事见《史记·鲁仲连邹阳传》。

④里名胜母，曾子不入　胜母是鲁国地名。曾子，即曾参(前 505～前 436)，孔子的学生，事母至孝，他到了胜母里，认为这个里名不孝，就没有进去。事见《史记·鲁仲连邹阳传》。

⑤六艺　中国古代儒家要求学生掌握的六种基本才能：礼、乐、射、御、书、数。

⑥麻撒朱赛州　通译马萨诸塞州(Massachusetts),美国东北部的州名。旧译又称麻省。

⑦刍荛　割草打柴的人。这里是作者的谦辞,认为自己的意见很浅陋的谦虚说法。

【导读】

民国初期,世界上一些工业发达的国家早已开始了职业教育,并形成了科学、系统的职业教育体系。而此时的我国,职业教育尚未起步。1915年4月,倡行实用主义教育的黄炎培专程去美国进行教育考察。其间,他受邀访问了陶行知其时就读的伊利诺大学,二人就中美两国的教育问题进行了亲切的交谈。1916年,陶行知留学哥伦比亚大学,因撰写博士论文,命题涉及中国教育,便拜托黄炎培帮他收集国内资料。黄炎培在给他的回信中写到:“国内青年,学成无用,中学毕业生就业者仅十之一,此为国内最急要之问题。解决方法,一在提倡职业教育;一在使普通教育方法之教材和训练方针,皆能切合于实用。”从而促使陶行知认识到拯救苦难的中国,必须高度重视职业教育。

1917年5月6日,蔡元培、黄炎培等教育界和实业界的一些知名人士为大力推广职业教育,创立了“中华职业教育社”。同年秋,陶行知从美国回来,在南京高师任教,不久即被中华职业教育社吸收为“特别社员”,担任评论员和社刊《教育与职业》的特邀撰稿员。其时,社会对该团体创立之本旨和进行之方针颇多误解,职业教育遭到了很多人的曲解或攻击。为了清正视听,扫除职业教育前途的障碍,陶行知于1918年冬发表了《生利主义之职业教育》一文,较为完整地表达了他的职业教育思想及主张。

该文首先采用先破后立的正反论证方法,通过披露生活主义、衣食主义之弊,针锋相对地提出了生利主义才是职业教育的办学宗旨之所在。接着将生利主义贯穿于职业教育的各个层面,对职业教育该有什么样的师资、设备、课程、学生等进行了精辟的论述。陶行知认为,职业教育在发展过程中,要建设一支有生利能力的高素质教师队伍;要利用好学校和职业界已有的设备;要科学合理地开设课程,遵循学习规律,讲求效率;要充分尊重学生的教育主体地位,注意学生的“才能”和“兴味”,教给学生科学的择业方法。只有具备这些要素,才足以实现生利的职业教育。

《生利主义之职业教育》一文是近代中国职业教育理论体系的杰作,其对中国职业教育所作的探索,具有导引先路的意义,给当时职业教育的发展指明了正确方向。文中关于职业教育诸问题的探讨,对当代职业教育尤其职业学校的办理仍有启迪意义,具有很强的生命力。它告诫我们,应转变教育观念加强职业教育,让职业教育承担起为国“生利”的使命与责任,不断探索职业教育改革与发展之路,增强职业教育的生机和活力。

师范生应有之观念[①]

【原文】

鄙人承贵两校之嘱,来与诸君畅谈,不胜快乐。鄙人最喜同学生谈话,因十余年来,无日不做学生;即现在当教员,亦未尝不是做学生,盖不学则不能教。既为学生,则与诸君均为同志,同志相谈,自必非常快乐。诸君均为师范生,所研究者为教育,而鄙人所研究者,亦为教育,尤为同志中之同志,所以更为快乐。诸君平日在校,已受良好之教训,固无庸鄙人多谈。惟是同志相聚,亦不可不有所研究,尚希诸同志加以指正为荷。今日所讲之题，即《师范生应有之观念》。

一　教育乃最有效力之事业

教育能改良个人之天性。人之性情有善有恶，教育能使恶者变善，善者益善。即个人性情中，亦有善分子与恶分子，且善分子中亦含有恶。如爱，乃性情中之善分子也；而爱极生妒，变善为恶矣。恶分子中亦含有善。如怒，乃性情中之恶分子也，然文王[②]一怒而安天下，用恶为善矣。教育乃取恶性中之善分子，去善性中之恶分子。如开矿然，泥内含金，金内亦杂有泥。开矿者取泥内之金，去金内之泥，然后成为贵品。教育亦若是矣。

教育能养成共和之要素。共和国有两大要素：一须有正当领袖，一须有认识正当领袖之国民。盖领袖有正当者，亦有不正当者。正当领袖，能引导国民行正当之事业；不正当领袖，能诱致国民行不正当之事业。故又必须养成能认识正当领袖之国民，领袖正当则从之，领袖不正当则去之。由是，正当领袖之势力日张，而不正当领袖之势力日蹙。所以教育能巩固共和之基础也。

教育能传播非遗传的文化。人之言语非生而知之者，必由渐习而后能。然亦只能说一国之语，如中国人只能说中国语，而不能言德、美、俄、日等国之语。如欲能言德、美、俄、日等国之语，必由专习而后能。推而言之，世界文化无虑千万，皆父母所不能遗传者，而教育能一一灌输之。鄙人谓教育能造文化，则能造人；能造人，则能造国。今人皆云教育能救国，但救国一语，似觉国家已经破坏，从而补救，不如改为造国。造一件得一件，造十件得十件，以至千百万件，莫不皆然。贫者可以造福[富]，弱者可以造强。若云救国，则如补西扯东，医疮剜肉，暂虽得策，终非至计。若云教育造国，则精神中自有趣味生焉，盖教育为乐观的而非悲观的也。

教育为最有可为之事。古今名人莫不由研究教育而出。如达尔文、杜威、威尔诺刻[③]等，皆由研究教育而出者也。但须有决心，有坚志，则成事何难？惟此尚是第二事。我等第一要知：人是人，我是我。天既生我，则必与我以一种为人所乐能为之能力。不然，既有他何必有我！天既生孔子，万事皆孔子所能为，则又何必生我而为古人之附属物？由此观之，则我等当自立，当自强，为我之所能为，不随人学步，庶不负天生我之意。教育既然如此，则我师范生当作何种之观念？以鄙人看来，男师范生与女师范生之观念，当有不同。欧战发生后，德法发生一莫大之问题。因其平时男教师比女教师为多，一旦战事发生，国内乏男子担任教育事业，影响于儿童者甚大。中国亦如此。但美国、加拿大则不然，其小学教师皆以女子充当，其男子皆任兵役以卫国家，所以战事发生后，教育依然不受影响。再，女子与儿童有天然亲爱之感情，非若男子之爱护儿童出于勉强也。但高等小学则有不同，因此须养成其进取勇敢之精神，激发其军国民之志气，故须利用男教师。此男女教师不同之点也。然其共同之点，则在以教育为专门职业。地理、历史、哲学、医学、生理学等，虽皆为教育家所利用，而教儿童则非修专门之教育的科学不可。今世界上有四种教育家：一、政客教育家，藉教育以图政治上之活动；二、空想教育家，有空想而未能实行；三、经验教育家，以经验自居，不肯研究理论；四、科学教育家，则实用科学以办教育者。中国现在教育家只有政客、空想、经验三种，但教育以科学教育为最重要，故男女师范生当专心致志、抱定主义、以教育为专门职业，则何人不可几[及]，何事不可为耶？

二　教育乃一种快乐之事业

《论语》曰："有朋自远方来，不亦乐乎？"非当日孔子言教育之快乐耶？孔子一生诲人不倦，至于发愤忘食，乐以忘忧，不知老之将至。现任教育者，无不视当教员为苦途，以其无名无利也。殊不知其在经济上固甚苦，而实有无限之乐含在其中。愚蒙者，我得而智慧之；幼小者，我得而长大之；目视后进骎骎日上，皆我所造就者。其乐为何如耶！故办教育者之快乐，当在手续上，而不在其结果之代价。换言之，即视教育为游戏的作业、作业的游戏也。至于劳碌动作，以求结果之代价者，则宜摈弃于教育界外。

三　各种教育之职业皆须视为平等

现在教员一般心理，每以大、中学校之等级高，高小、国民学校之等级低，于是以教大、中学校为荣，而以教高小、国民学校为贱。不知大学要紧，中学要紧，而高等小学、国民小学、幼稚园尤要紧。以鄙人主张，凡大学、中学、小学等教员，国家须有同等之酬劳，社会须有同等之待遇。然常人心理，多不明小学之紧要，师范生亦有不明此理者。由是，他人固不以平等看待，即自视亦觉小学教员不如大学、中学教员之价值。甚至去而不为，放弃其应做之职业。故欲救此弊，先须视各种教育之职业皆为平等，此师范生所当注意者也。

四　教育为给儿童需要之事业

教育者，乃为教养学生而设，全以学生为中心，故开办学校、聘请教师，无一非为学生也。若无学生，焉有学校？既无学校，焉有教师？然则教师与学生，焉可无同情耶？同情谓何？即以学生之乐为乐，以学生之忧为忧；学生之休戚即我之休戚，学生之苦恼即我之苦恼是也。鄙人曾参观一校，终日仅一见教师之笑，中可谓不威严矣！吾人若设身处地为其学生，必也视之为判官、为阎罗，如芒刺之在背矣。此教师不能与学生同情之故也。现中国教师之大弊，即在于此。此又我师范生所当注意者也。

五　教育为制造社会需要之事业

教育为改良社会而设，为教育社会人才而设。故学校非寺院岩穴也，教员非孤僧隐士也。夫既为社会而设，若与社会不相往来，何以知社会之需要？中国前此之弊，即在于此，亦我师范生所宜注意者也。

六　教育为师范生终身之事业

现在为教师者，男则因赋闲无事，遂暂为之；女则因尚未适人，而暂为之。事既得，家既成，则远翔而不顾。视办教育如用雨伞，雨则取以遮盖，晴则置之高阁；视居学校如寓客栈，今日寓此，明日便去，虽有蚊蚤之为害，不过今宿，又何必大事驱除！教育中亦有害虫，教师之责，所宜驱除，岂可以暂为，遂视同秦越而不作整顿之计耶？昔英女皇依里萨伯[④]终身不嫁，人问之故，辄以英吉利即吾之夫一语以对。意相加富尔[⑤]终身不娶，人问之故，辄以意大利即吾之妻一语以对。故鄙人今亦有二语告于诸君，即男师范生应以教育为之妻，女师范生应以教育为之夫，有此定力，则赴汤蹈火，在所不辞，鞠躬尽瘁，死而后已。吾身不成，吾子绍之；吾子不成，吾孙绍之；子子孙孙，世世代代，相续无间，海可枯而吾之志不可枯，石可烂而吾之志不可烂。西藏，极西边极穷苦之地也，有须吾办教育者，吾即往西藏而不辞。蒙古，极北边极穷苦之地也，有须吾办教育者，吾即往蒙古而不辞。不要名，不要利，只要教育好；不怕难，不怕死，只怕教育不好。师范生乃负此志者，故与别种学生不同。读书要当作教书读，求学要当作教学求。蚕食桑叶，消化而吐出能为锦绣之丝；师范生求学，亦当融会贯通而吐出有益于人之事业也。

以上所说，皆属泛论。尚有一问题，与诸君商酌，庶上说皆可解决而变为切实。曾子曰："吾日三省吾身。"[⑥]诸君亦当自省为何不入他校而入师范学校？岂为师范学校豁免学膳费而来乎？抑为求学之故，无他校可入，不得不入师范学校乎？或迫于父母之命，不得已而入师范学校乎？将负大才能、抱大兴味而后入师范学校乎？假如因免学膳费，因无他校可入，及因父母所迫而入，姑且无论。若因负大才能抱大兴味，其将何以自待？吾见今日师范毕业生，有一部分人不办教育，或办教育而不尽心力者，皆由初未能自省也。然则，以上所说均成空谈矣。鄙人此番之话，方为负大才能抱大兴味而入师范学校者言之，望诸君皆注意焉。如有误谬之处，不妨指出纠正，实甚欣幸。

【注释】

①本篇系1918年5月陶行知赴故乡向安徽省立第一师范学校和省立第一女子师范学校师生所作的讲演，由省一师学生陈世勋、谢荣冠、陈硕果、吕璜、郑上元、王式禹当场笔记，整理后铅印成文，未见在当时报刊上公开发表。解放初期，安庆市图书馆名誉馆长蒋元卿，从收购的旧书中发现此文，并于1986年公之于世。

②文王　中国古代的圣人，为周朝的建立打下了坚实的基础。“文王一怒而安天下”出自《孟子·梁惠王章句》，文王震怒而推翻商朝暴君，使得天下安定。这里的“怒”有振奋、奋发的意思。

③威尔诺刻　通译桑戴克(Edward Lee Thorndike，1874～1949)，美国心理学家。

④依里萨伯　通译伊丽莎白。

⑤加富尔　撒丁王国首相(1852～1859，1860～1861)、意大利王国第一任首相(1861)、意大利统一时期自由贵族和资产阶级君主立宪派领袖。

⑥“吾日三省吾身”　见《论语·学而》。省：反省。

【导读】

中国创办师范教育起步甚晚，肇始于清末。理论上的贫瘠、枯竭，实践上的干涩、僵滞，再加上受封建意识的影响对其重要性认识不足，以及内乱不止的国运，使中国的师范教育发育不良，呈萎缩之状。为了推进中国新式教育的进步和使教育走向平民化，陶行知特别重视师范教育的办理，把师范教育同国家命运和民族前途紧密地联系起来，认为师范教育不予改造，就会使贫穷的中国在愚昧落后的流沙中愈陷愈深。因此，他选择以师范教育作为改造中国社会和教育的突破口。

陶行知对师范教育的高度重视，基于他对整个教育地位和作用的深刻认识。在该篇演讲词中，他阐述了对教育的几个基本观点：一、教育是最神圣的事业，可以改变人的天性，可以传播文化，可以培养出良好的领袖和国民。二、教育同时是一项快乐的事业。教师诲人子弟的过程是愉悦的，即使付出一些代价也是值得的。三、给予教师的报酬应该讲究公平。只要是教师，无论是教幼儿园、小学，还是教中学、大学，他们所付出的劳动，价值是相同的，应该同等看待、同工同酬。四、教育是满足儿童需要的事业。教师要注意学生的情感需求，体贴关怀学生，不宜对学生过分严厉。五、教育是满足社会需求的事业。学校应加强与社会之间的联系，了解社会所需人才的类型，有的放矢地培养相应的人才。六、教育是师范生的终身事业。身为教师，首先就要热爱教育工作，有为教育事业奉献一生的精神。“男师范生应以教育为之妻，女师范生应以教育为之夫，有此定力，则赴汤蹈火，在所不辞，鞠躬尽瘁，死而后已。”这就是师范生应抱定的信念，同时也是陶行知对全体师范学校师生的勉励和希望。

应该说陶行知的上述观点符合中国国情、具有时代精神，至今对我们教育工作者仍有很大的启发。随着社会的进步和教育的发展，我们今天学习他关于教育的作用和地位的论述、对师范生的要求，以及他毕生忠于教育事业、献身教育事业的精神，对人民教师增强责任感和自豪感，提高职业道德修养，更好地完成教书育人的神圣使命，无疑大有裨益。我们要把师范教育的地位和作用提高到振兴中华的高度来认识，要特别注重培养师范生掌握丰富的专业知识和技能、懂得教育规律、具有为人师表的高尚品德、忠诚人民的教育事业。同时也要努力地提高人民教师的经济待遇和社会地位，使全社会形成一种尊师重教的良好风尚。

第一流的教育家①

【原文】

我们常见的教育家有三种：一种是政客的教育家，他只会运动，把持，说官话；一种是书生的教育家，他只会读书，教书，做文章；一种是经验的教育家，他只会盲行，盲动，闷起头来，办……办……办。第一种不必说了，第二第三两种也都不是最高尚的。依我看来，今日的教育家，必定要在下列两种要素当中得了一种，方才可以算为第一流的人物。

(一)敢探未发明的新理　我们在教育界做事的人，胆量太小，对于一切新理，小惊大怪。如同小孩子见生人，怕和他接近。又如同小孩子遇了黑房，怕走进去。究其结果，他的一举一动，不是乞灵古人，就是仿效外国。也如同一个小孩子吃饭、穿衣，都要母亲帮助，走几步路，也要人扶着，真是可怜。我们在教育界任事的人，如果想自立，想进步，就须胆量放大，将试验精神，向那未发明的新理贯射过去；不怕辛苦，不怕疲倦，不怕障碍，不怕失败，一心要把那教育的奥妙新理，一个个的发现出来。这是何等的魄力，教育界有这种魄力的人，不愧受我们崇拜！

(二)敢入未开化的边疆　从前的秀才以为“不出门能知天下事”，久而久之，“不出门”就变做“不敢出门”了。我们现在的学子，还没有解脱这种风气。试将各学校的《同学录》拿来一看，毕业生多半是在本地服务，那在外省服务的，已经不可多得，边疆更不必说了。一般有志办学的人，也专门在有学校的地方凑热闹，把那边疆和内地的教育，都置在度外。推其原故，只有一个病根，这病根就是怕。怕难，怕苦，怕孤，怕死，就好好的埋没了一生。我们还要进一步看，在这些地方，究竟是谁的山河？究竟是谁的同胞？教育保国究竟是谁的责任？要晓得国家有一块未开化的土地，有一个未受教育的人民，都是由于我们没尽到责任。责任明白了，就放大胆量，单身匹马，大刀阔斧，做个边疆教育的先锋，把那边疆的门户，一扇一扇的都给它打开。这又是何等的魄力！有这种魄力的人，也不愧受我们崇拜。

敢探未发明的新理，即是创造精神；敢入未开化的边疆，即是开辟精神。创造时，目光要深；开辟时，目光要远。总起来说，创造、开辟都要有胆量。在教育界，有胆量创造的人，即是创造的教育家；有胆量开辟的人，即是开辟的教育家，都是第一流的人物。大丈夫不能舍身试验室，亦当埋骨边疆尘，岂宜随便过去！但是这种人才，究竟要到什么时候才能出现？究竟要由什么学校造就？究竟要用什么方法养成？可算是我们现在最关心的问题。

【注释】

①本篇发表于 1919 年 4 月 21 日《时报·教育周刊·世界教育新思潮》第 9 号。专栏主笔蒋梦麟先生为这篇文章写下了这样的按语：“陶先生，你讲的一席话，我读了便觉精神提起来。这种话我久不听见了，可算是教育界的福音。”

【导读】

本文是陶行知针对当时的教育热潮作出冷静思考后，为广大的教育工作者明确地提出的两个标尺，倡导教育工作者要立志，献身教育事业就应该有“创造精神”和“开辟精神”，而不应该光说不做或一味蛮做，这样才配称为真正的“教育家”。在文章中，陶行知既批判了当时社会上常见的几种所谓的教育家，又提出了一流教育家应具有的良好的素养，并对一流的教育家表现出了极大的期待，体现了他对于中国教育的深切关心，对于办好中国教育的殷切期待。

文章伊始，陶行知将所谓的教育家分成了三大类：一种是政客的教育家，可以说是一种只会吹牛“造势”欺蒙世人的伪教育家；一种是书生的教育家，可以说是一种脱离社会实际需要的教书匠；一种是经验的教育家，可以说是一种毫无教育理论不辨办学方向仅以教书为营生的读书人。这三种所谓的教育家在教育领域中充当着重要的角色，致使中国的教育事业存在着十分严重的缺陷。在陶行知看来，当今的教育家，应该具备下列两种要素：(一)敢探未发明的新理，这就是创造精神。创造时，目光要深。(二)敢入未开化的边疆，即是开辟精神。开辟时，目光要远。这两者都要有过人的胆量，要敢为天下先。

《第一流的教育家》一文振聋发聩，发人深省。文章虽短，只有寥寥千字，但却给人以极大的启示。对时人而言，陶行知是这样提出要求的；对世人而言，陶行知则以自己的一生作出了这样的表现。他本着“捧着一颗心来，不带半根草去”的坚定信念，毅然决然地放弃了高官厚禄，深入到艰苦的环境中去，深入到教育的第一线去探索教育真理、实践教育理论，为群众办教育，力图“用四通八达的教育，去创造一个四通八达的社会”。为了办教育，他能吃别人所不能吃之苦，能受别人所不能受之累，真正在践行着敢入未开化边疆、敢探未发明新理的“一流教育家”的奉献精神。

我们今天的教育工作者要发扬陶行知的这种献身精神，从新时期的实际情况出发，投身到祖国最需要我们的第一线中去，以期国家的教育事业不断地取得进步和发展。

新教育①

【原文】

今天得有机会，与诸同志共聚一堂，研究教育，心中愉快得很。现在把关于新教育上各项要点，略些谈谈。

(一)新教育的需要 我们现在处于二十世纪新世界之中，应该造成一个新国家，这新国家就是富而强的共和国。怎样能够造成这新国家呢？固然要有好的领袖去引导平民，使他们富，使他们强，使他们和衷共济；但是虽有好的领袖，而一般平民不晓得哪个领袖是好的，哪个领袖是不好的，也是枉然。所以现在所需要的，是一种新的国民教育，拿来引导他们，造就他们，使他们晓得怎样才能做成一个共和的国民，适合于现在的世界。举例来说，有一个后母给她的儿子洗澡，所用的水，时而太冷咧，时而太热咧，这就是不能合着他儿子的需要。我们所研究的新教育，不应该犯这个毛病，一定要合于现在所需要的。

(二)新教育的释义 先说“新”字是什么意思？某处人家因为要请客，一切设备家伙，都去向别家借用，用过之后，就去还了。这是客来则新，客去便旧了，不得为根本的新。我们中国的教育，倘若忽而学日本，忽而学德国，忽而学法国、美国，那是终究是无所适从。所以新字的第一个意义要"自新"。今日新的事，到了明日未必新；明日新的事，到了后日又未必新。即如洗澡，一定要天天洗，才能天天干净。这就是日日新的道理。所以新字的第二个意义要"常新"。又我们所讲的新，不单是属于形式的方面，还要有精神上的新。这样才算是内外一致，不偏不倚。所以新字的第三个意义要"全新"。

次说"教育"是什么东西？照杜威先生说，教育是继续经验的改造(Continuous reconstruction of experience)。我们个人受了周围的影响，常常有变化，或是变好，或是变坏。教育的作用，是使人天天改造，天天进步，天天往好的路上走；就是要用新的学理，新的方法，来改造学生的经验。

(三)新教育的目的 这目的可分两项来说明：第一对于天然界，要使学生有利用他的能力。例如，我们要使光线入室不须空气的时候，就要用玻璃窗。照这样把所有一切光、电、水、空气等，都要被我们操纵指挥。现在中国和外国物质文明的高下，都从这利用天然界能力的强弱上分别出来的。然而其中也有危险的地方，如造出许多杀人的物扰乱世界，是万万不可的。所以第二项目的，是对于群界要讲求共和主义，使人人都能自由守着自己的本分去做各种事业。一方面利用天然界，一方面谋共同幸福。可说一句，新教育的目的，要养成这种能力，再概括说起来，就是要养成"自主"、"自立"和"自动"的共和国民。自主的就是要做天然界之主，又要做群界之主。即如选举卖票一事，卖和不卖，到底由自己的主张。果能自主的人，富贵不淫，贫贱不移，威武不屈，人家有什么法子对付他呢？至于自立的人，在天然界群界之中，能够自衣自食，不求靠别人。但是单讲自立，不讲自动，还是没有进步，还是不配做共和国民的资格。要晓得专制国讲服从，共和国也讲服从，不过一是被动的，一是自动的，这就是他们的分别了。

(四)新教育的方法 此番我从南京到上海，再从上海到嘉兴，一直到杭州来，有种种的方法，或是走，或是坐船，或是坐火车，或是坐飞艇。在这几种方法之中，哪几种是较好，哪一种是最好，而且哪一种是最快，这便是方法的考究。要考究这个方法，下列的几条，应该注意的：

(甲)符合目的 杀鸡用鸡刀，杀牛用牛刀，这就是适合的道理；教育也要对着目的设法。现在学校里有兵操一门，是为了养成国民有保护国家的能力而设的。但是照这样"立正"、"开步"的练习，经过几年之后，能否达到应战之目的，却须要研究的。

(乙)依据经验 怎样做的事，应当怎样教。譬如游水的事，应当到池沼里去学习，不应当在课堂上教授。倘若只管课堂的教授，不去实习，即使学了好几年，恐怕一到池里，仍不免要沉下去的。各种知识有可以从书上求的，不妨从书上去得来；有不可以从书上求的，那应该从别处去得他了。

(丙)共同生活 在学校中不能共同做事，一到社会也是不能的。所以要国民有共和的精神，先要学生有共和的精神；要学生有共和的精神，先要使他有共同的生活，有互助的力量。

(丁)积极设施 教人勿赌博，勿饮酒，这都是消极的禁止。至于积极的办法，要使他们时常去做好的事情，没有机会去做那坏的事情。在学校之中，常常有正当的游戏运动，兴味很好，自然没有功夫去做别的坏事了。

(戊)注重启发 在学校里并非一面教人，一面受教，就算了事。要使学生的精神意志和能力，渐渐的发育成长。孔子说"不愤不启，不悱不发"。我更要进一步说，使他不得不愤，使他不得不悱。杜威先生也说，教学生的法子，先要使他发生疑问；查出他疑难的地方，使他想种种方法，去解决这个问题；从这些方法之中，选出顶有成效的法子，去试试看对不对；如其不对，就换法子，如其对了，再去研究一下。照这方法来解释同类的问题和一切的问题。所以现在的时候，那海尔巴脱[②]的五段教授法等，觉着不大适用了。

(己)鼓励自治 这便是教学生对于学问方面或道德方面，都要使他能够自治自修。

(庚)全部发育 身体和精神要全体顾到，不可偏于一面。譬如在体育上，耳目口鼻手足统要使他健全；在智育上，既要使他自知，又要使他能够利用天然界的事物；在德育上，公德和私德，都不可欠缺的。

(辛)唤起兴味 学生有了兴味，就肯用全副精神去做事体，所以"学"和"乐"是不可分离的。学校里面先生都有笑容，学生也有笑容。有些学校，先生板了脸孔，学生都畏惧他，那是难免有逃学的事了。所以设法引起学生的兴味，是很要紧的。

(壬)责成效率 凡做一事，要用最简便、最省力、最省钱、最省时的法子，去收最大的效果。做这件事，用这个方法，在一小时所收的效果是这样，用别个方法止须十分钟或五分钟，就有这样的效果，那后法就比前法为胜了。照此把时间、精力、金钱和效果的比较选择，可以得出一个最好的法子。

以上所讲，都是新教育上普通的说明。至于新教育对于学校课程等的设施和教员学生应当怎样的情形，休息几分钟再讲。

新学校 学校是小的社会，社会是大的学校。所以要使学校成为一个小共和国，须把社会上一切的事，拣选他主要的，一件一件的举行起来。不要使学生在校内是一个人，在校外又是一个人。要使他造成共和国民的根基，须在此练习。对于身体方面、道德方面、政治方面，凡国民所不可不晓得的，都要使他晓得，那学校便成为具体而微的社会了。我国学校的弊病，不但在与社会相隔绝，而且学校里面，全以教员做主，并不使学生参与。要晓得一社会里的事务，该使大家知道的，就该大家参与；该使少数领袖管理的，就该少数领袖参与。这样不靠一人，也不靠少数人，使每个学生、每个教员晓得这个学校是我的学校，肯与学校同甘苦，那才是共和国社会里的真学校。

新学生 "学"字的意义，是要自己去学，不是坐而受教。先生说什么，学生也说什么，那便如学戏，又如同留声机器一般了。"生"字的意义，是生活或是生存。学生所学的是人生之道。人生之道，有高尚的，有卑下的；有片面的，有全部的；有永久的，有一时的；有精神的，有形式的。我们所求的学，要他天天加增的，是高尚的生活，完全的生活，精神上的生活，永久继续的生活。进一步说，不可学是学，生是生，要学就是生，生就是学。求学的事，是为预备后来的生存呢？还是现在的生存，就是全体生活的一部分呢？既然晓得教育是继续经验的改造，那么对于天然界和群界，自然受他的影响；天天变动，就是天天受教育，差不多从出世到老，与人生为始终的样子。你哪一天生存不是学？你哪一天学不是生存呢？孔子到了七十岁，方才从心所欲不逾矩，他是一步一步上进的。凡改变我们的，都是先生；就是我们自己都是学生。以前只有在学校里的是学生，一到家里就不是学生；现在都做社会的学生，是从根本上讲，来得着实，不至空虚。虽出校门，仍为学生，就是不出于教育的范围。所以每天的一举一动，都要引他到最高尚、最完备、最能永久、最有精神的地位，那方才是好学生。

新教员 新教员不重在教，重在引导学生怎么样去学。对于教育，第一，要有信仰心。认定教育是大有可为的事，而且不是一时的，是永久有益于世的。不但大学校高等学校如此，即使小学校也是大有可为的。夫勒培尔[③]研究小学教育，得称为大教育家。做小学教师的，人人有夫氏的地位，也有他的能力；止须承认，去干就能成功。又如，伯斯塔罗齐[4]、蒙铁梭利[5]都从研究小学教育得名，即如杜威先生，也是研究小学教育的。这都是实在的事，并非虚为赞扬。我从前看见一个土地庙面前对联上，有一句叫"庙小乾坤大"，很可以来比。况我们学校虽小，里头却是包罗万有。做小学教员的，万勿失此机会，正当做一番事业。而且这里头还有一种快乐——照我们自己想想，小学校里学生小，房子小，薪水少，功课多，辛苦得很，哪有快乐？其实，看小学生天天生长大来，从没有知识，变为有知识，如同一颗种子的由萌芽而生枝叶，而看他开花，看他成熟，这里有极大的快乐。照以上两层——做大事业得大快乐——是为一己的，而况乎要造新国家、新国民、新社会，更非此不行嘛！那不信仰这事的，可以不必在这儿做小学教员。一国之中，并非个个人要做这事的，有的做兵，有的做工，有的做官吏，……各人依了他的信仰，去做他的事。一定要看教育是大事业，有大快乐，那无论做小学教员，做中学教员，或做大学教员，都是一样的。第二，要有责任心。不但是自己家中的小孩和课堂中的小孩，我应当负责任；无论这里那里的小孩，要是国中有一个人不受教育，他就不能算为共和国民。在美国一百个人之中，有九十几个受教育。中国一百个人之中，只有一个人受教育。而且二十四个学生中，只有一个女学生。我们要从这少数的人，成为多数的人，要用多少年的功夫？非得终身从事不行。况且我们除了二十岁以前、六十岁以后，正当有为之时没有多少，即使我们自己一生不成，应当代代做去。切不可当教育事业是住旅馆的样子，住了一夜或几夜之后，不管怎么样，就听他去了。那教育事业，还有发达的希望吗？第三，做新教员的要有共和精神。就是不可摆出做官的态度，事事要和学生同甘苦，要和学生表同情，参与到学生里面去，指导他们。第四，要有开辟精神。时候到了现在，不可专在有教育的地方办教育。要有膨胀的力量，跑到外边去，到乡下地方，或是到蒙古、新疆这些边界的地方，要使中国无地无学生。一定要有单骑匹马勇往无前的气概，有如外国人传教的精神，无论什么都不怕，只怕道理不传出去。要晓得现在中国，门户边界的危险，使那个地方的人，晓得共和国的样子，用文化去灌输他，使他耳目熟习，改换他从来的方向，是很要紧的。第五，要有试验的精神。有些人肯求进步，有些人只晓得自划的，除了几本教科书外，没有别的书籍。——诸君已经毕业之后，还在这儿讨论教育，那是最好的。——他人叫我怎样办，我便怎样办，专听上头的命令。要晓得上头的命令，只不过举其大端，其中详细的情形，必定要我们去试验。用了种种方法，有了结果，再去批评他的好坏，照此屡试屡验，分析综合，方才可下断语。倘使专靠外国，或专靠心中所有，那么，或是以不了了之，或是但凭空想，或是依照古老的法子，或是照外国的法子，统是危险的。从前人说"温故而知新"，但是新的法子从外国传到中国，又传到杭州，我们以为新的时候，他们已经旧了。所以望大家注意，不可不由自己试验得出真理，方不至于落人之后哩！

新课程　这要从社会和个性两方面讲。从社会这面讲来，要问这课程是否合乎世界潮流，是否合乎共和精神。学了这课程之后，能否在中国的浙江，或是浙江的杭州，做一个有力的国民。更从个性的一面讲来，谁的事教谁，小孩子的事教小孩子，农人的事去教农人，方才能够适合。我且拿学代数来做个例，看这课程是否为学生所需要。我有一次对学生发问道："有几多人应用过代数？"那一百人中止有七八个人举手。又问："不曾用过代数的人举手！"就有九十几个。后再查考那七八个人所用的东西，止须一星期，至多不过一月，就可教了。照这样看来，我们应该有变通的办法。是否为了七八个人去牺牲那九十几个人。那七八个人，或为天文家，或习工业，或学医生，所用代数，不过百分之一罢了。我们不可以为了一个人，去牺牲九十九个人；也不可以为了九十九个人，去牺牲那一个人。总要从社会全体着想，有否其他有用的东西未列在课程里？或是有用不着的东西还列在课程里呢？照这样去取舍才行。

新教材　就教科书一端而论，编书的人，有的做过教员，有的竟没有做过教员。就拿他自己的眼光来做标准，不知道各地方的情形怎么样。用了这种书去教授，哪里能适合呢？所以教科书止可作为参考，否则硬依了他，还是没有的好。又有一种讲义，当看作账簿一般。社会上各种文化风俗，都写在这账簿上。这账簿有没有用处，或是正确不正确，须要仔细考查。譬如富翁，虽然将他所有的财产，写在账簿上，拿来传给他的儿子，若是不去实地指点他，那几处房子或是田地，是我所有，和这账簿对照一下，他的儿子仍然不晓得底细。也许有几处田地房产，已经卖出；也许有几处买进的，还没有登记上去，总要使他儿子完全明了，那账簿方才有效。要拿教科书上的情形引导把学生看，或是已经变迁的情形，指点他明白。几年前的朝鲜和现在不同；俄国已经分做十几国⑥，更不可以拿从前的来讲。总要明白实际的事情，因为账簿是死的，人是活的，要拿账簿来为我所用，不要将活泼泼的人为死书所用。要晓得账簿之外，还有许多文化在那里，要靠教科书是有害的。

新教育的考成　我到店里去要一件东西，他拿了别的东西给我，我就不答应了，怎么我要这件，你偏与我那件呢？教育的事，也是这样。要按照目的去考成，方才不会枉费了精神和财力。譬如从农业、工业或商业学校里毕业出来的学生，有几多人在那里做他应当做的事。若是不问他的结果，一味的办去，正如做母亲的人把她的女儿出嫁，不将她长女出嫁的情形，来加以参考，以致于第二第三个女儿吃着同样的苦头，这是因为不考成的缘故。

再有几层，我在别处已经讲过，暂且不说。总之，大家觉得要教育普及，先要认定目的。做若干事，须得若干的代价，决不是天然能成功的。即就小孩子而论，美国一人需费四元四角五分，中国每人止有六分。试问没有代价的事，能办得好办不好？但这事人人负有责任。我们做教员的，不但教学生，又要想法子使得社会上的人对于教育认为必要。譬如有钱的人，可以教自己的孩子，同时他邻舍的小孩子，因为没得钱受教育，和这小孩子一块儿玩，就把他带坏了。所以单教自己的儿子，还是不中用的。把这种情形使他们觉悟，人非木石，断没有一定不信的。虽然有些困难的地方，我们总可以用自己的力量去战胜他的。

【注释】

①本篇系陶行知1919年7月22日在浙江第一师范学校毕业生讲习会上的讲演。记录者：李宗武、洪鋆。原载1919年9月《教育潮》第1卷第4期。

②海尔巴脱　通译赫尔巴特。

③夫勒培尔　通译福禄培尔。

④伯斯塔罗齐　通译裴斯泰洛齐。

⑤蒙铁梭利　通译蒙台梭利。

⑥十几国　指苏联的十几个加盟共和国，即组成原苏联的15个共和国。自苏联解体后，全部成为独立国家。

【导读】

进入20世纪以来，中国发生了翻天覆地的变化，社会各界都在积极地寻求变革，教育界也不例外，无数的教育工作者们都在倡导“新教育”，以此来培养新式国民，进而求得国家富强。

在这篇讲演稿中，陶行知明确地提出了他对于“新教育”这一概念的理解以及对“新教育”各有关要素的阐析。他认为“新教育”之“新”即是“自新”、“常新”与“全新”。这三个特点的实质是：主动自觉地发展、与时俱进地发展与整体优化中发展。“新教育”之“教育”即“继续经验的改造”，“使人天天改造、天天进行，天天往好的路上走”，实质上是发展，强调创新性人才的培养，把培养人的创造精神和创造能力作为教育的宗旨。陶行知还对构成“新教育”的各种要素做出了理想的规划，如“新学校”就是要建立一个让教员与学生都积极参与的学校，“新教员”就是具有信仰心、责任心、共和精神、开辟精神、实验精神的教育者等等。值得一提的是陶行知对“新学生”的期望，他认为“不可学是学，生是生，要学就是生，生就是学”，“做社会的学生”。强调学生学习要不拘泥于学校范围内，要活到老学到老，这正与我们现在积极倡导的“终身教育”有异曲同工之妙，由此也说明了陶行知高瞻远瞩，对中国教育提出的切实可行的构想，这些构想不只是在民国时期，即使在近百年后的今天也同样历久弥新，可见陶行知对于“新教育”的认识，丰富了近代中国的教育理论，也合于现在教育的需要。

一个时代有一个时代的教育追求，因此，追求“新”教育是教育发展的永恒主题。当我们对教育进行全面而真切的反思的时候，我们清醒地看到教育正面临着新的转机。陶行知提出的“新教育”的实质，就是与时俱进，教育发展需要研究新的形势、新的背景、新的人才需要、新教育革新，以利教育更适应时代的需要，

学生自治问题之研究[①]

【原文】

近世所倡的自动主义[②]有三部分：一、智育注重自学；二、体育注重自强；三、德育注重自治。所以，学生自治这个问题，是自动主义贯彻德育的结果，是我们数千年来保育主义、干涉主义、严格主义的反应，是现在教育界一个极重要的问题。这个问题，包含甚广。我们要问学生应否有自治的机会？如果应该自治，我们又要问学生自治究竟应有几多大的范围？学生应该自治的事体，究竟有哪几种？规定学生自治的范围，又应有何种标准？施行学生自治，又应用何种方法？这几个问题，都是我们所要研究的。总起来说，就是学生自治问题。

学生自治是什么　凡是讨论一种问题，必先要明白问题的性质和它的意义。性质和意义不明了，就不免起人误会。这篇所讨论的学生自治，有三个要点：第一，学生指全校的同学，有团体的意思；第二，自治指自己管理自己，有自己立法、执法、司法的意思；第三，学生自治与别的自治稍有不同，因为学生还在求学时代，就有一种练习自治的意思。把这三点合起来，我们可以下一个定义：“学生自治是学生结起团体来，大家学习自己管理自己的手续。”从学校这方面说，就是“为学生预备种种机会，使学生能够大家组织起来，养成他们自己管理自己的能力”。

依这个定义说来，学生自治，不是自由行动，乃是共同治理；不是打消规则，乃是大家立法守法；不是放任，不是和学校宣布独立，乃是练习自治的道理。

学生自治的需要　今日的学生，就是将来的公民；将来所需要的公民，即今日所应当养成的学生。专制国所需的公民，是要他们有被治的习惯；共和国所需的公民，是要他们有共同自治的能力。中国既号称共和国，当然要有能够共同自治的公民。想有能够共同自治的公民，必先有能够共同自治的学生。所以从我们国体上看起来，我们学校一定要

养成学生共同自治的能力，否则不应算为共和国的学校。这是第一点。

当今平民主义的潮流，来势至为猛烈，受过他的影响的人，都想将一切的束缚尽行解脱。这固然有他的好处，不过也有他的危险。好处在哪里？大家从此可以充分发挥个人的精神，促进人群的进化。危险在哪里？束缚既然解脱，未必人人能够约束自己的欲望，操纵自己的举止，一旦精神能力向那坏处发泄，天下事就不可为了。一国当中，人民情愿被治，尚可以苟安；人民能够自治，就可以太平；那最危险的国家，就是人民既不愿被治，又不能自治。所以当这渴望自由的时候，最需要的是给他们种种机会得些自治的能力，使他们自由的欲望可以自己约束。所以时势所趋，非学校中提倡自治，不足以除自乱的病源。这是第二点。

我们既要能自治的公民，又要能自治的学生，就不得不问问究竟如何可以养成这般公民学生。从学习的原则看起来，事怎样做，就须怎样学。譬如游泳，要在水里游；学游泳，就须在水里学。若不下水，只管在岸上读游泳的书籍，做游泳的动作，纵然学了一世，到了下水的时候，还是要沉下去的。所以专制国要有服从的顺民，必须使做百姓的时常练习服从的道理；久而久之，习惯成自然，大家就不知不觉的只会服从了。共和国要有能自治的国民，也须使做国民的时常练习自治的道理；久而久之，习惯成自然，他们也就能够自治了。所以，养成服从的人民，必须用专制的方法；养成共和的人民，必须用自治的方法。如果用专制的方法，可以养成自治的学生公民，那么，学生自治问题，还可以缓一步说；无奈自治的学生公民，只可拿自治的方法将他们陶熔出来。所以从方法这方面着想，愈觉得学生自治的需要了。这是第三点。

学生自治如果办得妥当有这几种好处

第一，学生自治可为修身伦理的实验　现今学行并重，不独讲究知识，而且要求所以实验知识的方法。所以学校教课当中，物理有实验，化学有实验，博物有实验，别门功课的无实验的或有实习，如作文、图画、体操等等，都于学识之外，加以实地练习的机会。他的目的，无非要由实验、实习以求理想与实际的联络，使所做的学问，可以深造。修身伦理一类的学问，最应注意的，在乎实行；但是现今学校中所通行的修身伦理，很少实行的机会；即或有之，亦不过练习仪式而已。所以嘴里讲道德，耳朵听道德，而所行所为却不能合乎道德的标准，无形无影当中，把道德与行为分而为二。若想除去这种弊端，非给学生种种机会，练习道德的行为不可。共和国民最需要的操练，就是自治。在自治上，他们可以养成几种主要习惯：一是对于公共幸福，可以养成主动的兴味；对于公共事业，可以养成担负的能力；对于公共是非，可以养成明了的判断。简单些说：自治可以养成我们对于公共事情上的愿力、智力、才力。照这样看来，学生自治若办得妥当，可算是实验的修身，实验的伦理，全校就是修身伦理的实验室。照这样办，才算是真正的修身伦理。

第二，学生自治能适应学生之需要　我们办学的人所定的规则，所办的事体，不免有与学生隔膜的。有的时候，我们为学生做的事体越多，越是害学生。因为为人，随便怎样精细周到，总不如人之自为。我们与学生经验不同，环境不同，所以合乎我们意的，未必合乎学生的意。勉强定下来，那适应学生需要的，或者遗漏掉；那不适应学生需要的，反而包括进去。等到颁布之后，学生不能遵守，教职员又不得不执行，却是左右为难。甚至于学生陷于违法，规则失了效力，教职员失了信用。若是开放出去，划出一部分事体出来，让学生自己治理；大家既然都有切肤的关系，所定的办法，容或更能合乎实在情形了。这就是说，有的时候学生自己共同所立的法，比学校里所立的更加近情，更加易行，而这种法律的力量，也更加深入人心。大凡专制国家的人民，平日不晓得法律是什么，只到了犯法之后，才明白有所谓法律。那么，法律的力量，大都发现于犯法之后，这是很有限的。至于自己共同所立之法就不然，从始到终，心目中都有他在；平日一举一动，都为大家自立的法律所影响。所以自己所立之法的力量，大于他人所立的法；大家共同所立之法的力量，大于一人独断的法。

第三，学生自治能辅助风纪之进步　我们的行为，究竟应该对谁负责？对于少数职教员负责呢，还是要对于全校负责呢？按着旧的方法，学生有过失，都责成少数职员监察纠正，其弊病有两种：第一种是少数职员在的时候，就规规矩矩，不在的时候，就肆行无忌；第二种是大家学生以为既有职员负责，我们何必多事，纵然看见同学为非，也只好严守中立。这是大多数的学生所抱持的态度。所以一人司法，大家避法。我们要想大家守法，就须使各人的行为，对于大家负责。换句话说，就是要共同自治。

第四，学生自治能促进学生经验之发展　我们培植儿童的时候，若拘束太过，则儿童形容枯槁；如果让他跑，让他跳，让他玩耍，他就能长得活泼有精神。身体如此，道德上的经验又何尝不然。我们德育上的发展，全靠着遇了困难问题的时候，有自由解决的机会。所以遇了一个问题，自己能够想法解决他，就长进了一层判断的经验。问题自决得越多，则经验越发丰富。若是别人代我解决问题，纵然暂时结束，经验却也被旁人拿去了。所以在保育主义之下，只能产生缺乏经验的学生；若想经验丰富，必须自负解决问题的责任。

学生自治如果办得不妥当就要发生这几种弊端：

第一，把学生自治当作争权的器具　大凡团体都有一种特别的势力，这种势力比个人的大得多。用得正当，就能为公众尽义务；用得不当，就能驱公众争权利。学生自治是一种团体的组织，所以用得不妥当的时候，也有这种危险。

第二，把学生自治误作治人看　这个危险是随着第一个顺路下来的。有的时候，这也是个自然的趋势。因为有了团体，一不谨慎，就有驾驭别人的趋势。刘伯明[③]先生说：“人当为人中人，不可仅为人上人。”这句话，是我们共和国民的指南针。

第三，学生自治与学校立在对峙地位　学生自治会与学校当有一种协助精神，不可立在对峙的地位，但是办得不妥当，这种对峙的情形，也是免不掉的。不过这是一种很不幸的现象，不是师生之间所宜有的。

第四，闹意气　学生有自治的机会，就不得不多发言论，多立主张，多办交涉，一不小心，大家即刻闹出意气；再由闹意气而彼此分门别户，树立党帜，于是政客的手段，就不得不传到学校里来了。

以上所举的，不过是几种重要的弊端；至于小的弊端，一时难以尽举。总之，学生自治如果办理不善，则凡共和国所发现的危险，都能在学校中发现出来。但是我们要注意，这许多弊端都是办理不妥当的过处，并非学生自治本体上的过处。如果厉行自治的时候，大家不愿争权，而愿服务；不愿凌人，而愿治己；不愿对抗，而愿协助；不愿负气，而愿说理；那末，自治之弊可去，自治之益可享了。这种利害关头，凡做共和国民的都要练习。我们在学校的时候，有同学的切磋，有教师的辅助，纵因一时不慎，小有失败，究竟容易改良纠正。若在学校里不注意练习，将来到了社会当中，切磋无人，辅导无人，有了错处，只管向那错路上走，小而害己，大而害国。这都是因为做学生的时候，没有练习自治所致的。所以学生自治如果举行，可以收现在之益；纵小有失败，正所以免将来更大的失败。

规定学生自治范围的标准　学生自治的利弊，既如上所说，现在就要问学生自治有什么范围？规定学生自治的范围，应有若何标准？

第一，学生自治应以学生应该负责的事体为限。学生愿意负责，又能够负责的事体，均可列入自治范围；那不应该由学生负责的事体，就不应列入自治范围。因自治与责任有联带关系，别人号令而要我负责，就叫做被治；别人负责而由我号令，就叫做治人，都失了自治的本意。所以学生自治，应以学生负责的事为限。

第二，事体之愈要观察周到的，愈宜学生共同负责，愈宜学生共同自治。

第三，事体参与的人愈宜普及的，愈宜学生共同负责，愈宜学生共同自治。

第四，依据上列三种标准而订学生自治的范围时，还须参考学生的年龄、程度、经验。

学生自治与学校的关系　学生自治会是学校里面一种团体，自然与学校有密切的关系。这种关系，可以分为两类：一、关于权限的，二、关于学问的。

一、权限上的关系　学生自治会正式成立之后，学校里面的事体，就可分为二部分：一部分仍旧是学校主持，一部分由学生主持。平常的时候，权限固可以分明；不过既在一个机关里面，总有些事体划不清楚的。既然划不清楚，就不能不有一种接洽的机关，使两方面的意思，都可以互相发表沟通，而收圆满的效果。此外还有临时发生而有关全校的事体，学校与学生都宜与闻，更不得不有一种接洽的机关。人数少的学校，可由校长直接担任；人数多的学校，可由校长指定职教员数人担任。学生自治会职员有事时，即可与他们接洽；而学校有事时，也由这几位和学生接洽。有这种接洽的组织，然后学校与学生声气可通，就没有隔膜的弊病了。

二、学问上的关系　天下不学而能的事情很少。共同自治是共和国立国的根本，非是刻苦研究，断断不能深造。我们举行学生自治的时候，也要把他当作一个学问研究。既要当作一个学问研究，那就有两点要注意：一、同学的切磋，二、教员的指导。有人说，现在中国的职教员对于学生自治问题，素未研究，恐怕未必能指导。这名话诚然，但是还有些意思要注意：一、学校里所有功课都有教员指导，独于立国根本的学生自治一门却没有指导，似乎把他太看轻了。二、若校内没有相当的人，办学的就应当赶紧物色那富于共和思想自治精神的教员，来担任此事。三、师生本无一定的高下，教学也无十分的界限；人只知教师教授，学生学习；不晓得有的时候，教师倒从学生那里得好多的教训。所以万一找不到相当的人才，就请职教员和学生共同研究也好。总而言之，学生自治这个问题，不但要行，而且还要研究。研究的时候，学校不能不负指导参与的责任。

学生自治与学校既有这两种密切的关系，我们就须打破一切障碍，使师生的感情，可以化为一体，使大家用的力量，都有相成的效果。大家一举一动都接洽，有话好商量，有贡献彼此参考。在这共和的学校当中，无论何人都不应该取那武断、强迫的、命令的、独行的态度。我们叫人做事的时候，不但要和他说"你做这件事，你应该这样做"，并且要使得他明白"为何做这件事，为何这样做"。彼此明白事之当然和事之所以然，才能同心同德，透达那共同的目的。

施行学生自治应注意之要点　现在各学校对于学生自治，多愿次第举行。我悉心观察，觉得有几件最要紧的事体，必先预为注意，方能发生美满的效果。

第一，学生自治是学校中一件大事，全体学生都要以大事看待他，认真去做；学校里也须以大事看待他，认真赞助，若以为他是寻常小事，不加注意，没有不失败的。

第二，学生自治如同地方自治。地方自治之权，出于中央；学生自治之权，出自学校。所以学生自治，虽然可以由学生发动，但是学校认可一层，似乎也是应有的手续。

第三，学生自治之有无效力，要看本校对于这个问题是否有相当了解和兴味。如果大家都明白他的真意，都觉得他的需要，那么，行出来必能得大家的赞助。所以未举行学生自治之前，必须利用演讲、辩论、谈话、作文等等养成充分的舆论。

第四，法是为人立的。含糊误事，故宜清楚；繁琐害事，故宜简单。

第五，推测一校学生自治的成败，一看他的领袖就知道。所以要提高学生自治的价值，就须使最好的领袖不得不出来服务。如果好的领袖洁身自好，或有好的领袖而大众不愿推举，都不是自治的好现象。

第六，学校与学生始终宜抱持一种协助贡献的精神。

第七，学校与学生对于学生自治问题，须采取一种试验态度。章程不必详尽，组织不必细密；一面试行，一面改良；虽然中途难免挫折，但到底必有胜利。

结论　总之，学生自治是共和国学校里一件重要的事情。我们若想得美满的效果，须把他当件大事做，当个学问研究，当个美术去欣赏。当件大事做，方才可以成功；当个学问研究，方才可以进步。这两种还不够。因为自治是一种人生的美术，凡美术都有使人欣赏爱慕的能力；那不能使人欣赏的、爱慕的，便不是真美术，也就不是真的学生自治。所以学生自治，必须办到一个地位，使凡参与和旁观的人，都觉得他宝贵，都不得不欣赏他，爱慕他。办到这个地位，才算是高尚的人生美术，才算是真正的学生自治。

【注释】

①本文发表于1919年10月《新教育》第2卷第2期。

②自动主义　20世纪初盛行于中国的教育新思潮之一。它强调学生自学、自强、自治，以学生自动为主，教师则加以指导。

③刘伯明　曾留学美国，获哲学博士。其时任南京高等师范学校行政委员会副主任，文史地部主任。

【导读】

“学生自治”思想的形成，与辛亥革命后军阀割据、政局动荡的社会情形有着紧密的联系。由于军阀混战，民不聊生，社会各界有识之士纷纷发表自己的社会改良思想与政治主张，其中“联省自治论”对当时中国政局影响很大。受“联省自治”的影响，学界也开始探索“学生自治”问题，所以学生“自治运动”是当时社会“自治”思潮在学校教育中的一种延伸和实践。所谓“学生自治”，就是学生自己组织起来自己管理自己，培养学生的民主素质，训练和提高学生的自治能力。“五四”新文化运动以后，“科学”和“民主”对知识界的影响日深，“学生自治”逐渐形成一种声威颇大的教育思潮，很多学校开始思考如何实行“学生自治”。恰值其时，美国教育家杜威应邀来华讲学，对中国的“学生自治”思潮和运动给予了很多指导，在其所作的诸多讲演中，他明确地给学生自治下了一个定义：“许多学生，都把‘自治’的意义误会。只顾了自己的‘自’，忘却了还有管理自己的‘治’字。自治的意义是‘不是绝对的不许外界插入干涉，乃自己练习管束自己的意思’。”他强调学生自治组织“乃专为管理自己的，不是去管教习、校务及学校以外的一切事情的”。杜威的讲演，为其时兴起的“学生自治”思潮提供了理论依据和实践上的指导，也为陶行知“学生自治”思想的深化及实践，提供了思想理论和实践上的借鉴。于是他写下了《学生自治问题之研究》一文，对学生自治问题进行了深入全面的阐述。此文的发表，也表征着陶行知“学生自治”思想臻于成熟。

《学生自治问题之研究》开头就指出：“近世所倡的自动主义有三部分：一、智育注重自学；二、体育注重自强；三、德育注重自治。”接着对学生自治的定义、作用、范围、方法、弊端及其与学校的关系等一系列问题提出了精辟、独特的见解。他想通过培养自治的学生来养成自治的社会公民，以铲除专制制度的社会基础，这的确是站在人民大众的立场上，代表着社会发展的方向。如果国民没有民主的意识、没有自治的能力，再好的民主制度也难以很好地施行。在强调学生自治的同时，他并不忽视法治，而且认为学生自治必须借助法制来实行，并接受法律的监督，以培养未来公民的自觉纪律和法制观念。同时，他也认为学生自治能为学生提供更多的道德实践的机会，自己的事自己做，自己遇到的问题自个儿解决。这样可以不断丰富道德经验、发展自立精神和增强民主意识，这些对我国今天建设民主社会和实施素质教育都不乏借鉴之处。

21 世纪的中国社会，正在加强民主和法制建设。正如陶行知所说，如果没有懂得自治和学会自治的公民，真正的民主社会是难以建立的。在学校教育高度普及的今天，强调在学校中施行学生自治正是培养民主社会的公民的重要举措。从教育的角度看，独生子女教育问题和推行素质教育是我国目前教育面临的两大难题。现在的学生中，独生子女越来越多。他们一方面个性强，以自我为中心；一方面又依赖性强，自立能力低，责任意识淡薄。因此，倡导学生自治有利于培养学生的自立能力和责任意识。实施素质教育更是我国既定的国策，是涉及国家兴亡的大事。学校教育不能只重书本知识的传授，要注意培养学生的独立性和自主性、探究精神和协作精神、创造力和责任意识等。可以说，陶行知教育思想中所提倡的“学生自治”是今天实施素质教育的有效途径之一。另外，他对学生自治的一些见解，尤其是关于实施学生自治的方法以及实施学生自治要注意的问题之卓见，对今天正在探索如何实施学生自治的人们也仍然不失其指导意义。

地方教育行政为一种专门事业[①]

【原文】

市乡教育的界说　地方包含都市和乡村，故地方教育行政有都市和乡村教育行政两种。依克伯利[②]先生所主张：上五千人的地方都可算为都市；不到五千人的，都算为乡村。凡都市皆令脱离县教育行政范围而直隶于省；凡乡村皆令统属于县；县复就地方之大小酌量分区办理乡之教育，因市乡人民密度不同，经济能力不同，环境性质不同，凡此种种影响于课程编制、教学方法、行政组织的又都不同。分治就两受其利，合治就两受其弊……市教育以一市为行政单位；乡教育以全县为行政单位。我所讨论的就是说：这种市教育行政和这种县教育行政要当它为一种专门事业看待；要以专门的目光研究它；要以专门的学术办理他。

地方教育事业之重要与责任　……请先说都市……我们姑且拿一个五万人口的都市来讨论，都市学龄儿童与人口之百分比，较乡村要低好多。依六三制行义务教育，每百人中应有学龄儿童十六人。故五万人口的都市，约有学童八千，教员二百余。协同二百余教员，培养八千学生，这是何等大的事业，何等大的责任。那百万左右的都市，如北京、上海、广州、汉口、西安等处教育事业的浩繁，责任的重大，更不必说了。

再说乡村教育……乡村学龄儿童与人口之百分比，较都市多些。依六三制约计，乡村中每百人应有学龄儿童二十一人。十七万乡民之县，当有学龄儿童三万五千七百人，教员千余人。协同千余教员，培养三万五千七百学生，这事业又何等的大，责任又何等的重！

地方教育所含之专门性质　看上面所说，地方教育的重大，固已有具体的事实可作立论根据，但还不免概括。究竟地方教育非专门家不能解决有几个什么问题？

（一）计划问题

世界潮流，国家大势，以及地方人口增减，财力消长，职业变迁，影响于地方教育者最大。办学的人宜如何默察趋势，熟筹利弊，预拟一逐年进行的计划，使理想依据事实渐次实现，世界、国家、地方面面顾到。预拟这种计划，是否需要专门的学识？

（二）师资问题

学生学业的进退，多半看教员的良否为转移。五万市民之市，须教员二百；十七万乡民之县，须教员千人。这许多教员未来之先，办学的人宜如何酌量需要，分别设法培养选聘；既来之后，宜如何设法辅助指导，使有最良之精神，并如何筹备种种机会，使教员的学问能得相当的研究进步。办理上说种种，是否需要专门的学识？

（三）课程问题

课程为社会需要与个人能力调剂的工具。编制课程的人，必须明了动的社会的种种需要，将他们分析起来，设为目标，再依据儿童个人心理之时期，能力之高下，分别编成最能活用之课程，使社会需要不致偏废，儿童能力不致虚耗。这是一种最精细的手续，是否需要专门的学识？

（四）经费问题

地方财力有限，教育事业无穷。以有限的财力，办无限的事业，支配经济的人，必须分别缓急，酌量进行。这分别缓急四字，包含教育事业各方面的关系。必须将这些关系彻底了解后，才谈得到分别缓急。但是这种了解，是否需要专门的学识。

（五）设备问题

物质环境在教育上之影响，尽人皆知。要有良好的教育，必须有相当的物质环境。校舍、设备、图书、仪器和校外之种种环境，都与教育有密切的关系。空谈自动、自治、自学、自强，是没多用处。有相当之设备，才能发相当之精神。即以校舍论，宜如何构造，才能使他合乎卫生、美术、经济、教育的原理。简括问一句，宜如何选择，支配，联络环境的势力，使教育得收良好的结果，是否需要专门的学识？

（六）考成问题

我们受人民的付托，办理地方的教育，费了这多钱，用了这多人，开了这多学校，教了这多学生，究竟结果如何，应否平心问一问？怎样问法，怎样度量各种教育的历程、结果，和度量之后怎样据以切实改进，都是要从专门研究中产出来的。

（七）劝学问题

假使地方人民对于教育，尚无有相当的了解信仰，就不得不做一番感化的工夫。我们宜如何表示教育的真相，证明教育的能力，使人民自觉教育为人生日常所必需，并发共同负担独立兴创的宏愿，这种教育真相的表示，与教育能力的证明，是否需要专门的学识？

主持地方教育行政人员应有之学业　地方教育既有上述几种问题，非专门人才不能圆满解决，那么办理地方教育人员所应具之资格，可以推想而知。品性方面，暂且不论。现在只举学业一门，拣其最要的讨论一回。

（一）普通学问方面，至少须学哲学、文学、近世文化史、科学精神与方法、社会问题、经济学、美术等课。这种学问，一来能使目光远大，二来能使同情普遍。因教育是一种永久事业，非目光远大不足以立百年之基；教育又是一种社会事业，非同情普遍，不足以收共济之效。

（二）工具学问方面，须于国文之外，至少学习外国语一门。一可使地方所办学务得与世界潮流接触，二可使自己所得学识与国外同志印证。再，统计法亦为一种重要的工具。得此就可明了别人研究的结果，也可使人明了自己所办事业的真相，并且还有许多问题要借助统计才有相当解决的。至于办事最重效率，所以科学管理一门功课，也是应当学的。

（三）专门学问方面，至少须学教育哲学、教育概论、教学法、教育心理学、中等学校之组织及行政、初等学校之组织及行政、地方教育行政问题、学务调查及报告法、学校建筑与卫生。这许多功课，是纯粹关于教育的。各门的宗旨合起来，是使办学的人能拿教育的方法去达教育的目的。

简单些说，我们理想中的地方办学人员，学业方面，至少须有大学毕业同等程度，加些关于教育行政之专门学识。

结论　现在中国之一千六百八十市和一千八百四十三县[3]，以主持教育的人而论，已需三千五百人。若将协理人员共同计算起来，至少需万余人。中国若想推行义务教育，非将地方办学人员与教员同时分别培养不可。现在培养师资与普及教育的关系，大家已经了解。惟独对于地方办学人员之培养，大家还没有相当的注意。山西、江苏的义务教育计划书中，都没有这回事。最好的省份，不过为他们举行一、二次讲习会补救补救。反对的还以为地方教育人人能办，何必讲习。岂晓得这种学习，已非短期讲习所所能了事。故中国不想推行义务教育则已，若想推行义务教育，必从培养改良地方办学人员入手。

【注释】

①本篇于 1921 年 3 月发表在《教育汇刊》第 2 卷第 1 集上。

②克伯利　通译克佩耳。

③此中数据　系 20 世纪 20 年代中国的地方行政分划情况。其时中国行政区划为 22 省 4 特别市 1843 县，至于“市”数，系陶行知按照克佩耳所定“标准”估算的。

【导读】

我国的师范教育自兴办以来就存在一定的片面性，对于教育行政人员、指导员、校长和职员的培养，并没有给予应有的注意。即是说师范教育对于这类人员并未专门培养过。陶行知在从国外归来后就注意到这种教育行政问题。早在 1917 年 9 月他受聘为南京高等师范学校专任教员后，就曾担任过教育行政问题这门课的讲授。之后，1918 年他担任南京高等师范学校的教务主任时，在当年的 5 月 9 日至 23 日主持了“江苏县视学讲习会”，这是教育行政方面“中国第一次之讲习会”。该会学员为各县视学和部分县学务委员或小学校长。尽管时间不长，但通过与学员的接触，陶行知发现基层教育行政人员成分复杂，且均未经过专门培养，极其影响办学效率。随后在 1921 年春，陶行知通过对南京的教育实际进行广泛的实地调查，更加认识到中国现行教育事业不能结合各地方社会实际的情形十分严重，尤其没有注意到城乡之别。因此他认为，现时的教育存在的弊端很多，教育应该作为一种专门事业来办理，而中国从事教育工作人员的整体素质相当低劣，办理地方教育行政的人员更是如此。正是基于这种认识，他发表了这篇文章。

在文中，陶行知首先提出在地方教育行政上，市、乡教育应分开办理，要把这种教育行政当成一种专门的事业，并用市乡学龄儿童占其人口总数百分比的多少论证了地方教育事业的重要与责任；其次从计划问题、师资问题、课程问题、经费问题、设备问题、考成问题、劝学问题这六个方面展开讨论，认为地方教育应具备专门性质，因此办理专门的教育事业的人就得具备一定的资格。在这里，他提出地方教育行政人员除了应具有良好的“品性”外，在知识方面必须具备“普通学问”、“工具学问”和“专门学问”。对照这种条件或资格，则中国现有的“办理教育之人”“已非短期讲习所能了事”。因此，“中国不想推行义务教育则已，若想推行义务教育，必从培养改良地方办学人员入手”！

陶行知关于地方教育行政具备专门性质以及地方教育行政人员应具备专门性质的论述，对于我们今天仍有很大启示。教育是一项专门的事业，不懂教育的人是办不好教育的。如何使地方教育办得越来越好，当然需要各方的努力，然而主管地方教育的行政人员的素质是基础、是前提、是关键，对于教育的普及和发展占有决定性的地位。

师范教育之新趋势[①]

【原文】

教育是立国的根本。不过因为国体的不同，教育的趋势也就不一。共和国立国的要素，在国民有共同的目的，共同的了解，谋共同的利益。但是人们幼时的动机，常偏于自私自利一方面，吾们当怎样利用他，养成互助、团结、同情等好习惯和共同了解的机会，那就全靠教育。有人说：“吾国无国民。”这话未免太过。但细想，实际上有国民的资格的确是不多，所以教育在中华民国里更加重要。师范学校负培养改造国民的大责任，国家前途的盛衰，都在他手掌之中。既有这种责任，那得不观察教育的新趋势，谋进步的教育！

要造成适当的国民，须有适当的教员。譬如裁缝制衣，一定要估量身材的长短肥瘦，还要知道人们的心理，然后配以适当的颜色。所以不但和身体有关，和精神亦很有关系。相传明朝有个御史[②]，请裁缝做衣，裁缝问：“你是第一年的御史，是第二年的御史，还是第三年的御史？”他为什么要这样问？因为第一年趾高气扬，衣服必定要前长后短，方始合度；第二年稍知事故人情，要前后等长；第三年更进步了，格外虚心静气，背也曲了，所以要后长前短。办师范教育，也当作如是观。换言之，就是要合社会的应用。不过从“用”上面，就有两个问题发生：甲、够用不够用，是讲他的数量；乙、合用不合用，是讲他的性质。

甲、够用不够用的问题就是议论师范学校究竟要造就多少人才方才够用。这可分两层讲：

(1)假定我国人口是四百兆，有八十兆是学龄儿童，就当有二百万教员(每人教四十个学生)。现在只有十八万五千，不过占十三分之一。缺少的数目很大，就应该怎样去增加呢？

(2)人口依几何级数增加，教员也当增加。还有因病而死的，因他种关系而改业的。如女子出嫁，教员便做不来。这样的变换，教员的数目，也就要减少。据日本人调查，十七个教员中须有一人补他的缺，要达“够”的目的，真是不容易呵！但这不是师范学校单独的责任，社会、国家和教育机关都应负责的。

乙、合用不合用的问题。师范教育的趋势，在能改进不合用的变成合用的；改进合用的，变成更合用的。这种向着合用走的几个趋势，就是新趋势。现在分条来说明：

(1)乡村教育和城市教育　乡村教育不发达，可说已达极点。我国人民，乡村占百分之八十五，城市占百分之十五。就是有六千万人居城，三万万四千万人居乡。然而乡村的学校只有百分之十。这种城乡不平均的现象，各国都不能免；但是我国的乡村，未免太吃亏了。恐怕也非城市人的福哩！至于教材方面，乡村和城市也大不同。例如电灯、东洋车等，在城市是常见的，但在乡村的学校里要教起这许多材料来，就很困难了。还有放假一层，乡村和城市也不同。什么蚕假、稻假咧，哪里能够把部定章程来束缚他！现在的师范学校都设在城市，连教授方面，也是重城轻乡。此后亟当想法，怎样才可以使乡村的儿童受同等的知识，享同等的待遇，这就是师范教育的一个新趋势。

(2)研究小学教材　现在的师范学校，大都是中学校的变形，不过稍加些教育学、教授法罢了。毕业以后，就拿这些教材去教学生，恐怕还是门外汉呢！所以师范生在观察要用怎样的小学教材，就怎样去学。一方面要学"学"，一方面要学"教"。这又是一个新趋势。

(3)培养特长的人才　现在的人以为师范生要件件都能。这却不对。高等科和国民科不同；普通科和特殊科又不同。师范教育，当发展各人的特长，以适合社会上的需要。例如江苏省立第三师范学校的分科研究制，是很好的师范教育。

(4)扩充师范学校　现在师范学校，平均每校二百人左右。教育部规定至多不得过四百人。但是在欧美诸国，大都每校在千人以上。可见"大师范学校"，是吾国很需要的。

(5)添加新功课　社会上有新的需要，就当添加新的功课去适合他，指导他。现在社会问题很纷乱，社会学应当增加了。又因为科学的发达，各种学问，注重分析。所以虚泛的、理论的心理学不够用，儿童心理学和心理测验一定要增加了。仅讲些教育史、教育哲学也不够了，教授法、管理法……一类的实际学问，也须重新研究了。总之，社会的新需要没一定，增加的新功课也当随之而异。

(6)师范和附属小学宜格外密接　附属小学不但是实习的地方，简直是试验教育原理的机关。教育原理不是一成不变的，天天去研究，就天天有进步，天天有革变。所以附属小学是"教育学的实验室"，和别的实验室一样的。

(7)师范学校有继续培养的责任　内地有许多师范学校，对于毕业生毫不关心。这是最不好的现象。当知毕业是局部的、暂时的。学生固不可从此不学，教员也不当从此不教。所以学校对于毕业生有继续培养的责任，例如调查、讲演会、巡回指导等事情，更当注意。

(8)培养校长和学务委员等专门人才　一学校的好坏，和校长最有关系。一地方的好坏，和学务委员最有关系。但是现有在却不注意到这两层。例如南京有人口四十万，当有学龄儿童七万，教员二千人。对于学务委员，一些人没有相当的重视。物质上的酬报，每年多至四百元！吾们固不当做金钱的奴隶，但事务和代价，当然要求个相值。广州大于南京二倍余，而教育局长的薪水，每月在四百元以上，所以教育也有进步了。象广州这样优待，固然不必效法，但是今后教育界应有一种觉悟。对于一般学务委员当有相当的重视，而师范学校里，也不得不培养特长的、专门的人才。这种趋势，在欧美早已现诸事实上了，我们中国的教育岂可忽视了吗？

以上几种趋势，决不是一二年内所能办到的，但是现在不可不向那一方面进行。

【注释】

①本篇系陶行知的演讲记录。记录者为江源岷、张锡昌。演讲的时间、地点不详。原载于1921年10月22日的《时事新报·学灯》。在这篇文章中，陶行知把师范教育提到与国家前途、民族命运密切相

关的高度，从而阐明了师范教育在教育事业中的地位和作用。

②御史　中国古代官名，秦以前本为史官，自汉以后历朝因职务不同而有不同设置及称呼。这里所说“明朝有个御史”系清人赵吉士所写的一则笑话故事，见《寄园寄所寄》。

【导读】

早在19世纪末20世纪初，我国就开始师范教育的实践。到了民国初年，人们在教育改革中更加意识到师资的重要性，对师范学校有了进一步的关注。受其时教育改革的影响，陶行知早在求学期间就重视师范教育的发展，且在国外求学时，最后的落脚处就在哥伦比亚大学师范学院。他的教育实践也是从师范学校开始的，1917年归国后就到南京高等师范学校任职。同近代很多知识分子一样，他企望以教育来改造社会、拯救中国，而师范教育又是整个教育事业的母机。由此陶行知选择了以师范教育为改造中国社会和教育的突破口。而当时中国的师范教育只是一味地效仿他国和沿袭旧制，存在脱离中国实际的弊端。为此陶行知针对我国师范教育的弊病提出了自己的一些积极的改进方法，以便“谋进步的教育”。他从师范教育密切关系着国家前途、民族命运的高度，阐明了我国师范教育应有的发展趋势。

在文章中，陶行知开篇即指出“教育是立国的根本”，国民素质的养成全有赖于教育，而教育的好坏取决于教员，教员的培养又指靠师范学校，由此师范教育负担着绝大的责任。而师范教育是否符合社会的应用，需从两方面看：一是从数量上看师范学校设置的够不够；一是从性质上看师范学校里的设置合不合用。要想让不合用的改为合用的或使得合用的变得更合用，则需要有个方向，也就是必须了解师范教育发展的新趋势，才能办进步的教育。在这里，陶行知一共谈到了8个方面的“趋势”，也就是其时发展中国师范教育事业必须注重的八个方面的问题：乡村师范的办理、小学教材的研究、特长人才的培养、师范学校的扩充、新功课的添加、师范与附属小学的密切联接、师范学校要担负继续培养学生的责任，以及培养校长和学务委员等专门人才等。这八个趋势，既反映了近代中国教育的客观规律，也是值得我们现在需要努力的事业方向。

中学教育实验之必要[①]

【原文】

学理[②]与经验[③]是一套分不开的手续。学理在经验上发现，并制裁他的进行，指示他的方向。经验得此制裁指示，始能胜过所遇的困难，以谋改良。但学理未必有罗盘那样准，那样灵。有时指示了错路，制裁得太过或不及，以致失败。但失败之时、之先、之后，经验必使人亲自感受失败的影响，并使他不得不把他致败的学理、假设来审查修正。万一有根本的错误，就使他不得不完全取消，再设别的法子。所以不但学理指示经验，经验亦要改造学理。学理与经验相合，必有进步；二者相离，学理就要变成空思幻想，经验或也变成盲行盲动了。

我们试就此点观察中国现代的中学教育，是否犯了这学理、经验分离的毛病。一般办中学的人，或是依旧贯，或是抄袭颁布的规程，或是仪型别国的制度，终日里只管照样画葫芦。一切教学设施是否符合社会与个人的需要？学生在学校里是否学当其才？出学校后是否用当其学？一概漠不关心。那自命为教育理论家的，或与中学从无见面的因缘，或只偶尔参观，只管闭起眼睛来胡思乱想，拿起笔、开起口来高谈阔论，有时或亦言之成理，其实多是隔靴搔痒！

俗话说得好：种瓜得瓜，种豆得豆。下了理想与经验分离的种子，我们就要看看得的是甚么结果。今试一问：中国办了若干年的中学，究竟毕业出来的学生能干什么事？喜干什么事？究竟干些什么事？

要想审查现今中学的成绩，还须先将我们希望于中学教育的分析出来，然后方有立论的标准。我觉得，中学生毕业之后，若不升学，应有下列之要素：

（一）应对于社会环境所必需之人格。

（二）制裁天然环境所必需之知识技能。

（三）生利所必需之知识技能。

（四）消闲所必需之知识技能。

请先看中学毕业生应付社会环境的人格。新近毕业的学生，我不敢说，因为他们与社会上恶势力还未十分亲近，故不容易看出来。至于前几年的毕业生，有好多我是不能袒护的。试把近年来参与选举的中学毕业生，就我们所知道的来数一数，究竟有几人未买票？未卖票？[4]未拿金钱代人运动选举呢？单拿选举来做一个例，就证明：我们的中学对于培养应付社会环境所必要的人格，还没有可靠的方法！

次看中学毕业生制裁天然环境的能力。我觉得，制裁天然环境，首在体力充足。中学学生正当发育时期，上下、前后、左右一齐滋长，如同暴富的人，得的快，用的快。平日不知储蓄，患难一来，后悔无及。我们青年学生，多数不知节省精力，储蓄元气，所以身体强壮的很少。日本大隈伯[5]往往以此警告我们青年，确是实话。不说别的，中学毕业生完全没有眼病的，有几分之几？中学毕业生的目力，有多少是中学校里面弄坏的？我们再问一句，假使一群学生出外参观，中途轮船遇险，有几分之几能游水自救？还有几人能救他的同学呢？此次东南大学[6]入学考试结果，觉得中等学生科学常识甚为缺乏。老实说一句话，我们中学校，对于培养制裁天然环境的能力，实是很不充分。

次看他们在生利上所必需之知识技能。换一句话说，中学毕业生如不升学，就须谋一件自利利他的职业。现在中学毕业生，除升学外，还有两种人：一种是做教员的，这可算为职业。但是从未给他学过师范教育，就教他去做教员，也是我们疏略的地方。此外，还有一种就是高等游民，在家里闲吃闲坐，此种毕业生通盘算起来，至少要占百分之三十以上。近来中学已经逐渐采纳职业教育之趋势，气象很好。但希望施行之前，加以慎重之考虑。因为办得不妥，什么教育，都是徒劳无功，而且怕还有害！

末了，请谈中学生毕业后的消闲方法。我们做事不能一天做到晚，一晚做到天亮，中间必定有空闲的时候。人当忙时不会走岐路，一遇空闲，危险就来了。所以古时教育，注重闲时的修养；现今的教育，也注重空闲时的消遣方法。在学校里，培养学生种种正当娱乐的良好习惯，使他习与性成，将来离校之后，继续将他空闲时的精神，归纳在这种正当娱乐当中，这是很重要的教育。二年前，我有一个朋友，专门调查一个都市中等学生的嗜好，他说别事不提，中等学生沾染赌风的人，百人中约有五十人。这话或者太过，但也不是毫无根据。试问学生何乐而为此？直言之，就是他们在学校里，没有充分学到正当的消闲方法，学生之沾染这种习惯，他们固须担负责任，但学校实亦不能辞其咎责！

不升学的既如此，那想升学的学生又怎样？人说起来，大都以为中国高等教育机关不够，不足以应济需要。但是，就我所观察，高等教育机关不是取不足额，就要勉强取足。投考的人数逐年增加很快。但是中学生学业上的准备，比中学生的人数增进得慢。这真是我们中学校应当赶快注意的一件大事！

把以上所说的总结起来，就是以前的中学实在不能满足人意，处处都有改良的余地。然则改良的方法，究竟何在？

随便要改良什么教育，都离不了实验。若想改良中学教育，亦非从实验着手不可。我们的问题，就是如何审查社会需要，依据学生心理，准备种种适当教学机会，便学生得以发展他应付社会环境的人格，制裁天然环境，以及具有生利、消闲的种种知识技能。

不遇困难则已，一遇困难必不轻松放过，就要求一个相当的解决，必将解决方法得到，才算了事。如有几个方法解决，必得到那最有效力的解决方法，才算了事。一天不得到，就一天继续实验，必使他屡试屡验，至十分觉得真正得到相当解决才能罢休！

实验是探未发明的新理，所以往往是反常的。因为他是反常，所以他往往招舆论的抨击，受法律的限制。这两样事，都能予实验以莫大的阻碍。若想在实验上得到充分的效果，舆论固应予以相当的谅解，法律亦应予以特别的自由。

但是，教育的实验和别种实验，例如，理化的实验，有一点根本的不同，因为供理化实验的是物，是材料；供教育实验的是人，是学生。

学生进学校是要达求学的目的，所以实验教育时，以不妨害学生学业为最要。未行实验之前，第一要有研究的人才；第二要有条理的组织；第三要有缜密的计划。

实验的中学可分两种：一是规模最大，设备最周，人才最好，学生最好，教学最良，而费钱最巨：其一切设置、教学都依那最高的理想进行；一是费用小而成效大的：其校中一切设置、教学，都依那必不可少的计划进行。前一种固然要紧，后一种在中国更是要紧。我们很希望能早些发现，使内地学校可以参考。

凡中学，如得其人，并得其法，都可酌量实验。但有几种中学校因所处地位的关系，行使实验最为便利，更不能辞其责。我意就是：各处高等师范或大学教育科之附属中学。附属中学比平常的中学责任重些。他除准备学生升学和服务外，还可有下列几种职务：

甲、发现学理。由实验而发见新的学理。

乙、印证学理。由实验而印证他人所发见之学理之确否。

丙、实习学理。即通行之实地教学。

丁、推广学理。即模范之意。

素来中国各处附属中学或只做（丙）项或兼（丙）（丁）两项性质。（甲）和（乙）差不多是从未着手的。但是以地位言，都是教育的机关所附设的学校，对于实验一层，似宜特别注意。因为不但发见新理，不宜落后，即他人所主张的学说，亦宜加以印证，是断不能盲从或囫囵吞枣的。如果各处附设的学校，或中学或小学，能注意实验，我国教育界断不致如现今及以前之毫无贡献。

【注释】

①本篇系陶行知任东南大学教育科主任时，针对中等教育之弊而发表的见解。1921 年 9 月 24 日上午 9 时，南京高师与东南大学附中举行建校四周年庆祝大会上，陶行知除作《中等教育之先锋》的讲话，还专题作了这场长篇演讲，当时记录人作了这样的记载："我们当时会众听了，对于我国中等教育，发生无穷系念，且觉凡为这个学校的一分子，都负责任不小！"演讲记录整理后即刊载于 1921 年 12 月《中等教育》（南京高师、东大附属中学编）第 1 期上。陶行知是东南大学教育科的主任，他特别重视附中这块实验园地。从 1921 年开始，附属中学和大学的教育科，特别有密切的关系，中学就是大学教育科的实验中学。

②学理，即学习书本知识。

③经验，即通过实践所得出的结论。

④指贿买、贿卖选票之事。

⑤大隈伯　指曾任日本首相(1898、1914—1916)的大隈重信(1838—1922)。

⑥东南大学　1921年成立，地址在南京高等师范学校内。校长郭秉文。1923年以后多次更名，1987年恢复原名。

【导读】

“五四”运动期间，教育领域迎来新的变化，许多外国先进的教育思想被介绍到中国。陶行知作为当时教育改革的先觉者，在主张教育改革提倡新教育的同时，也积极介绍西方先进的教育思想，其中就包括实验主义教育思想。这种教育思想是针对传统教育的纯思辨，强调现代教育的实验作用，认为教育理论的建设必须奠基于教育实践，只能通过实验来寻找教育的途径和方法，并由实践结果来验证。这种思想比较能纠偏当时中国教育轻视自然科学教育又不重视实验操作的弊端。在担任教育科主任期间，陶行知一直主张采用实验主义教育方法。在一大批教育者的努力下，当时东南大学的附中在开展教学改革试验方面成为中国现代中等教育实验的重镇。这篇文章可以看作是陶行知于中等教育实验的一种学术总结。

在文中，陶行知首先说明了学理与经验两者相辅相成的关系：学理指示经验的方向，经验反过来又验证学理。引出中国当时的中学教育犯了学理与经验分离的毛病，导致培养出的中学生，无论是不升学的和想升学的都不合格。其中对于不升学的学生，陶行知认为可依照四个标准来对照：具有应付环境的人格、具有制裁天然环境的能力、具有生利上所必需的知识技能和具有消闲所必需的知识技能；对于继续升学的，陶行知认为中学生学业准备不足，同样表明中学教育必须改良。而若要改良中等教育，则须从实验着手，尤其在实验目的、实验过程和实验场所三个方面要加以注意。在强调中学教育必须重视实验的基础上，陶行知进一步提出了高等师范教育机构附属中学于实验方面更应担负的特殊职责，即发现学理、印证学理、实习学理和推广学理。

陶行知在这篇文章中虽然是谈中学教育必须注重实验，但值得注意的是，整个教育都需要不断地进行陶行知所说的这种实验。教育过程是一个需要不断完善改进的过程，教学方法、教育法规等都不可能固守不变，因此，文中谈到的毕业生应具备的素质对于今天也具有实际借鉴意义。

活的教育①

【原文】

教育可分为三部：A、死的教育；B、不死不活的教育；C、活的教育。

死的教育，我们就索性把它埋下去，没有指望了！不死不活的教育，我们希望它渐渐地趋于活。活的教育，我们希望它更活！

我今天且讲这活的教育。什么叫做活的教育？活的教育是什么？这个问题本来是很大的，我不容易下定义，我也不能定概观。不过我总觉得活的一字，比一切什么字都要好。活的教育，更是教育中最不可少的现象。比譬：鱼在岸上，你若把它陡然放下水去，它的尾和鳍，都能得其所在，行动不已。鸟关在笼里，你若把它放到树林里去，它一定会尽其所能，前进不已。活的教育，正象鱼到水里鸟到树林里一样。再比譬：花草到了春天受了春光、太阳光的同化和雨露的滋养，于是生长日速。活的教育，好象在春光之下，受了滋养似的，也就能一天进步似一天。换言之，就是一天新似一天。

我现在把这活的教育，再分做三段讲：

我们教育儿童，第一步就要承认儿童是活的，要按照儿童的心理进行。比方：儿童性爱合群，有时他一个人住在那地方，觉得有点寂寞的样子，在那儿发闷！我们就要找个别的小孩子同他在一块儿玩玩。普通儿童之特性，大多都富于好奇心。当他还不知道说话和走路的时候，他时常手舞足蹈的，跃跃欲有所试的样儿，忙个不歇。这可就是他的好奇心了。假若我们要弄些什么东西给他玩，他一定玩那好看的，不玩坏的。他起初间或也还可以拉杂的玩一路，后来知道好，他就只专玩好的了。在这里拿一点，在那里拿一点，只要与他合意，他一定非要不可。有时我们要是给他一个表，他必定将它翻来覆去的仔细观看，他并且还要探知里面的秘密，就打破砂锅问到底。我们同小孩子玩的时候，假以木筷搭个架子，小孩子看着，必定以为很好玩。后来我们忽然把它推倒，那小孩子就更以为好玩了，欢喜了。假若我们再进一步，以这架子，不由我们推倒，让小孩子自己去推，那么，这时小孩子的欢喜，我敢断定更比从前要欢喜得多了。诸如此例，我不能细举。还有一件最紧要的，就是：我们如果承认教育是活的，我们教育儿童，就要根据儿童的需要的力量为转移。有的儿童天资很高，他的需要力就大些；有的儿童天资很钝，他的需要力就小些。我们教育儿童，就要按他们的需要的力量若何，不能拉得一样。比方：吃饭。有的人饭量大些，他要吃五碗或六碗；有的饭量小些，他只能吃一两碗。我们对于他，就只能听其所需，不能定下死规。要是我们若规定了，比如吃两碗的定要逼他吃五碗才及格，那么，这一定就要使人生病了！学校里教育儿童，也象这样，不能下死规强迫一律，不但学校是要如此，就是社会上的工作亦莫不要象这样。我们人的需要力，有大有小，我们只求其能够满足他的需要就是了。所以教育儿童和承认儿童是活的，首先就要能揣摩儿童的心理。

儿童不但有需要，并且还有能力。他对于种种事体的需力有大小，他的能力亦有各种不同。男女遗传下来的生理不能一样，他们的能力亦不能一样。我并不是说女子比男子差些，我是说男女各有各的优点。就是男子与男子两相比较，亦有许多相异的能力，有因年龄不同的，有因环境不同的，有因天性不同的。由这许多的不同，所以其结果的能力，就大有差别。我们教育儿童，就要顺导其能力去做去。比如：赛跑，这就是一件凭能力的事。我们认定几个人同时同地立在一块，听指挥者发号令，就一齐出发，让他们各凭充分的能力自由前进，不加限制，然后谁远谁近，自可显见。而他们的能力的大小，也就由此可以证明了。设使我们要是下个定规，规定三人赛跑，跑一百二十码或二百四十码，快慢都要一样，不许谁先谁后，那么，那个能力充足能跑二百四十码，他自然是很舒畅，不甚为难；而那只能跑得六十码或一百二十码的，他一定是很苦的了，甚至还要受伤呢！这是从运动方面着想的。至于教授方面，亦多类此。设有许多儿童，同在一堂，当教授的人，就要按照各个儿童的能力去教授。要是规定了今天讲一课，明天讲一课，每课虽是都一字一句的分析解释，在那天资聪颖的小孩子咧，他固然能够领受到他的脑袋里去，并且还有闲空；若在那秉性鲁笨的小孩子，那就等于对牛弹琴了，一些儿也不懂得。这种教育，正象规定三人赛跑一般，还能算得是活的教育吗？我们现在既是想讲活的教育，就要知道儿童的能力是不相同的，我们要设法去辅助他，使他能力发展，有如我们看见某处一个学校园，那里内的花卉长得非常整齐好看，我们心下羡慕他，我们也就可以仿照他，将我们自家的学校园也培植得象那一样。这是培植花园的方法，办教育也是如此。我们大家若不相信，恐怕做不到，我们可再看。譬如有一块草地，那地上所生长的草，都是参差不齐的，我们若任它自然去生长，那就越长越不齐了，假若我们要用机器把它逐次地推铲，那么，这一定要不了多少功夫，就会使他平坦了。我们办教育，也就象推草一样[②]，也要用方法去使之平，这是对于草是这样——对于普通的儿童是这样；若对于树木，——对于天资特敏的小孩子——那就不行了。树木的生长力强些，他的性子也猛些，我们对于他，也要按其能力去支配他，使其生长适度。若任其自然生殖，则其枝干必日渐伸张，后来越长越高，甚至把屋棚都要捣破了！学校里起风潮，就象大树捣毁屋棚，是一样的，都是由于办教育的人，平日对于这教育的趋向没有注意，对于那天资高尚的儿童，没有按得其能力去教育，这就是我们没有承认儿童有活的能力。

活的小孩子与死的小孩子有不同的特点。小孩子他所吃下去的滋养料不同，他们所受的利益也就不能一致。活的小孩子，他秉性活泼些，他对于一切的事实上，也就进步得快些。死的小孩子，他的脑筋滞钝些。并不是说小孩子的确是死的，是言其能力不能有多大的发展，虽活也等于死的一般。我们办教育的人，总要把小孩子当作活的，莫要当作死的。地球看起来，好象是个不动的东西，其实他每天每时都在旋转不已。小孩子也同这样。表面上看起来，也好象是很平常的，没有什么进益，其实他的能力知识，莫有一天不在进行中求活。我们就要顺着他这种天然的特性，加以极相当的辅助和引导，使他一天进步似一天，万不能从中有所阻碍或滞停，不使前进，把他束缚了起来。束了若干时，然后又陡然把他解放掉，这一定要受危险的。这好象人家有个小孩子，他把他在今年做了一件衣服，等到五年后，他还拿给这小孩子穿，那小孩子体干长大了，衣服小了，以这小的衣服去给大的孩子穿，那衣是一定要破裂的。纵或可以勉强穿得上，而小孩子的身体，也就束缚得急急的了，血脉也就不能调和，就要生病了！由此可知小孩子的衣服，是年年要换的，小孩子的知识学问，也是年年天天要换的。现在设有一个人，忽然妙想天开，他说："我有个小孩子，我不要他年年换衣，当他还只有五岁的时候，我就把他做件十六岁时候的衣服，周身都把他绉起来，年年穿，年年放，一直放到十六岁的时候，都还可以穿。"这个法子，勉强一看，觉得也还不大坏，并且又很经济的。但是仔细看来，那就觉得不像了，就是精神上也有点不好看。古时的衣服，不能适合于现在；现在的衣服，未必又能适合于将来！时势的变迁，是有进无已的。办教育的，就要按着时势而进行，依合着儿童的本能去支配。有许多教科书，在从前要算是很新很适用的，在现在却变成了腐败不堪了。我们讲活的教育，就要本着这世界潮流的趋向，朝着最新最活的方面做去。中国教育最大的毛病，就是不能普及。从前俄国的西伯利亚也是这样，但比较中国要好些。中国社会上失学的人，也不知有多少，就以普通人民计算，总有三分之一不识字的。我们现在要想将这些人重新给以教育，那除非要从国民一年级教起。但是他们都是壮年的居多，要是都放在国民一年级教，那又好象十六岁的孩子穿五岁时候的衣服了。这种教育，可算得是死的教育。活的教育就不能这样了。活的小孩子，他生长快，他的进步也快，他一时有一时的需要，一时有一时的能力。当教育家的，就要设法子去满足他的需要，就要搜罗相当的材料去培植他。这就是我们所讲的活的教育第二件。

我现在再讲活的教育要些什么材料。这材料也可以分做三段说：

一、要用活的人去教活的人。我们要想草木长得茂盛，就要我们天天去培植他，灌溉他；我们要想交结个很活泼的朋友，就要我们自己也是活泼的。我的影响，要使能感到他的身上;他的影响,也要在我身上,这才可以的。比如:我俩人起先是不相识的,后来遇到了好几回,在一块儿谈了一次,于是两人的脑筋里都受了很深的影响,两下的交情,也就日渐浓厚了。当教员的对于学生也要这样,也要两下都是活的,总要两下都能发生的密切的关系。教员的一切,要影响到学生身上去;学生的一切,要影响到教员身上去。一个会场有的人好谈话,有的人好笑,我们看了心下一定也会生了一种影响。比如:我一人在台上讲演,大家都坐在下面听,我的脑筋中已经印象了许多听讲演的人;想大家的脑袋中,也会印象到了我讲演的人,这也就是一种活的表现。活的教员与活的学生,好象汽车一样,学生比譬是车,教员比譬是车上司机器的,机器不开,车自然不动。教员对学生,若不以活的教材去教他,他自然也就不能进步。现在的教员,不象从前了。他象把汽车上机子开了,车子在跑了。但是还有些教员,他的性子未免太急,他把车上的机器开猛了一点,车子行得太快,刚刚要想收机,忽然前面碰到了石头或其他的人,这时就要发生很大的危险了。活的教员,正同司汽车的一般,要把眼睛向前看准了。若闭着眼睛乱开机,那就要危险极了!学生向前进,教员也要向前进,都要一同并进。若徒以学生那个前进,而教员不动,或者学生要进而教员反加以阻碍,这可谓之死的人教活的人,不能谓之活的人教活的人!

二、拿活的东西去教活的学生。我们就比如拿一件花草来教授儿童,将这花草把他解剖开,研究其中的奥妙,看他是如何构造的。小孩子对于这事,觉得是很有趣味的。我们能以这种种东西去教他,不但能引起他活泼的精神,并且还可以引起他的快乐。我们还可以拿活的环境去教他,比方沙漠本是干燥的,我们可以设法使他出水;大海有时候变成陆地;太平洋里航船到美洲,本不大便利,于是就有人开了巴拿马运河;火车行山路不便,就会把山打个洞。这就是拿活的环境去作教育上材料的。文化进步,是没有止境的,世界环境和物质的变化,也是没有一定的。活的教育,就是要与时俱进。我们讲活的教育,就要随时随地的拿些活的东西去教那活的学生,养成活的人材。

三、要拿活的书籍,去教小孩子。书籍也有死的有活的。怎样是活的书籍?我觉得书籍所记载的,无非是人的思想和经验,那个人的思想、经验要是很高尚的,与人生很有关系的,那就可算是活的书籍。若是那著书的人思想、经验都没有什么价值,与人生没有关系,那就是死的书籍。我们教授小孩子,对于书籍的死活,就不能不慎重,所教授的书籍,要有统系的,前后都能连贯得起来,不是杂乱无章的,这才是活的教育。若只知道闭着眼睛教死书,也不顾那书适用不适用,这样我敢说就是死的教育。我们教授儿童的书籍,好象人家传财产样,普通有两个常法子:(甲)是传财的法子。比譬一家,他的家主不愿管事(或临死时)了,要把家事完全推及小家主,将所有存蓄的银钱,都要对小家主说个明白,叫他慎重。(乙)是传产的法子[3],就是有本账簿子,说我所有的产业,都登在这账上面。那天那家主把他的后人带到各田庄上去看,说是某田是租给某人的,某庄子是某人承租的,那块山场是由某人保承的,某处房屋是谁租着做什么事的,这样一件一件地指示给他看了,又与他那账簿子再对照一下。那么,这个财产的根本,他那小家主已经明白了。这笔家私,就没有人能够会糊倒他占得去了。我们办教育的传文化的人,也是这样,也要把书籍象传财产一样,要把所教授的东西,都能使他领会得到,能连贯得起来,使小孩子的脑筋有个统系,不致混乱,这种教育才配说是活的。从前有许多讲教育的,没有统系。所以使一般学生听了,只是囫囵吞枣,一点不能受益,这也就是死的教育,不是活的。活的教育要拿活的书籍去教,现在还有许多教员先生们,他对书籍还不十分注意,当他初当教员的时候,也还肯买一两本书看看,到了后来,他不但不买,连从前所有的几本书,都借给人去了。这样教员，教育界中也不知道有多少，他既不能多买书看，对于一切新知识，他自然是不知道的。他既不能有新的知识，那一定没有新的教材能供给学生，只是年年爬起来卖旧货！这种教育中的败类，真不知害了多少青年。我们现要希望教育成活的，当教员的就要多看书——多看些活的书——好去供给学生的需要，养成新而且活的学生——这就是我讲的 Education of life[④]。

现在要讲到活的教育的方法，我可提出两个最时髦的法子就是：

(1)设计教学法。活的教育，最好而且最时髦、最紧要的，就是总要有个目的。这我在上面也曾说到了一点。我们教授儿童，先要设定一个计划，然后一步一步地向着所计划的路上去做，若是没有个计划，那就等于一只船放到了江中没有舵，进退左右，都没有把握！倘不幸遇了一阵大风，那一定逃不了危险的！办教育的人，要能会设计，预知学生将有风潮，就先要设一方法，使那风潮却从无形中消失，不致使他发泄。知道学生程度不齐，就要设一种计策，使之能齐，总期各方面都无损，且能获益。这种设计，各学校的情形，各有各的不同，各地方亦有各地不同，这可听大家因时制宜，我不能断定。

(2)依计划去找实现法。这个方法大致是根据上面来的。我们订了一个计划，不能就算了事的，必定还要依据这计划去实行去。我现在可拿个浅近的事作个比譬：就如农人种豆子，他先也要订个计划，以几亩田能要几多种子，要多少肥料，又要多少人工去做，要经多少时期才能完工；什么地方种绿豆适宜些，什么地方种黄豆适宜些，还有甚地不适于种豆子，适于种山芋。这样计划了一番，然后兴工动作，按这所计划的进行，这必定是有条有理，不致乱忙；而所收的结果，也一定是很丰厚了。由此类推，办教育亦莫不是这样。一个学校，也先要订个计划，然后去依计划实行，例如那级学生，今年应当注意什么功课，某级学生今年应当添什么功课和减什么功课，某教授教授法不好应当怎样。能这么一样一样的计划好了，然后又按照这个进行，那个学校没有办不好的道理。推之修桥修路和其他种种建设，都能依着这样进行，求到所希望的目的，那么，天下事绝没有不可能的。现在我看到有许多地方，他一开个什么会，他预先没有计划。到了临时开会了，不是招待员左右乱跑，就是会场上布置得不周全，往往令来宾有兴而来，败兴而归，这都是由于预先没有一定的计划。俗语所谓："平时不烧香，急时抱佛脚。"这事决不会办得好的。我们谈教育的，就是在这上面注意注意。无论是办大学也好，中学也好，国民小学也好，总要预先有个计划，然后依着计划去找实现。有时计划定得不好应随时变更。比如：我们讲化学，今天就要计划明天化学堂上要些什么东西试验。我们预先就要预备好着，省得临时仓皇失措。诸如此类我也不必多举，我总觉得设计教授法是活的教育上最不可少的，依计划去找实现法，那更是一件要紧的事了。这就是我所讲的 Education by life[⑤]。

我现在又要讲我们为什么要讲活的教育。因为活的教育，能使我们有种种活的能力。我们人生有高尚的，有低微的；有暂时的，有永久的；有完全的，有片面的。我们要使暂时的生活，能够叫他永久；片面的生活，要使他能完全；低微的要使他高尚。怎样叫做完全？我们在国家是公民，在社会上有朋友亲戚，在家庭里有父母兄弟姊妹，在学校里有同学，有师长。我们一身，对于自己，对于各方面都要顾到。如果一方面不能顾到，这还是片面的。怎么叫做高尚的？我觉得人们的身体和精神是两样的，各有各的生活。身体上的生活，固然重要，精神上的生活也是紧要的。设使两者要去其一，那就是我们最不幸的一件。我们总要使得我们的身体、精神，都是很健全的、愉快的。这可就算是高尚的生活，反之就是低微的生活，都是有关系于教育上的。再，怎样谓之永久和暂时的生活？我们人的寿命有长短不一，有二三十岁就死的，有七八十岁才岁的，有十几岁就死的，也有八九十多岁才死的。说者多谓生死有定，但这可不能为凭。我想人的生命的长短，大致是关系于人的操作和卫生上的。从来人的死，多是由病的。考病之由来，不外两种：(一)是由人的操动过度致伤身体而殒命。(二)是由人的卫生上没有讲求，以致生出了许多毛病，终至因而送命。决没有无病无灾而好好就会死的。纵有，也是极少极少的，但亦必定有其他原因。要说人的生死有定，何以人不好好的就死，而偏要生病才死咧？这种无稽之谈，我是不盲目崇拜的。我觉得人的生活，所以有暂时和永久的，都是根据于卫生和操作的关系。我们现在讲活的教育，就要明白这种关系，然后好去预防他，保护他，谋永久的生活。我在上海、南通参观各工厂，有许多六七岁的小孩子，都跟在他的母亲父亲身边下做工，我看他们那些小孩子，都是很瘦的，精神也很衰败的。这都是那些贫民没有钱给儿童受教育，国家亦没有钱能办这种义务教育。有些资本家倒是很有钱的，但他只知道营业获利，不肯拿钱来办这可怜的教育，所以那些小孩子就没有机会受教育，只得附随其阿父阿母作工以度日。五六岁的小孩子，尚有许多生理器官还没有长完全，现在竟居然要他工作，这种不适宜的使用，一定会使那小孩子身体不得强健，甚至还要早死的。譬如树上的果子，还没有成熟，你就把他摘下去吃，那是一定吃不得的。小孩子还没有成人，就要使用他，他的前途一定是很有限的，将来一定要发生危险的。象这样只顾眼前不顾后来，就可谓之暂时生活，不是永久的生活。现在讲活的教育，就不能不注意这一层。

活的教育，有属于抽象的，叫做精神上活的教育。比方一个人死了，他的机能死了，他的躯干倒了，他的精神是没有死，还存在空中，能使我们还受到他的影响。这也似乎是种渺茫之谈，我本不敢怎么样的贡献于大家，因为各个人的观念不同。但是，有时我觉得大家也可以公认这话有点的确。例如：孔子是死了，他的精神还没有死，其影响存在我们大家身上。我们大家的脑袋中都还印象了有个孔子。历来许多大英雄、大豪杰，他的身子虽已腐化了，但他的勇气、毅气，还是贯传着，在我们大家的脑海中。这也就是精神上还没有死。他的精神可以一代一代的向下传，可以传许多人，不只传一人。一个活泼学生的精神，可以传应到许多学生。比如：我的精神传应着在大家身上，也可以传应到社会上去，这种传应，并是很快的。我们讲活的教育，对于这精神上的传应，也要注意，也要求活的精神。精神也有死有活的，活的精神，就是能使人感受了他，可以得到许多的教训。社会一日不死，各方面的精神传应，也是不死的。我觉得社会上受了这种精神的教育，也不知道有多少。这精神上的教育，最易感动人的，能连络一切。我从前有许多朋友住在一块，后来别了好多年，没有见过面，形式上要算疏忽了，但是精神上还是没有分离。这就是一种活的精神的表现。我希望讲活的教育，也要把这活的精神当作活的教育里一件材料。这就是我所讲的 Education for life⑥。

【注释】

①本篇系陶行知于1921年夏天在金陵大学暑期学校所作的演讲，记录者为汪忠一、马延乾。这篇演讲记录后来登载在1922年1月18日～19日的《时事新报》副刊“学灯”上。记录稿发表前，未经本人审阅。发表后，陶行知曾给《时事新报・学灯》记者写信说：“他们记得很详细，有好几处确能传达我的精神。但因各地言语不同，所以记得也不十分正确。”

②陶行知在给《学灯》记者的更正信中说：“‘我们办教育也就象推草一样’，因为前后遗了几句，就和我原来的意见正相反了。”

③陶在更正信中指出：“‘传财’与‘传产’，当是‘单传账簿’与‘对着账簿点明产业交待后人’之误。”

④Education of life 意为生活教育。

⑤Education by life 意为依据生活而教育。

⑥Education for life 意为为了生活而教育。

【导读】

自1918年担任南京高等师范学校的教育科主任,陶行知便进行了一系列教育改革,并在自己的教育实践中逐渐对杜威的教育思想有所突破,"生活即教育"思想逐渐萌生。1921年夏,为了沟通高等教育与中等教育、初等教育的联系,沟通大学与社会的联系,以便更好地服务社会,推广教育,使教育与实际生活联系更紧密,他倡导和组织了第一次暑期学校,在这次暑期学校里,他作了这篇精彩的演讲,并在演讲中提出了"生活教育"的概念。

在这篇文章中,陶行知认为活的教育是当前中国最为不可缺少的教育。接着具体谈了四个方面的内容。一是关于"活的教育"的涵义:1)"要按照儿童的心理进行";2)"要顺导其能力去做";3)"总要把小孩当作活的"。二是进行"活的教育"所需的材料:活的人、活的东西、活的书籍。三是"活的教育"的方法:设计教授法和依计划去找实现法。这两种方法都强调明确的目标和周详的计划。四是进行"活的教育"的必要性:使我们具备种种活的能力。

不仅陶行知的年代需要"活的教育",当今我们需要创造精神的年代更是需要"活的教育",才能使整个教育鲜活,具有生命力。陶行知的"活的教育"的思想告诉我们,进行活教育不仅要尊重学生个性,而且教育者要具有发展的眼光,了解每个学生的特点,因材施教。活教育本身还要与时俱进,不断更新。

我们对于新学制草案应持之态度[①]

【原文】

第七届全国省教育会联合会[②],拟订学制草案,征求全国意见,以为将来修正实施之准备,立意甚好。"壬子学制"[③],经十年之试验,弱点发见甚多。近一二年来,教育思潮猛进,该学制几有不可终日之势。故此次所提草案,确是适应时势之需求而来的。我们对于这应时而兴的制度,究竟要存何种态度?我以为建设教育,譬如造房屋;学制,譬如房屋之图案。想有适用的房屋,必先有适用的图样。这图样如何画得适用?我以为画这图的人,第一必须精于工程。第二假使所造的是图书馆,他必定要请教图书馆专家;科学馆,必定要请教科学专家;纱厂,必定要请教明白纱厂管理的人;舞台,必定要请教明白管理舞台的人。有这两种人参议,才能斟酌损益,画出最适用之图样。制定学制,也可以应用这理。不过学制包括的范围更广,所应询问的方面更多了。这次全国省教育会联合会,征集各省教育界的意见,就是为了要顾到各方面的情形。所以我觉得凡对于学制有疑问、有反对、有主张的,都应提出充分讨论,研究,实验,使将来修正之后,各方面之教育,都有充分发展之机会。换句话说,虚心讨论,研究,实验,以构成面面顾到之学制,是我们对于学制草案应有之第一个态度。

建筑最忌抄袭:拿别人的图案来造房屋,断难满意。或与经费不符,或与风景不合,或竟不适用。以后虽悔,损失已多[④]。我国兴学以来,最初仿效泰西,继而学日本,民国四年取法德国,近年特生美国热,都非健全的趋向。学来学去,总是三不象。这次学制草案，颇有独到之处。但是不适国情之抄袭，是否完全没有？要请大家注意。诸先进国，办学久的，几百年；短的，亦数十年。他们的经验，可以给我们参考的，却是不少；而不能采取得益的，亦复很多。今当改革之时，我们对于国外学制的经验，应该明辨择善，决不可舍己从人，轻于吸收。这是我们对于研究新学制草案应有的第二个态度。

为造新房绘图易，为改旧房绘图难。因为改旧房时，须利用旧房，以适合改造之需要。然旧房有可利用的；有断不可利用的；有将来要拆而改造时，不得不暂行存留的。这都是绘图的人，应加考虑的事。我们的旧学制，多半应当改革；但因国中特别情形，或亦有宜斟酌保存之处。大凡改制之时，非旧制遭过分之厌恶，即新制得过分之欢迎。这两种趋势，都能使旧制中之优点处于不利之地位。所以我们欢迎新学制出现的时候，也得回过头来看看掉了东西没有？这是我们对于新学制草案应有的第三个态度。

图案是重要的，但只是建筑房屋的初步。学制是重要的，亦只是建设教育的初步。徒有学制，不能使人乐学；也如徒有图案，不能使人安居。如何使纸面上的图案，变成可以安居之房屋；与如何使纸面上之学制，变成最优良最有效率之教育，是一相仿的事业。不知要费几许金钱、脑力、时间去经营，才能成就我们所想成就的。我们切不可存学制一定即了事的观念。我们更要承认，学制以后之事业问题是无穷尽的。无穷尽的事业，要我们继续不已的去办理他。无穷尽的问题，要我们继续不已的去解决他。所以学制虽是个重要问题，但只是前程万里的第一步。他原来是如此，就应如此看待他。这是我们对于新学制草案应有的第四个态度。

总之，当这学制将改未改之时，我们应当用科学的方法态度，考察社会个人之需要能力，和各种生活事业必不可少之基础准备，修正出一个适用之学制。至于外国的经验，如有适用的，采取他；如有不适用的，就回避他。本国以前的经验，如有适用的，就保存他；如不适用，就除掉他。去与取，只问适不适，不问新和旧。能如此，才能制成独创的学制——适合国情，适合个性，适合事业学问需求的学制。

【注释】

①本篇刊载于 1922 年 1 月《新教育》第 4 卷第 2 期上，后于 1928 年收入作者自选教育论文集《中国教育改造》。

②全国省教育会联合会　即全国教育会联合会。该会由各省省教育会及特别行政区教育会组成。1921 年 10 月 26 日至 11 月 7 日，在广州召开了第七届会议，研究讨论新学制问题，通过了新学制系统草案。

③“壬子学制”1912 年 9 月，中华民国政府教育部公布了《学校系统方案》，是年为壬子年，故称为“壬子学制”。随后，教育部还陆续颁布了各种学校法令，而有些学校法令同新学制又略有差异，遂于 1913 年（即癸丑年），综合上述两方面内容，发布了“壬子一癸丑学制”，仍可称“壬子学制”。

④在收入《中国教育改造》一书后，此句为：“日后懊悔，损失必多。”

【导读】

中国近代学制形成后，虽经民国初年的教育改革，仍存在不少问题，如小学过长，中学过短（七四制），中等教育又太偏于普通教育；模仿日本和德国的痕迹较深，没有从本国实际出发，课程、教材等方面也存在诸多问题，已不适应日益发展的社会政治经济生活和生产的需要，因而孕育着一场新的改革。改革旧学制的先声可以追溯到 1915 年，这一年，直隶省教育会发起成立了全国教育会联合会，并召开了第一届年会，但是会议因此案事体重大，未曾开议。此后，第五届全国教育会联合会向教育部首次提出了“改革女学制案”，浙江省又提出改革师范教育案，并决议第六届大会应以“革新新学制作为提案之一”。至第六届大会中遂有安徽、奉天、云南、福建诸省提出改革学制议案。1921 年 10 月，全国教育会联合会第七届年会在广州召开，以学制为主要议题，广东、黑龙江、甘肃、浙江、湖南、江西、山西、奉天、云南、福建、直隶等 11 省提出了各自的学制改革案，大会认真讨论审查，于 10 月 30 日通过了新的“学制系统草案”。为进一步征求各方面的意见，大会要求各地组织讨论，并请各报馆、各教育杂志发表草案全文，向全国征求意见，以便在来年召开的第八届年会上作最后决定。第七届年会后，各地教育界人士反响十分强烈，纷纷开会讨论新学制并撰文评论，一些教育刊物还专辟了学制改革研究专号。为此，陶行知在《新教育》上发表此文，明确表达了自己对制定新学制的意义以及应遵循之原则的独特看法。对于新学制最终厘定起到了重要的理论支持作用。

文章一开头，陶行知指出十几年来所制定的学制之弊端，指出此学制提案是适应时势之举。接着阐述了对新学制草案应持的四种态度：第一，学制的制定要征求专家意见和兼顾各地之具体情况，虚心的讨论、研究和实验，构成面面顾到之学制。第二，对于外国学制的经验，应该是明辨择善，决不可舍己从人，轻于吸收，坚决反对“仪型他国”、抄袭别国的行为。第三，正确对待旧学制，取其优点，弃其糟粕。因为旧学制在不断发展中，适合了本国的特殊情景，也有保存之处。第四，学制虽是个重要问题，但只是前程万里的第一步，应根据它在整个教育中的作用和位置来看待它。学制只是为教育的成功构建合适的框架，但最终人才的培养还需各方面无尽的努力。

陶行知在学制订立上，于诸国先进之处强调择其“善”者而取之，于本国既有之制强调存其“适”者而用之，这种客观而科学的态度，对于当今我国教育改革，调整学校设置、合理教育结构，具有很大的借鉴价值。他所提倡的四种态度，其实也是我们应该从整个教育全局来认识和调整学制与学校发展之间关系的四个方面的基本原则：办教育者要民主，要全面，要听取内行者的意见；对于外国的东西不可轻于吸收，而应取其于己适用的成分；对于本国的东西也不可一味地抛弃，其中优良的成分应该得到继承；事业的计划不等于事业的过程，更不等于事业的成就，良好的开端固然重要，但只是万里征程的第一步。

对于参与国际教育运动的意见[①]

【原文】

今年五月比京[②]要开第五次家庭教育大会[③]，吾国已被请出席报告“吾国农业情形”和“农家社会现状”；明年要在美国举行万国教育会议[④]；万国成人教育会也要在日诺瓦[⑤]聚集。这三种会议，是我们已经晓得要举行的；以后诸如此类陆续发见的会议，必不在少数。

这种会议，如果办理得好，从小的方面看，可使到会各国交换知识；从大的方面看，或可解决些国际教育的问题，以谋世界文化的改造。我们若不想在世界文化上占一地位也就罢了，如果是想占地位的，那对于这种会议也免不了要参与的。

……

自己不办教育和办而没有成绩，当然对于国际教育运动无参与之必要，更无参与之资格。但办教育虽有成绩，而自己不明白，又不能使人明白，那就是参与，也等于不参与。前面说到国际教育的运动，有交换知识解决问题两种重要目的。若想达到这两种目的，都非自己先有准备不可。

即以交换知识论，必先双方有东西可以换来换去，才可算为交换。自己必先有好的东西，才能和人换到好的东西。因为“给的能力”常和“取的能力”大略相等。能给多少，即能取多少。吾国近几十年来从东西洋得来的文化，多属肤浅，大半是因为我们所生产的，够不上第一流的交易。我敢断定要想在国际的教育上得到第一流位置，我们必须在教育上有第一流的贡献。这种贡献是继续不已的研究，苦心孤诣的实行产出来的。他们要靠着平日的努力，不是凭着一时的铺张。

至于解决国际教育的问题，谈何容易，是必先把所要解决的问题，彻底的明了，然后才能谈到解决。若想彻底的明了，第一要自己晓得自己，第二要自己晓得别人，第三要别人晓得自己。自明，明他，他明，是解决二人以上的问题的根本方法；也是解决二国以上的问题的根本方法。若想解决国际的教育问题，也怕跑不出这个范围。

总起来说，国际的教育运动，是一天多似一天的；我们是一定要参与的；我们以前参与这种运动是无准备的；以后的准备，一是要靠着自有的成绩，二是要靠彻底的自明。自己有成绩，才能和人交换，自己明白自己，更是和人共同解决问题的初步。

【注释】

①本篇系陶行知应其时《中华教育界》所刊发的“万国教育会议”的告示而阐明自己对于国际教育会议的意见，刊载于1922年3月《新教育》第4卷第3期上。

②比京　比利时首都布鲁塞尔。

③家庭教育大会　即万国家庭教育大会(International Congress on Home Education)。该会以提倡家庭教育，有利于儿童成长为宗旨。1905年曾在比利时举行第一次大会，有24个国家派出代表与会。

④万国教育会议　指世界教育联合会(The World Educational Conference)的成立大会。最初由美国教育联合会发起，1923年6月底至7月初，大会在美国旧金山召开。中国派代表出席了此次国际教育会议，东南大学校长郭秉文被选举为该会副会长。

⑤日诺瓦　通译日内瓦(Geneve)，瑞士名城。

【导读】

中国参与国际教育组织及会议以及借此对外传播自身教育的行为，当追溯至清末民初，但当时中国主要以被动的身份来与主办会议的国际教育组织发生联系。第一次世界大战，无情的战火摧毁了各国间的友好情感，历史进入了一个新的时代，教育交往也随之转换为一个新的模式。人类的将来，是继续地相互厮杀，还是本着和平亲善的态度来推进世界文明的发扬光大？这是“一战”带给人们的思考。“一战”结束后，“文化国际主义”(cultural internationalism)开始出现，各国政府开始注重国家之间的文化交流与沟通，而教育又是国际文化交流的重大领域，从而导致基于国际教育组织及会议的国际教育交流活动渐趋频繁。但截至20世纪20年代初，国际教育组织及会议上鲜见中国代表身影，且效果甚微。究其原因，或是因为政府不重视而准备欠缺，或是国人对交往持消极态度而不愿参与。陶行知自20世纪20年代初，就开始关注这一问题，成为中国应主动参与国际教育组织及会议的最早提出者。在他看来，现在教育的关系，不只是一个国家的关系，并且有国际的关系；教育的良否，所处的国际地位和在国际舞台上的展示很是重要。为此在1922年3月撰文提出，中国应通过国际教育会议这一形式参与到国际教育运动中来发展中国的教育事业，并让世界了解中国教育发展实况。

在文中，陶行知首先分析了参与国际教育运动的意义，提出中国参与国际教育组织及会议的迫切性。他认为，中国通过国际教育会议这一舞台可以让世界了解中国教育在动荡的政局中所取得的成绩；并让世界认同中国教育，进而谋求对世界教育的贡献。接着深刻分析了有效参与国际教育会议的前提，那就是第一要自己晓得自己，第二要自己晓得别人，第三要别人晓得自己，简而言之为自明、他明和明他。最后强调办教育是一个国家的事情，我们对待教育应具有自力更生的观念，但若想中国教育在世界上占有一席之位，必须既要有科学的态度和方法，还需全国从事教育的人具有坚持不懈的精神，分工合作，共同把教育的事情办好。

陶行知在80年前作出“国际的教育运动，是一天多似一天”的预言，今天已变成现实。在教育实现“三个面向”的新世纪中，陶行知在这篇文章中所论述的观点，仍然具有积极的实践指导意义。其中所提到的对于国际教育组织及会议的态度和作法，仍然是中国教育走向全球化和国际化应该遵循的发展路径之一。

教育者的机会与责任①

【原文】

今天我讲题是教育者之机会与责任，但是今天到会的，除教育者外，又有受教育的学生，提倡教育的办学者。我这题目，和上面种种人有什么关系呢？我想，学生对于教育发生的影响，自己首当其冲，自然要去看看教育者是否已经利用他的机会，尽了他的责任。办学者是督察教育者的人，更有急需了解教育者的机会与责任的必要。所以我这演讲，实在是以上三种人都应当注意的。

先从机会方面讲。教育者应当知道教育是无名无利且没有尊荣的事。教育者所得的机会，纯系服务的机会，贡献的机会，而无丝毫名利尊荣之可言。他的机会，可分四种：

（一）有可教之人；

（二）可教者而未能完全教；

（三）可教者而未能平均教；

（四）已受教而未能教好。

以上四种，都是予教育者以实施教育的机会。且先就第一种讲：

第一种是因为社会上有许多可教之人，所以教育者才能实行他的教育，倘若无人可教，则教育者就失其机会而无用武之地了。孔子曰：“生而知之者上也。”美国某哲学家，对于他这句话很有怀疑，他反驳孔子说：“生而知之者下也。”可是他的话确乎也有根据，譬如最下等的动物——细胞，彼从母体脱离后，凡彼母亲会做的事，彼都会做。再推到小牛，彼虽然不似细胞那样快，但是不用隔多时，举凡彼母亲的事，彼也会做了。小猴子却又不同，彼有几个月要在彼母亲的怀里，因为彼又是较高于小牛的动物。人又不然了，人在小孩子的时期，最早要候二三年后，始能行动，后来又慢慢由幼稚园——至于大学，去学他的技能，以做他父亲会做的事。总之。幼稚时间长，所以可教；教育者的机会，也是因为有可教的小孩子啊！

第二种是说可教的人没有完全受教。如中国有四万万之众，照现在统计表计算，只有五百四十万个学生，换言之，只有一百分之一点五是学生；一百人之中，能受教育的只有一个半人。这一百分之九十八点五的不能受教育者，都打着我们教育者的门，并且告诉我们说：“现在是你们的机会到了，有一个人不入学校，就是你们还没有实行你们的机会。”

第三种是就受教的人说的。中国现在受教育有三桩不平均的地方:(一)女子教育;(二)乡村教育;(三)老人教育。

第一桩,女子教育在中国最不注重。中国全国,有一千三百余县没有女子高等小学,又有五百余县没有一个女学生。若照百分法计算起来,男学生占学生中百分之九十五,女子却只占百分之五;以家庭论,一百个家庭,只有五个是男女同受教育——好家庭了。所以为家庭幸福计,男女都应受同等的教育。女子教育的重要有三:

甲、女子同为人类,自应有知识技能,去谋独立生活。譬如四万万根柱子擎着大厦,设若二万万根是腐朽——不能用的木材,则此大厦必将倾倒,这是很明显的例子。——所以女子必须受教育,去共同担负社会的责任。

乙、女子富于感性化,能将坏的男子变好,并且可以溶化男子的性情与人格。诸位不信,请看看你们的亲友,定可得着个很显著的证明——所以欲使男子不致堕落,非从女子教育着手不可。

丙、女子受教育,必定十分顾及他子女的教育,不似男子的敷衍疏忽。——所以普及女子教育,不但可以收到家庭教育的好果,并且可以巩固子孙的教育啦!

第二桩,不平均是城乡学校的相差,城里学校林立,乡下一个学校都没有。以赋税论,乡下人出钱,比城里人多些;他们的代价,至少也应当和城里平均,才是公允的办法。故乡村教育,应为教育者所注意。

第三桩,是小孩子可以受教育,而老年人则无受教育之机会。一班教育者,也只顾及小孩子的教育,对于老年人很少加以注意,这也是件不平均的事。中国现在内外交莽,社会多故,如若候着那班小孩子去改造,非待二三十年后不能奏效。所以欲免除目前的危险,必须兼顾着老幼的教育。

许多女子,乡村人,老年人,都打着我们教育者的门,如求雨一般的哀求我们放他们进来。这也是我们的机会到了!

第四种机会,是因为小孩子虽然受教,但是没有教好。如已教好,我们教育者又无机会了。没有教好者,可以分四层讲:

甲、人为物质环境中的人,好教育必定可以给学生以能力,使他为物质环境中的主宰,去号召环境。如玻璃窗就是我们对于物质环境发展的使命之一。我们要想拒绝风,欢迎日光,所以就造一个玻璃窗子去施行我们拒风迎光的使命,教讨厌的风出去,可爱的日光进来。又如我们喜欢日光和风,但是想拒绝蚊蝇,所以又造了一种纱窗去行我们的使命。这种使命,并非空谈,因为我们有能力确可使这些自然的环境,听我们调度。故学校应给学生使命环境的能力,去作环境的主宰。以上不过是表明人对付环境的两个例子。

水也是自然环境之一,但是不能对付彼,常常为彼所戕杀。如去年门罗[2]博士到苏州参观教育,同行有四位女学士。过桥的时候,女学士的车子忽然翻落桥底;当时船家和兵士都束手无策,等到想法捞起,已经死了一个。我们从这件事,得着一个教训,就是"学生、船夫、兵士都不会下水",以致人为自然环境的"水"所杀。

人在青年时发育最快。身体的发育,犹如商人获利一样。可是商人获利是最危险的事,偶一不慎,当悖出如其所入。我们青年生长时,亦有危险,学校讲求体育,应问此种体育是否增加学生的体健,使他们不致有种种不测之事发生?

这种学生的父兄,也带了他瘦且弱的子弟,打我们教育者的门,厉声问我们教的是什么教育?

乙、人不但是物质环境中之一人,也是人中之一人。人有团体,有个人,在这团体和个人中，便发生相对的关系。此种关系，应互相联络，以发展人性之美感。在此阶级制度破产时，我们绝不承认社会上还有什么“人上人”，“人下人”，但是“人中人”我们是逃不掉的。我们既然都是人中之一人，那么，人与人自然会有互相的关系了。这种关系，能否高尚优美，尚属疑问。且就现在的选举说吧，被选人手里执着些洋钱，选举人手里执着一张票，他们所发生的关系，是洋钱的关系，选举的关系罢了！这种关系，能合乎高尚的条件吗？

再看留学生的选举如何？记得从前中央学会选举时，自称为博士、硕士的留学生，不也是一样的舞弊吗？其他如大学毕业生、中学毕业生以及未毕业的中学生，他们又是怎样？他们为什么拿着清高的人格，去结交金钱？去结交政客？作金钱的奴隶？作政客的走狗？这样的学生，对得起国家社会吗？对得起父母吗？对得起自己的人格吗？

国家、社会、父母，都带着他的子孙，打我们教育者的门，骂我们为何太不认真，以致教出这种子弟！

丙、好教育应当给学生一种技能，使他可以贡献社会。换言之，好教育是养成学生技能的教育，使学生可以独立生活。譬如社会上的农夫、裁缝、商人、工人、教员……他们都有贡献社会的技能，他们各人贡献他们所做的事，可以使社会得着许多便利。倘若有一个人没有能力，则此人必分大家的利，而造成社会的恐慌了！所以教育的成绩，就是“技能”；教育就是“技能教育”。——且拿现在的师范生做个譬喻：现在师范毕业学生只有十分之八可以服务，十分之一可以升学，其余的十分之一，却做了高等游民了。再看中学毕业生，也只有三分之一可以服务，三分之一可以升学，其余三分之一，也就做了游民了！但是他们虽然不能服务，倒不惯受着清闲的日子，反做出许多不正当的事业，实在危险啊！

这种游民式学生的父兄，也打着我们教育者的门，问我们何以教出这种不会做正当事的子弟？并且教我们重新改过课程，使毕业的学生皆可独立。

丁、人不能没有休息，但休息是人最险之时。人无论怎样忙，都没有损害，倘若休息，则魔鬼立至。我们可以看出社会上许多恶事，都是在休息时候做的。所以学校里有音乐，便是给学生以正当的娱乐，使学生不致在休息时间做出恶事。可是学生回到家里，既无教员同学和他盘桓，又没有经济设置音乐去助他的娱乐，难免不发生其他的事来。所以学校应当使学生在休息时有正当的愉快。

这又是我们教育者的机会了！

总之，以上皆是我们教育者的机会。平常人对于机会怎样对待呢？大约可以看出四种情形来：

(A)候机会　有一班教育者天天骂机会不来，好像穷妇人想发财一样，但是机会不是观望的，所以等着机会是极愚拙的事，可以料定永远不会收着成效的。

(B)失机会　又有一班教育者，他明明看见机会来了，等到用手去捉彼，彼又跑掉了。如此一次，二次，三次，……仍旧不能得着机会。因为机会生在转得极快的圆盘子上，倘如没有极敏捷的手去捉彼，总会失败的。

(C)看不见机会　机会是极微细的东西，有时且要用显微镜和望远镜去找彼。一班近视眼的教育者，若不利用那两种镜子，是很难看见机会的。

(D)空想机会　还有些教育者，机会没有来，到处自炫，就象得着机会一样。犹如两个近视眼比看匾，在匾没挂起来的时候，都去用手摸了匾。后来共请一位公证人去批评，他们各人述了自己的心得，公证人忍不住笑了，因为这匾还没有挂上，他们都是“未见空言”咧！

这类“未见空言”的教育者，他们一味的空想，结果总没有机会去枉顾他一次。

现在再谈谈好的教育者。我以为好教育者，应当具有灵敏的手去抓机会，并且要带千里镜[3]去找机会，机会找着了，就用手去抓住彼——不断地抓住彼，还要尽力地发展彼。

再说一说教育者的责任。简单一句话，教育者的责任就是“不辜负机会；利用机会；能用千里镜去找机会；会拿灵敏的手去抓机会”。

办学者和学生都应当看看教育者是否利用他的机会；如果没有利用他的机会，便是他没有尽责。尽责的教育者，可以使学生发生“快乐”与“不快乐”两种感想；但是不尽责的教育者，也可以得着这两种情形，这是什么缘故？

因为教育者尽责，可以使学生在物质环境中做好人，教他学习一种技能去主宰环境。这种教育者，学生对于他有合意的，有不合意的。合意者不生问题，不合意的学生只请他认定教育者是否教我们做一个好人。如是，那我们就应当忍耐着成全这教育者的机会。设若教育者不负责，——辜负了机会——不使学生求学，我们这时候，应当知道学生有好有坏，教育者也有尽责与不尽责，不尽责的教育者常为坏学生所欢迎，同时也被好学生唾弃。做好学生，好教育者，更应当对于坏教育者、坏学生，加以严厉的驱逐，使这学校成为好的学校。

这桩事，无论是教育者、学生、办学者，皆当注意。我们不能辜负这机会与责任，自然要奋斗。攻击坏教育者、坏学生，是我们不可不奋斗的事——尤其是安徽不可不奋斗的事！

【注释】

①本篇系陶行知在安庆暑期演讲会上的演讲记录。记录人：程褆昌。演讲记录整理后刊载在1922年7月7日《民国日报·觉悟》上。

②门罗　通译孟禄(Paul Monroe，1869－1947)，美国教育家。

③千里镜　即前文提到的望远镜。

【导读】

民国成立以来，中国政治处于失控状态，南北对立，军阀混战，各地政令不一，教育领域混沌无序和无政府状态极为突出，教育经费不断缩减，学校教育整体水平下降，文盲人数不断增多。为了唤醒教育者的教学激情和责任意识，激发社会大众意识到学文化、学知识的重要，陶行知借这篇《教育者的机会与责任》的教育演讲，激励和唤起教育者的办学热情，指出他们为事业奋斗的路径。

在这篇演讲辞中，陶行知首先从论述教育者的机会开始。他认为社会上存在大量教育者可以施教的机会，并将之归为四种：第一种是社会上有许多可以接受教育的人；第二种是可教的人没有完全得到受教育的机会；第三种是在受教育者之间存在教育不平均的现象，尤其女子教育、乡村教育和老人教育往往被大多数办学者、教育者所忽视；最后一种是虽然接受过教育但并没有把他们教好的孩子们。所以陶行知认为，在中国现时社会中等待接受教育的人实在太多，也即可以施教的机会太多，但有效抓住机会就需要教育者具备灵敏的反应力、深邃的洞察力和坚持不懈的教育精神。要使中国现时的教育得到改造和发展，教育者的责任就在于不辜负教育的机会，利用机会；能用千里镜去找机会；会拿灵敏的手去抓机会。最后陶行知呼吁社会大众应认清并“驱逐”不称职的教育者和坏学生，只有这样才能使学校成为好的学校。

结合中国当前学校教育及其教育成效的现状，陶行知在这篇演讲辞中所显示出的献身教育的真精神和认清事物的洞察力，对于今日教师明确自己的事业目的、端正自己的教育态度，仍然具有深刻的发人深省的作用。

教育与科学方法[①]

【原文】

今天所要讲的不是教育研究法，是"教育与科学方法"，就是科学方法在教育上的应用。人生到处都遇见困难，到处都充满了问题。有的是天然界给我们出题目，有的是社会上给我们出题目，有的是空气、光线、花草给我们出题目。既然题目有这么多，我们应付这些问题的方法也分好几种。有的人见古人怎样解决，我们也怎样解决。这种解决是不对的，是没进步的。因为古时现象不是与今日现象一样，所以以古进今的办法往往是错的。有的人依外国的方法来解决问题：日本怎样办教育，我们也怎样办教育；德国怎样办，我们也怎样办；美国怎样办，我们也怎样办。这种解决也是不对。因为从人家发明之后，未必公开，或不愿公开。从不愿公开到公开，已经若干时间，再从公开到中国，我们刚以为新，不知人家早已为旧了。还有的人是闭门空想，自以为得意的了不得，其实仅自空想也是没用的。因四面八方的问题，不给他磨练也是不行。此外还有一种人，也不依古，也不依外，是以不了了之。像以上种种方法，都不能解决我们的问题。能解决我们的问题的，惟有科学的方法。

什么是科学方法呢？科学方法是有步骤的，是有线索的。第一步要觉得有困难。如牛顿看见苹果落地，别人不知看了几千百次，都没觉得有困难，惟有牛顿觉着有困难，所以他发现地球的吸力。教育方面也是如此。有的人上课看不出有什么问题，学风之坏也不注意，所以就不会有问题。第二步得要晓得困难的所在，就是要找出困难之点来。如一个人坐在那里发脾汗[②]，是觉得有困难了。用什么方法来解决这个困难，这就跳到第三步，从此想出种种方法来解决。有的画符放在辫子里，有的请巫婆，有的到庙里烧香祷告，有的请医生，有的吃金鸡纳霜[③]。有了这些法子然后再去选择，这就到了第四步。自以为老太婆的法子好，就去试一试；不能解决之后，再用其他法子，最后惟有吃金鸡纳霜渐渐的好了。但此刻还不能骤下"金鸡纳霜能治脾汗"的断语，因为焉知不是吃饭时吃了别的东西吃好的呢？所以必须实验一番，这就到第五步了。如在同一情形之下，无论中外、男女、老幼吃了都是灵的，那么，金鸡纳霜能治脾汗就不会错的。

经过这五步功夫，然后才可解决一个问题。这五步方法是科学的方法。无论是化学，是物理，是生物学，都用这个方法以解决困难。但科学方法也有几个要素：

(一)客观的　凡事应用客观的考查。有诸内必形诸外。在教育上的观察，就是看你的学说于学生的反应怎样？教员与学生的关系怎样？要考查一校的行政，应看他的建筑、设备怎样？如以秤称桌子，我虽不知此桌的重量，但我晓得所放的秤码是多少。

(二)数目的观念　凡有性质的东西都有些数量。如光(light)有性质，一般人都如此说，物理学家也说可以量的。又如灵魂是有质量的，将来也须用数量去量——如果不能，则灵魂是没有的。数量中又有两个观念：(a)量的观念。有数量就可去量，如布、米、油等。(b)要量的正确。量不正确，也是无用。就是反对量的，他也在那里量，但他们用的法子很粗浅，专用一己的主观。如中国教员看卷子，有时喜怒哀乐都影响到他们定的分数。高下在心，毫不正确，这是中国人的毛病。我想不但学理化的人对于数目要正确，就是学教育的人也要正确。“差不多”三个字是我国人的大毛病。与人约定时间总是迟到（但上火车总是早到）。所以孟禄调查教育时说：“中国人对于数目不正确。如果要改良中国的教育，非从数目入手不可。”

以上说的是科学步骤与观念，要用这步骤观念，应用到教育上去。

现在教育问题很多。从前人对于教育问题都是囫囵吞枣，犯了一种浮泛的毛病。各个人都会办教育，各个人都可作教育总长，都是教育专家。究竟教育问题是不是如此简单？还是无人不会呢？我们要知道教育在先进国里是一种专门科学，非专门人才不能去办。中国就不是如此。不过这几年还算进步的很快了。五年前南（京）高师[4]教育和心理都是一人担任。自我到了之后，才将教育与心理分开。一年之后，授教育学者是一人，教育行政者又是一人。这是近五六年来教育的趋势。如各人担任一个活的问题，或一人一个，或数人一个，延长研究下去，这问题总有解决的时候，若真多少年下去还不能解决，那恐非人力所能解决的了。

现时要研究的问题，有教育行政、儿童、工具、课程种种。又如，把科学应用到教育行政上去，课堂上教授是不是好的办法？教员、学生都太劳苦是不是有益的事情？

现在教育有两种：（一）如一个新学生坐在洋车上，叫车夫拉着拚命的跑几十里，结果自然是学生逸，车夫苦。但让学生自己再回来恐怕还是不能。（二）如一去不坐车，不识路就问警察，自然是辛苦一点，但走到回来时，包管包还能回来的。兹将教育重要部分略说一说。

（一）组织　此时课堂组织最好的有达尔顿实验室（Dalton Laboratory Plan）[5]的方法。室中有种种杂志、图画，还有导师，任学生自由翻阅，与导师共同讨论，还要每礼拜聚会一次。这种法子到底好不好，可去试验试验。把各个学生试验了，测量了，假设其情形相同，是不是可得同一的结果？然后就知究为班级制好呢，还是达尔顿的方法好？又如，研究习惯究为遗传的力量大呢，还是社会环境的力量大？把一对双生的儿童授以同样的教育，看他们的差别究竟是那个大。同时以同胞生的儿童授以不同的教育，再看他们的差异怎样？

（二）教材　以上法子也可应用教材上去。如我们所教的字是不是学生需要的？究竟何者为最需要？何者为次要？何者为不需要？我们应来解决。现在有些需要的未有放到教科书里，有些不需要的反倒放入了。我们可以拿几百万字的书来测验，看哪一个字发现次数最多？其最多者为需要，其次多数发现者乃是次要。将发现多的给学生，而次多的暂不授予。还有一点要注意的，就是学生有一年、二年离校的，我们就得将最需要的教他。可是其中有个困难，或者最需要的字比较着难读难写些，但我们可以想法给他避免。有人说中国字难认，所以不识字的人很多，外国人也说将来怕不能与各国的文化竞争。其实不然，试看长沙青年会[6]所编的《千字课》教授男女学生就知道了。他那里边有男生一千二百人，女生六百人，四个月将一千字授毕，每日仅费一点半钟。学生多半是商家学徒，而学生年龄以十二、三、四、五、六岁的居多。我觉着这一种办法，给我们一个好大的希望，今天拿来不过举个例罢了。

（三）工具　无斧不能砍木，无剪不能裁衣，无刀不能作厨子，无工具不能作教育的事业。教育工具可以从外国运的，可以从中国找的。从外国运来的第一是统计法。有了统计法我们可以比较，可以把偶然的找出个根本原理来，如同望远镜可帮助我们眼睛看的清楚，在材料中可找出一定的线索。所以统计是不可看轻的。第二就是测验。近年教育改进社要作二十四种测验，因为此种工具是不能从外国运的（就是运来也不适用）。测验是看学生先天的聪明智慧怎样，使学校有个好的标准，由此可晓得某级学生有什么成绩，如治病的听肺器一样，可以看出病来。欲知病之所在，非测量不可。测验也是如此，得要细细的看结果怎样。如办学的成绩都可测验的。但没有统计，也测不出来；没有测验，也统计不出来；二者是互相为用。如甲校一个学生花四十九元，乙校学生仅花四元半；我们就可测量他谁是谁不是。如测验得花四元半的能达到平常的标准，那花四十九元就太费了。反转过来，如花四十九元的刚好，那花四元半的未免太省了。这就是统计与测量互相为用的地方。总之，每人都存用科学方法去办教育的决心，每人都去研究或解决一个小的问题，我敢说不出三十年，中国教育准有好的成效。

【注释】

①本篇系陶行知在北京大学教育研究会上的演讲记录。记录者为黄继文。记录整理后刊载于1923年1月15日《民国日报》。

②脾汗　即疟疾。

③金鸡纳霜　治疟疾特效药。

④南高师　全称为南京高等师范学校。

⑤达尔顿实验室　通译道尔顿实验室，为美国教育家柏克赫司特所创。在陶行知作此演讲时已传入中国，并在有关学校展开实验。

⑥青年会　全称为中华基督教青年会，是基督教新教社会活动机构之一。这种教会外围组织于1885年由美国传入中国。20世纪20年代前后，曾在国内推行平民教育。

【导读】

"五四"运动之后，中国教育领域在教育科学化的实践过程中，各种教育测量和心理测验十分盛行。北京高师和南京高师分别在1920年和1921年招收教育专业学生，培养研究教育的专门人才，他们以"纯科学"的方法研究儿童心理、教育心理，编制教育统计和各种测量表格，形成了促进教育科学化的一南一北两个中心。此时的陶行知即在南京高师担任教育学教授和教务主任等职，在提倡新教育之时积极探索教育科学化的道路。此篇演讲即是依据教育科学化精神，阐释什么是科学的方法以及科学方法的要素，探讨了科学方法在教育上的应用。

在文中，陶行知认为，科学方法具有客观和可测量的要素，并一般经过五个步骤，简要地说即是感觉困难、明确困难所在、找出各种解决方法、选择合适的方法、通过实验确定方法的科学性。从陶行知对科学方法的阐释，可以看出他的五个步骤来源于杜威的思维五步法。杜威主张的思维方法包括间接经验的运用、假设的提出、假设的检验等方面，运用过程更像是一种科学实验。杜威认为教学的要素和思维的要素是一样的，并把思维的五步法直接应用到教学上，促成儿童成为教学的中心，突破了传统的教育形态，对教育的发展和创新作出了巨大贡献。根据中国的教育实际，借鉴杜威的五步法并对其加工，陶行知针对现实中国的教育问题，大力提倡运用科学方法。诸如比较不同的教学组织方式看哪一种最有效果；选择那些最需要教的内容教给学生，并让学生能尽快掌握；主张检验办学成效时要运用统计和测量并使之相互为用；种种建议，不仅有助于当时教育的科学化发展，而且有助于我们思考和解析当今的教育问题。

半周岁的燕子矶国民学校

——一个用钱最少的活学校[1]

【原文】

燕子矶国民学校的官名叫作北固乡区立第一国民学校，设在南京神策门[2]外的燕子矶，离神策门约有十三里的路程。这个学校已经开了好多年，但他的新生命的起点是在今年正月。那时丁超调任这校校长，从事改造，为他开一新纪元。我们说他为半周岁，就是为这个新纪元说的。我参观这个学校是和本社乡村教育研究员、东南大学乡村教育教授赵叔愚[3]先生同去的。我们走进这个学校，四面一望，觉得似曾相识。因为我们在这里所看见的都是我们心目中所存的理想，天天求他实现而不可得，不料在这个偏僻的地方遇到，真是喜出望外。现在我要把我们参观所得的，报告出来，公诸同好。

校长是一个学校的灵魂，要想评论一个学校，先要评论他的校长。丁校长是陆军小学出身，并经过甲种师范讲习科的训练。未任本校职务之前，曾在尧化门国民学校充任校长八年，著有成绩。我们看他的人，听他的话，察他的设施，觉得他是个天才的校长。他能就事实生理想，凭理想正事实。他有事实化的理想，理想化的事实。他事事以身作则。他是教员的领袖，学生的领袖，渐渐的要做成社会的领袖。

这个学校不但教学生读书，并且教学生做事。做什么？改造学校！改造环境！学生是来读书的，教他做事，自己不情愿，父母不情愿。这是第一个难关。教员是来教书的，要他教学生做事，固不情愿，实在也是不会。这是第二个难关。教学生读书易，教学生做事难。如何打破这两道难关？一要身教，二要毅力。丁校长教学生做事的成功也是在这两点。他起初的时候整天拿在手里的是钉锤和扫帚。所以那时有人讲他是位钉锤校长，扫帚校长。但是久而久之，教员跟他拿钉锤扫帚了，学生也跟他拿钉锤扫帚了。教员变做钉锤扫帚的教员，学生也变做钉锤扫帚的学生了。丁校长于是开始偕同教员学生合力改造学校，改造环境。

校址是在一个关帝庙里。关公神像之外还有痘神、痳神等等。这些神像已经把课堂占去了大半个。丁校长一方面要教课堂适用，一方面要免去地方反对，就定了一个保存关公搬移杂神的计划。他就带领学生为关公开光。把神像神座洗刷得焕然一新，并领学生们向关公恭恭敬敬的行礼。他再同教员把这些杂神的神像移到隔壁的庙里摆着。他们又把那个庙打扫得干干净净，把这些杂神安排得妥妥当当，大家也行个礼。杂神搬出之后，这个课堂又经过了一番洗刷，加了些灰粉，居然变了一个很适用的教室。村里的人看见关公开了光，杂神安排得妥当，又听见学生报告向神行礼的一番话，不但不责备校长，并且称赞校长能干。

校内干好了，进而求环境的改良。燕子矶即在近旁，他就带领学生栽树，从门口栽到燕子矶顶上，风景一变。造林场栽树，十活一二。丁君栽树，栽一棵活一棵，也是他从经验中得来的。燕子矶坡上因有人时倒垃圾，太不洁净，丁校长就领学生们把所有的垃圾扫除一空。村民不知卫生，仍是时常把垃圾倒在此处。但村民一面倒，他就一面扫。村民倒一回，他就扫一回。后来邻居渐渐的出来责备倒垃圾的人，燕子矶头从此清洁了。

教学生做事的第一个影响就是全校无事不举：屋角上，桌缝里都可以看见精神的贯注。第二个影响就是用不着用(佣)人做事：打扫，泡茶，及一切常务都是大家分任，所以这个学校没有门房,没有听差,没有斋夫。第三个影响就是学生得了些合乎生活需要的学问:学生在学校里既肯做事,会做事,在家里也肯做事,会做事了;父母因此也很信仰学校了。第四个影响就是省钱:这个学校连校长有四位职员,五级学生共有一百二十四个人,但每年只花费公家六百二十四元钱。平均每个学生只费五元钱。学费是一文不收的。这是何等的省钱啊!省钱不为稀奇;省钱而有这样的成效,却是难能可贵的。

公家经费只有此数,设备一项宜乎因陋就简了。然而照我们所观察,比同等的学校好得多。就图书而论,这个学校里有教员参考书二十余种,学生读物四十余种,可谓选得妥当。

我见学生读物摆得有条有理,就问他买书的钱怎样来的。校长说每逢年节、午节、秋节,学生例送节敬,我们却之不情,就拿来买些书给大家读读。再,学生有一种储蓄买书的办法:每天储蓄一两个铜板,我们就把这笔钱拿来代学生买书。这是一种大家买书大家看的办法。每人出几角钱,就可得几十块钱的书读。出校的时候,学生还可把自己的书带回去,这是穷学校阅书最好的办法。

我再举一个例。学生喝茶的茶杯总要每人一个才合卫生之道。平常小学都是用公共茶杯,很不妥当。燕子矶国民学校却是每生一个茶杯。每人从家里带一个茶杯来,放在学校里,自己洗,自己管,自己用。茶水每人每星期出铜板两枚合办。茶水是公共的,茶杯是个人的,都是由学生自备的。

这个学校的教职员是很勤劳的。校长自己也教四堂。校长薪金每月二十元。教员薪金十四元的一人,十二元的一人,六元的一人。他们星期日只放半天学,暑假完全不放,学生在学校里补习各种家常实用的功课。燕子矶多水,父母不放心,所以不大愿意学校放假,学校肯得依从父母有理性的心理,所以很得社会信仰。

平常办学,学校自学校,社会自社会,不要说联络,连了解也说不到。丁校长接事只有半年,对于燕子矶社会情形,了如指掌。他并能得地方公正绅士之信仰和帮助。学校因此无形中消除了好多障碍。

这个学校还给了我们一个很重要的暗示:乡村学校最怕的是教职员任职无恒,时常变更。在这种情形之下,研究、设施都不能继长增高,真是可惜。丁先生所以能专心办学,一部分也是因为他的夫人能够和他共同努力。他的夫人也是本校的教员,特别担负女生的责任。她在这里服务是带一半义务性质。他们所组织的俭朴家庭同时是乡村家庭的模范。我想未来的乡村学校最好是夫妻合办。如果男师范生和女师范生结婚之后,共同担负一个小乡村的改造,也是人生一大快事,并是报国的要图。

我们再看看这个学校普通的进步:去年校中只有学生七十八人,今年已经加到一百二十四人;去年女学生寥寥无几,今年因丁夫人之教导,已经有三十余人了;去年本地有私塾四所,现在只有一所了。由此可见这半年进步敏捷之一斑。

现在办学的时髦方法:一是要求经费充足。有钱办学不算稀奇,我们要把没有钱的学堂办得有精彩,才算真本领。二是聘请留学生做教授,有西洋留学生更好,西洋留学生中有硕士、博士头衔的更为欢迎。这个偶像是要打破的。像燕子矶这样一个学校,西洋博士能否办得起来还是一个问题;容或办得起来,我却没有看见过。

这个学校是有普遍性的。他可以给一般学校做参考。他也有缺点,但只是时间上的问题。我们很希望大家起来试试这种用钱少成绩好的(活)[4]教育。

叔愚先生和我对于这天的参观,觉得快乐极了,也受了无限的感动。回时路上遇了大雨,一身都是水了。只听着叔愚先生连说:"值得!值得!值得!"

【注释】

①本篇撰于1924年7月，刊载于1924年8月4日《申报·教育与人生》第24期，后于1928年收入陶行知自选教育论文集《中国教育改造》。

②神策门　明代洪武年间所建南京城十三门之一，1928年改称和平门。后文所言尧化门亦为南京古城城门之一。

③赵叔愚　早年留学美国攻读乡村教育，回国后任东南大学乡村教育教授和中华教育改进社乡村教育委员会特约研究员。后与陶行知一起创办晓庄试验师范学校，任该校第一院院长。

④在收入《中国教育改造》时，此句中的"教育"改为了"活教育"。

【导读】

自五四运动之后，陶行知认为现时的中国乡村教育不注意农民的真正需要，不合乎乡村的实际生活，不能起到改造旧乡村、造就新农民的作用，需要重新走出一条乡村教育的新路。而乡村教育的改造有赖于有献身精神的教师，更需要有具备"农夫的身手"、"教师的头脑"和"社会改造家的精神"的乡村校长。于是借谈参观南京燕子矶国民学校的观感，阐释了自己改造乡村学校教育的理想和从事乡村教育改造的计划。在文中，陶行知于字面上的意思评介了丁超校长的治校理念、经验与作风，实际上表明了自己认定的"活学校"、"活教育"的办学方向。丁超作为一校之长，以身作则，率先垂范，身处乡村而不为所困，因地制宜，从实际出发，团结和率领全校师生走出了一条新的学校改造之路。难能可贵的是他在资金匮乏、条件简陋的情况下克勤克俭，全力改善学校的周边环境、外在风貌，与此同时也注重教育学生学会做事，全校无事不举，事事皆教育，充分挖掘和调动自身有效资源，以学校的整体精神文化与环境氛围大有改进来赢得家长的支持、社会的认可。从这所用钱少成绩好的理想中的"好学校"、"活教育"中，陶行知获得了改造乡村学校的一些基本"经验"或信念：校长是一个学校的灵魂，他既是教员和学生的"领袖"，也要做当地社会的"领袖"；一个好的学校不仅教学生读书，也要教学生做事，学生既要学书本知识，也要学改造环境的本领；要改造现时中国的乡村教育，必须改变学校自学校、社会自社会的现状，由是萌生了他的"社会即学校"的办学理念。所以不久他即约定燕子矶小学为中华教育改进社特约第一试验乡村学校，以其为实行改造乡村教育的出发点，在中国教育史上开辟了一条乡村教育的新路。

蒙古教育方针[①]

【原文】

中华民国成立已十三年。其招牌为五族共和[②]。试问已真正五族共和没有？如何促进五族合成合作之国家？其法有二：(一)四通八达之交通、道路；(二)普遍之教育。教育之要点：

1. 培养公共之观念

中华民国四字，在蒙古语为中华汉人国。欲免除此种误解，非有共同之观念不可；欲达之目的，非有共同机会之教育不可。欲使五族互相谅解，互表同情，互相尊敬，非有共同教育不可。办教育盲动者、无方针者，无好结果。故吾人于未办蒙古教育以前，须预定方针。定方针时宜注意：

(1)非为汉人办蒙古教育，乃为蒙古人而办教育；非至蒙古占地盘，而为帮助之者；

(2)为五族共和，对于国家有共同观念而办蒙古教育。此种教育最好合为一家，至少亦不失其为友邦之善意。

2. 使蒙古人之生活能适应世界之大势

有此一种要点，生出四条方针：

(1)养成五族共和的公民资格(普及教育)；

(2)培植蒙贤治蒙之人才(人才教育)；

(3)保持蒙古民族之独立性(语言文字等等)，并发展其优点；

(4)依据现在生活之状况，图谋适应社会进化之需要。

蒙古教育之细目，可由蒙古人自定。而其方针则须全国人士加以计划，甚望诸君详加讨论。

……边疆教育最好须有该地人民参加。此时蒙古已有代表参加，俟蒙古教育已有端倪、回藏民族已有正式代表后，再行作回藏教育之运动。

【注释】

①此篇文字系在 1921 年 7 月 7 日中华教育改进社第三届年会学术会议上由陶行知和马鹤天共同提出的提案并由陶行知报告。经讨论后，获得通过。会后刊载于 1924 年 7 月 8 日《申报》。

1921 年 7 月 11 日，外蒙宣布独立，成立了君主立宪政府。此后，内蒙民心浮动、政局不稳。有鉴于此，中华教育改进社专门设立了蒙古教育委员会，研讨内蒙的教育问题。陶行知是该委员会成员之一。在改进社第三届年会上，蒙古教育为研讨重心之一。

②五族共和　五族系指我国汉、满、蒙、回、藏五大民族。这是民国成立后一个时期内流行的一种对“中华民族”的概括性的提法。在民国成立后至 1927 年之间，中国的国旗就是以代替上述五族的红、黄、蓝、白、黑五色并列，表示“五族共和”。时人对中国社会制度的理想，就是建立一个主权归五族人民所有、实现民族平等、五族合作的政治制度的国家。

【导读】

对民族教育的推行和实施，是陶行知整个教育实践活动的重要组成部分之一。早在大学毕业论文《共和精义》中，陶行知就指出，实行共和制度，必须对国内各民族“在政治上、生计上、教育上，立平等之机会”，将教育与政治、经济同等视为实现民族平等的重要措施和原则之一。在南京高师时期，为了探索中国教育改造的新路，他就提出，任何有志于做“第一流的教育家”的人们，都必须具有“敢入未开化的边疆”的精神，为民族教育的进步勇于献身。随着教育实践的深入开展，陶行知也更加关注少数民族地区的教育。1924 年 1 月 7 日，陶行知来到蒙古族聚居地之一的察哈尔地区推行平民教育，宣传平民教育的意义，阐明五族一家的共和精神。他还为自己取了一个蒙文名字——麦勒根亚布达拉图(汉文意即是按智慧行动的人)，和蒙古族兄弟打成一片。他在察地之行虽然为时短暂，但得到了以前精神上未曾得到的愉快，这也使他对民族教育信心更足。此后，他利用一切机会宣传民族教育，尤其是凭借自己在中华教育改进社内的总干事身份，为全国各民族教育平等做了大量有益的工作。

在这篇提交讨论的提案中，陶行知指出，要使五族共和，需要培养共同的观念，此必借助教育来实现。进而指出，要使蒙古族人民的生活适应世界之大势，必须在指导精神上注意发展普及教育、人才教育，保持民族的独立性，跟上时代之潮流等。但蒙古教育的

“细目”必须放手由蒙古族兄弟自定，在其生活区域实施教育必须有该民族人民参加。可以看出，这种重视民族团结尊重民族自主的少数民族教育方针，不仅符合中国多民族的国情，而且在实践的操作上也贯彻着民族民主平等和科学的精神。因此陶行知的民族教育思想对今日发展民族教育、搞好民族团结具有很好的借鉴价值，尤其对当今身在少数民族地区的教育工作者来说，更具有指导实践的现实意义。

学生的精神①

【原文】

知行此次因全国教育联合会事来湘，今天得与诸君见面，这是很愉快的。知行是世界的学生，诸君是学校的学生，今天是以学生资格对诸君谈话。有些议论，也许诸君是不愿听的。但是“忠言逆耳利于行”，诸君或者能够原谅。

我现在要讲的题目，就是《学生的精神》。在我未说这题目之先，有点意思对诸君说一说：现在中国许多学生及一般教员，有一个很大的通病，就是容易“自满”。不论研究何种学科，只有相当的了解，即扬扬自得、心满意足。尤其是在过教员生活的，觉得自己处在教师地位，不必再去用功研究了。中国“四书”上有两句话说：“学而不厌，诲人不倦。”这真是千古不灭的格言，并且是两句不能分开的话。因为要“学而不厌”，才能够做到“诲人不倦”。例如我们来教一班小学生，倘若自己全不加以研究，只照着别人编的书本，自己抄的老笔记，依样画葫芦的教去，当学生的固然不能受多大的益，当教师的也觉得不胜其烦，没有多大的趣味。如是的粉笔生涯，不能不厌烦了。倘若当教师的，自己天天去研究，有所得的，即随时输之于学生，如此则学生受益较多，即当教师者也觉得有无穷的乐趣。所以学生求学，固然要“学而不厌”，就是当了教员，还是要继续的“学而不厌”。这可说是我现在要讲的“学生精神”的先决问题。

现在开始来讲《学生的精神》了。学生精神，大约分为三点：

（一）学生求学须具有科学的精神　我们不论研究什么学科，总要看一个明白，想一个透彻，多发些疑问，切不可武断盲从。例如别人要我们信仰国家主义，我们必须明了国家主义的内容是否合于现代社会，才定信仰不信仰的方针。其他，社会主义亦然，无政府主义亦然……尤其我们研究科学之时，碰到一个问题来了，“知之则知之，不知则不知。”因为我们自己知道自己不知的地方，那还有能够知道的一日；倘若不知的而认以为知，那末，不知道的终究没有知道的日子了；这可说是自己斩断自己求学的机能。所以我们学生求学，第一步就要有科学的精神。

（二）要改造社会必具有委婉的精神　我们在任何环境里面做事，不可过于急进。譬如园丁栽花木，倘只执一镰斧，乱砍荆棘，我相信花木亦必随之而受伤。务须从旁着想，怎样才能使荆棘去掉，那末，非用委婉的功夫不可。改造社会也是一样，尤其是我们学生，因为是领导民众的中坚分子，倘用乱刀斩麻的手段，必引起一般民众起畏惧之心，怎样还讲得社会改造？所以我们要社会改造，也需要用委婉的精神，走到民众前头，慢慢地领他们向前走，并且还要告示他们向前走的方法。如此才有社会改造的希望。不然，任你如何轰轰烈烈倡社会改造，社会还是不能改造的。

（三）应付环境必具有坚强人格和百折不回的精神　我们处在任何环境里面，必抱有坚强人格，不可自由摇动，尤其到了利害生死关头之时，必富有“富贵不能淫，贫贱不能移，威武不能屈”的气概。这才算得一个真正的大丈夫，真正的国民。现在中国一班学生——其实不仅是学生——在普通情形的时候，各人的性格，好像没有多大的区别。但到危急存亡利害相冲的关头，就看得清清楚楚，各人露出自己的本来面目。中国民众的不能团结，这就是一个很大的原因。所以我们处在任何的环境里面，坚强不摇的人格及不屈不挠的精神，决不能少的，尤其在我们学生时代。我现在要举一段历史例子给诸君听，就是明朝的方孝孺[②]先生，当燕王棣[③]篡位之时，使他草《即位诏》，他大书“燕王篡位”四字，因此被夷十族。当燕王篡位之时，势力胜过现在的任何军阀，但不能压迫方先生一笔锥。可见方先生的人格及不怕死的精神，真令人钦佩而尊敬，亦可证明读书人不可忘掉气节。

学生的精神，大概分为上列三点。我觉得在今日的学生中，是亟宜注意的。因时间仓卒，说得不周到处，请诸君原谅！

【注释】

①本篇系演讲记录。1925 年 11 月，陶行知赴湖南长沙参加全国教育会联合会期间，应当地学生界的邀请作此演讲。记录者为谢文熙。随后刊载于 1925 年 12 月 1 日《民国日报》。

②方孝孺(1357—1402)字希直，又字希古，浙江宁海人，明代著名学者。惠帝时任侍讲学士。

③燕王棣　即朱棣(1360—1424)，明成祖。朱元璋的第四子，初封燕王，镇守北平(今北京)。朱元璋死，起兵与已继帝位的侄儿明惠帝朱允炆争夺帝位，终获宝座。

【导读】

为了挽救当时落后的中国，陶行知以活罗汉的精神，致力于建立一个四通八达的新社会。面对 20 世纪 20 年代教育的衰败境况，他毫不气馁，以全副心力，利用一切机会来推行自己的教育主张。此篇演讲即是他赴湖南长沙参加全国教育会联合会期间，应当地学生界的邀请所作，借以鼓励所有听众。

在文中，陶行知首先指出许多学生及一般教员患有“自满”的通病。他在这里提到的学生，不仅局限于学校课堂里的学生，更多的是批评那些当了教员便觉得自己处在教师地位，不必再去用功研究的人。其次提出做学生者，应该具有三点精神：一是在求学上须具有科学的精神。陶行知认为，知识来不得半点虚假，不论研究学习什么东西，只有多看、多想、多问、多花时间，才可能学得透彻、扎实。二是在改造社会上须具有委婉的精神。作为教育家，肩负的历史使命便在于从事人的教育改造工作，而人又是改造社会的主体，改造社会只能日积月累，循序渐进。因此在任何环境里做事，不可过于急进。三是在应付环境上须具有坚强人格和百折不回的精神，在任何艰难困苦面前，尤其不可忘掉气节。

陶行知在文中所申述的学而不厌、诲人不倦的道理以及学生应具有的三点精神，于今日学校的学生应该具有社会使命感并致力改良社会，增强学生的社会责任感来说，仍不乏积极的教育意义。

创设乡村幼稚园宣言书[①]

【原文】

从福禄伯尔发明幼稚园[②]以来，世人渐渐的觉得幼儿教育之重要；从蒙梯梭利毕生研究幼儿教育以来，世人渐渐的觉得幼稚园之效力；从小学校注意比较家庭送来与幼稚园升来的学生性质，世人乃渐渐的觉得幼儿教育实为人生之基础，不可不乘早给他建立得稳。儿童学者告诉我们，凡人生所需之重要习惯、倾向、态度，多半可以在六岁以前培养成功。换句话说，六岁以前是人格陶冶最重要的时期。这个时期培养得好，以后只须顺着他继长增高的培养上去，自然成为社会优良的分子；倘使培养得不好，那么，习惯成了不易改，倾向定了不易移，态度决了不易变。这些儿童升到学校里来，教师需费尽九牛二虎之力去纠正他们已成的坏习惯、坏倾向、坏态度，真可算为事倍功半。至于不负责的教师，哪里顾得到这些。他们只一味的放任，偶然亲自看见学生做坏事，也不过给儿童一个消极的处分。于是坏习惯、坏倾向、坏态度蓬蓬勃勃的长，不到自害害人不止。这是必然的趋势。

有志儿童的幸福的人和有志改良社会的人看此情形，就大呼特呼的提倡广设幼稚园。但提倡的力竭声嘶，而响应的寥若晨星。都市之中尚有几个点缀门面，乡村当中简直找不到他们的踪迹。这也难怪，照现在的情形看来，幼稚园倘不经根本的改革，不但是乡村里推不进去，就是都市里面也容不了多少。

依我看来，现在国内的幼稚园害了三种大病。一是外国病，试参观今日所谓之幼稚园，耳目所接，哪样不是外国货？他们弹的是外国钢琴，唱的是外国歌，讲的是外国故事，玩的是外国玩具，甚至于吃的是外国点心。中国的幼稚园几乎成了外国货的贩卖场，先生做了外国货的贩子，可怜的儿童居然做了外国货的主顾。二是化钱病。国内幼稚园化钱太多，有时超过小学好几倍。这固然难怪，外国货哪有便宜的。既然样样仰给于外国，自然费钱很多；费钱既多，自然不易推广。三是富贵病。幼稚园既是多化钱，就得多弄钱，学费于是不得不高。学费高，只有富贵子弟可以享受他的幸福。所以幼稚园只是富贵人家的专用品，平民是没有份的。

我们现在所要创办的乡村幼稚园，就要改革这三种弊病。我们下了决心，要把外国的幼稚园化成中国的幼稚园；把费钱的幼稚园化成省钱的幼稚园；把富贵的幼稚园化成平民的幼稚园。

一　建设中国的幼稚园

我们在这里要力谋幼儿教育之适合国情，不采取狭义的国家主义。我们要充分运用眼面前的音乐、诗歌、故事、玩具及自然界陶冶儿童。外国材料之具有普遍性、永久性的亦当选粹使用，但必以家园所出的为中心。

二　建设省钱的幼稚园

打破外国偶像是省钱的第一个办法。我们第二个办法就是训练本乡师资教导本乡儿童。一村之中必有一二天资聪敏、同情富厚之妇女。我们就希望他们经过相当训练之后，出来担任乡村幼稚园的教师。他们既可得一新职业之出路，又可使幼稚园之薪金不致超过寻常小学额数。岂不是一举两得？这些妇女中最可有贡献而应最先训练的，无过于乡村校长教员之夫人、姊妹及年长的女学生。他们受过训练之后，只要有人加以提倡，幼稚园就可一举而成。第三个办法就是运用本村小学手工科及本村工匠仿制玩具，如此办来，一个钱可以抵数钱之用。三个办法同时并进，可以实现省钱的幼稚园。

三　建设平民的幼稚园

幼稚园化钱既省，取费自廉，平民的儿童当能享受机会均等。教师取之乡间，与村儿生活气味相投，自易亲近。这两件事都可以叫幼稚园向平民方面行走。但一个制度是否真能平民化，要看他是否应济平民的需要。就我们所观察，乡村幼稚园确是农民普遍的永久的需求。试一看乡村生活，当农忙之时，主妇更是要忙得天昏地黑。他要多烧茶水，多弄饭菜，多洗衣服，有时还要他在田园里工作，哪里还有空去管小孩子。那做哥哥，做姊妹的也是送饭，挑水，看牛，打草鞋，忙个不了，谁也没有工夫陪小弟弟、小妹妹玩。所以农忙之时，村中幼儿不是跟前跟后，就是没人照应，真好象是个大累，倘使乡村幼稚园办的得当，他们就可以送来照料。一方面父母又可以免去拖累，一方面儿童又能快快乐乐的玩耍，岂不是“得其所哉”！小学儿童，年龄较大，可以做事，农忙时颇能助父母一臂之力，要他上学，不啻减少农民谋生能力，所以有如登天之难。幼稚园则不然。他所招收的儿童，正是农民要解脱的担负，要他们进来，正是给农民一种便利。倘使办理得当，乡村幼稚园，可以先小学而普及。幼稚园既是应济平民的需要，自有彻底平民化之可能。我们只须扫除当路的障碍使他早日实现就是了。

建设一个中国的、省钱的、平民的乡村幼稚园不是一说就可以成功的。我们必须用科学方法去试验，必须用科学方法去建设。我们对于幼稚园之种种理论设施都要问他一个究竟，问他一个彻底。我们要幼稚园里样样活动都要站得住。我们要运用科学的方法来建设一个省钱的、平民的、适合国情的乡村幼稚园。将来全国同志起而提倡，使个个乡村都有这样一个幼稚园，使个个幼儿都能享受幼稚园的幸福，那更是我们所朝夕祷祝的了。

【注释】

①本文先发表于1926年10月29日《新教育评论》第2卷第22期上，后于1928年由作者收入自选教育论文集《中国教育改造》。

②幼稚园　中国近代对幼儿教育机构的称谓，即今日的幼儿园。

【导读】

在20世纪二三十年代的乡村教育运动中，陶行知是亲身躬行的先驱者之一。而对于乡村幼教事业的兴起，陶行知则是首要的一位开拓者。中国幼儿教育机构的开办，最早者为1903年秋湖北省立武昌幼稚园，但直到20年代中期，广袤的中国大地上，除了都市之中尚有几个装点门面外，整个乡村社会中根本找不到这种学前教育机构的踪影。为了使生活在乡村的幼儿也能享受到这种幼稚园教育的幸福，陶行知在投身于乡村教育运动之初，就创建了第一所乡村幼稚园——燕子矶乡村幼稚园，并于1927年11月11日正式开园。继燕子矶幼稚园之后，陶行知又带领晓庄师范学生，创办了晓庄幼稚园、和平门幼稚园、迈皋桥幼稚园、新安幼稚园等乡村幼教机构。1929年上半年，美国哥伦比亚大学教授、陶行知的老师克伯屈来中国考察教育时，对当时中国幼稚园中通行的千篇一律的教育方式颇有微词，认为都是过时了的幼稚园。但在参观燕子矶幼稚园、晓庄幼稚园后，他却十分赞赏：“啊！这些我在外国倒没有看见过，这是很好的一种办法。”本篇文字，即是陶行知创设燕子矶幼稚园前夕的“宣言书”。

在《创设乡村幼稚园宣言书》中，陶行知开宗明义阐明了幼儿教育的重要性，指出孩子出生犹如一张白纸。这一时期培养的好，以后只需顺着其正确方向培养下去，自会成为社会的优良分子，否则，坏习惯一旦养成，后来的教育必得费九牛二虎之力去纠正，而且往往难得好效果。接着陶行知尖锐地批评当时中国的幼稚园存在三种大病：一是外国病。幼稚园中全是外国货，几乎没有中国本土的东西。二是花钱病。由于幼稚园诸般事物依赖外国“进口”，价钱自然居高不下。费钱既多，自然不易推广。三是富贵病。幼稚园既是花钱多的场地，自然平民子女只得望而却步，学费高昂，只有极少数富贵人家子弟可以享受。要想使中国的幼儿教育得到很好的发展，尤其在乡村社会中兴办起来，陶行知认为，必须建立中国的、省钱的、平民的幼稚园。为此，他提出如下措施：一是改革幼稚园教学内容。建立在本国具体实际国情的基础上，充分运用中国的音乐、诗歌、故事、玩具及自然界来教育和陶冶儿童；二是改革幼稚园性质。中国是一个贫穷的农业大国，只能开办符合中国国情的、不需花费大量金钱的，让所有平民子弟都可以入学的幼稚园；三是改革幼稚园教师培训和培养。要做好这一点，一要选取村中天资聪颖、同情富厚的妇女；二是选取乡村校长教员之夫人。只有做到这些，才能真正建设一个省钱的、平民的、适合国情的乡村幼稚园。

今天，我国的幼教事业已有相当程度的发展和进步，但在广大的乡村社会尤其在那些边远贫困的农村地区幼儿园仍然十分稀少，而且教学内容和方法又大多不顾乡村社会的现实条件和现实需要，一味追求城市化和外国化。陶行知当年指斥的几种弊病，在今日乡村幼教事业办理过程中并未减轻。因此，他在这份“宣言书”中所开的“药方”于今日乡村幼教事业弊病的医治，仍然具有极大的纠偏疗效和借鉴作用。

我之学校观①

【原文】

学校的势力不小。他能教坏的变好，也能教好的变坏；他能叫人做龙，也能叫人做蛇；他能叫人多活几岁，也能叫人早死几年。

学校以生活为中心。一天之内，从早到晚，莫非生活，即莫非教育之所在；一人之身，从心到手，莫非生活，即莫非教育之所在；一校之内，从厨房到厕所，莫非生活，即莫非教育之所在。学校有死的有活的，那以学生全人、全校、全天的生活为中心的，才算是活学校。死学校只专在书本上做工夫。间于二者之间的，可算是不死不活的学校。

学校是师生共同生活的处所。他们必须共甘苦。甘苦共尝才能得到精神的沟通，感情的融洽。国家大事、世界大势，亦必须师生共同关心。学校里师生应当相依为命，不能生隔阂，更不能分阶级。人格要互相感化，习惯要互相锻炼。人只晓得先生感化学生，锻炼学生，而不知学生彼此感化锻炼和感化锻炼先生力量之大。先生与青年相处，不知不觉的，精神要年轻几岁，这是先生受学生的感化。学生质疑问难，先生学业片刻不能懈怠，是先生受学生的锻炼。这是不可避免的，也是好现象。总之，师生共同生活到什么程度，学校生气也发扬到什么地步，这是丝毫不可以假借的。李白诗说：“黄河之水天上来，奔流到海不复回。”这好比是学生的精神。办学如治水，我们必须以导河的办法把学生的精神宣导出去，使他们能在有益人生的事上去活动。倘不能因势利导，反而强事压制，那么决堤泛滥之祸不能幸免了。

康健是生活的出发点，亦就是学校教育的出发点。学问、道德应当有一个活泼稳固的基础，这基础就是康健。俗话说“百病从口入”，同志们务必注意，办学校是要从厨房、饭厅办起的。

生活之发荣滋长须有吸收滋养料的容量。学校教职员必须虚心，学而不厌。我以为，不但教师学而不厌，就是职员也要学而不厌。因为既以生活为学校的中心，那么各种事务都要含有教育的意义。从校长起一直到厨司、校工，各有各的职务，即各有各的学问要增进。增进之法有二：一是各有应读之书必须读；二是各有应联之专家、同志必须联。一个学校要想有美满的生活，必须和知识的泉源通根水管，使得新知识可以源源而来。

学校生活只是社会生活一部分。学校不是道士观、和尚庙，必须与社会生活息息相通。要有化社会的能力，先要情愿社会化。

学校生活是社会生活的起点。远处着眼，近处着手，改造社会环境要从改造学校环境做起。全校师生应当以美术的精神共同改造学校环境。凡应当改造的，一丝一毫都不肯轻松放过，才能表现真精神。师生不能共同改造学校环境而侈谈社会改造，未免自欺欺人。

高尚的生活、精神不用钱买，不靠钱振作，也不能以没有钱推诿。用钱可以买来的东西，没有钱自然买不来；用钱买不来的东西，没有钱也是可以得到的。高尚的精神如同山间明月、江上清风一样，是取之无尽用之无穷的。没有钱是一事，没有精神又是一事。有钱而无精神和无钱而有精神的学校，我都见识过。精神是不靠钱买的，精神是在我们身上。我们肯放几分精神，就有几分精神。不关有没有钱，只问我肯不肯把精神放出来。

我们要学校生活长得敏捷圆满，就得要把他放在光天化日之下。太阳光底下可以滋长，黑暗里面免不掉微生物。所以我主张学校要给人看。做父母的、管学务的，以及纳教育税的人，都要看学校。要学校改良，做校长的、做教员的，都要欢迎人参观、批评，以补自己之不足。学校放在太阳光里必能生长，必能继续不断的生长。

我对于学校，悬格并不要高，只希望大家把学校办到一个地步：情愿送亲子弟入校求学就算好了。前清[②]，往往有办学的人不令子弟入学，时论以为不恕。现今主持省县教育者，并颇有以子弟无好学校进为虑，甚至送入外人设立学校肄业。真正令人不解。我要有一句话奉劝办学同志，这句话就是“待学生如亲子弟”。

【注释】

①本篇撰于 1926 年 9 月 20 日，原载于 1926 年 11 月 5 日《徽音》月刊（该刊为上海安徽同乡会主办）第 29、30 期合刊。文后有程本海的编者按：“陶先生这篇文字，是一个活学校的宣言书。在共和国家里面，无论什么地方，都可适用，尤其是我们徽州的学校，应当特别注意。我希望家乡学校读了这篇文字之后，要自己问问：‘我这个学校是死的，还是活的？’如果是死的，就要叫它复活；如果是活的，就是叫它更加活，叫它长生不老。我们一致的要求是：徽州从今以后只有活学校，没有死学校。我们还要进一步要求活的学校去共同造一个活的徽州。”

②前清　即中国最后一个封建王朝——清朝。中华民国建立后，对被推翻的清王朝即称为“前清”。这里所言之事，是指清末兴办新式教育时，一些封建官绅迫于无奈创立新式学校，但又惧怕新式教育而不让自己的子弟入学求取新知。

【导读】

在《我之学校观》发表之前，陶行知对于中国教育的改造和新式教育的推进，已经做了近十年的工作。这篇文章可说是其进行深刻反思，结合当时中国具体国情，对自己的学校认识的一次总结。也就是说，这篇文章表明了他的办学理念，他在其时形成的“学校观”。

在文中，陶行知首先阐述学校的作用之大——“能教坏的变好，也能教好的变坏”。然后着重阐述了办学时应注意的问题：一是学校应以生活为中心。针对当时僵化的传统教育，提出一天的全部活动均为生活之所在也就是教育之所在。二是师生之间要同甘共苦。在求学的过程中，师生一天很大一部分时间都是在学校度过的。要想让师生感情融洽，各方面毫无阻拦地进行沟通，必须同甘共苦。这样才有感情联系的纽带，才会亲密无间，才会互相感化共同进步。三是学校的所有人员均应虚心学习，学而不厌。只有虚心，学问才有增进，新知识才可源源而来。四是学校教育应与社会生活紧紧相连，不可脱轨。只有与社会生活息息相通，才能生成化社会即改造社会的能力。五是办学校要有一种精神，而这种精神不是用钱买得到的。最后他呼吁所有的办学之人应该“待学生如亲子弟”。

从这篇短文中，人们不难窥见其时陶行知生活教育思想已在形成。其中对师生关系的论述以及表露出的爱生之心，对于解决师生关系紧张，学校教育与社会需要脱轨，以及办学腐败等现时问题，仍不失为一剂良药。

中国乡村教育之根本改造[①]

【原文】

中国乡村教育走错了路！他教人离开乡下向城里跑，他教人吃饭不种稻，穿衣不种棉，做房子不造林；他教人羡慕奢华，看不起务农；他教人分利不生利；他教农夫子弟变成书呆子；他教富的变穷，穷的变得格外穷；他教强的变弱，弱的变得格外弱。前面是万丈悬崖，同志们务须把马勒住，另找生路！

生路是甚么？就是建设适合乡村实际生活的活教育。我们要从乡村实际生活产生活的中心学校；从活的中心学校产生活的乡村师范；从活的乡村师范产生活的教师；从活的教师产生活的学生，活的国民。活的乡村教育要有活的乡村教师；活的乡村教师要有农夫的身手，科学的头脑，改造社会的精神。活的乡村教育要有活的方法，活的方法就是教学做合一：教的法子根据学的法子，学的法子根据做的法子；事怎样做就怎样学；怎样学就怎样做。活的乡村教育要用活的环境，不用死的书本。他要运用环境里的活势力，去发展学生的活本领——征服自然改造社会的活本领。他其实要叫学生在征服自然改造社会上去运用环境的活势力，以培植他自己的活本领。活的乡村教育，要教人生利。他要叫荒山成林，叫瘠地长五谷。他要教农民自立、自治、自卫。他要叫乡村变为西天乐园，村民都变为快乐的活神仙。以后看学校的标准，不是校舍如何，设备如何，乃是学生生活力丰富不丰富。村中荒地都开垦了吗？荒山都造了林吗？村道已四通八达了吗？村中人人都能自食其力吗？村政已经成了村民自有、自治、自享的活动吗？这种活的教育，不是教育界或任何团体单独办得成功的，我们要有一个大规模联合，才能希望成功。那应当联合中之最应当联合的，就是教育与农业携手。中国乡村教育之所以没有实效，是因为教育与农业都是各干各的，不相闻问。教育没有农业，便成为空洞的教育，分利的教育，消耗的教育。农业没有教育，就失了促进的媒介。倘有好的乡村学校，深知选种、调肥、预防虫害之种种科学农业，做个中心机关，农业推广就有了根据地、大本营。一切进行，必有一日千里之势。所以第一要教育与农业携手。那最应当携手的虽是教育与农业，但要求其充分有效，教育更须与别的伟大势力携手。教育与银行充分联络，就可推翻重利，教育与科学机关充分联络，就可破除迷信；教育与卫生机关充分联络，就可预防疾病；教育与道路工程机关充分联络，就可改良路政。总之，乡村学校是今日中国改造乡村生活之唯一可能的中心！他对于改造乡村生活的力量大小，要看他对于别方面势力联络的范围多少而定。乡村教育关系三万万六千万人民[②]之幸福！办得好，能叫农民上天堂；

办得不好,能叫农民下地狱。我们教育界同志,应当有一个总反省,总忏悔,总自新。我们的新使命,是要征集一百万个同志,创设一百万所学校,改造一百万个乡村。我们以至诚之意,欢迎全国同胞一齐出来,加入这个运动!赞助他发展,督促他进行,一心一德的来为中国一百万个乡村创造一个新生命。叫中国一个个的乡村都有充分的新生命,合起来造成中华民国的伟大的新生命。

【注释】

①此文撰写于1926年12月,出自1928年作者自选教育论文集《中国教育改造》。

②三万万六千万　陶行知这里所说的乡村人数,是按其时人们估计的四万万(四亿)中国人的百分之八十五的比例(在乡村)来框算的。

【导读】

陶行知提出"到乡村去"的口号,是平民教育运动的继承和发展,也是他的生活教育实践的新起点。通过推行平民教育的实践,陶行知认识到中国人口绝大部分居住在乡间,乡间的绝大部分人又不识字。因此要在中国推广平民教育,要发展教育来改造中国,就必须改造和发展乡村教育。然而现时的乡村教育不仅不发展,更为糟糕的是这种教育完全无益于乡村社会的进步,必须得到根本的改造。由是他在从事乡村教育运动的起始,就写下了这篇振聋发聩的文字,喊出了"到乡村去"的响亮口号。

在本文开篇,陶行知就指出"中国乡村教育走错了路!"指出现时的乡村教育越发展越促使农村社会走向贫穷。因此他大声呼吁"另找生路"。要找生路就要大胆改革,对现存的乡村教育进行彻底的改造。接下来陶行知提出了必须改造的方案:一是建设适合乡村实际生活的活教育。他认为要实现乡村教育的真正改造,就要从乡村实际生产生活出发,创办活的中心学校,从活的中心学校产生出活的乡村师范,从活的乡村师范产生活的教师,从活的教师产生活的学生,才能产生活的国民。二是教育应与各方面联合。他认为以前中国乡村教育之所以没有实效,就是因为教育与农业脱离,各干各的。他把乡村环境当做教育内容的重要源泉,并明确提出教育最应当与农业携手,同时还应与一切伟大的势力联合。最后他向全国同胞发出总动员,欢迎都加入乡村教育运动。一心一德的为中国一百万个乡村创造一个新生命。叫中国一个个的乡村都有充分的新生命,合起来造成中华民国的伟大的新生命。

针对今日乡村社会的教育仍然远远地落后于城市,乡村教育仍然与农村社会的需求严重脱节,陶行知的这篇文章给我们以重大的启示:要建设社会主义新农村,就要在农村社会中办活的教育,让受教育者运用环境里的活势力去发展自己的活本领;同时教育界乃至全国人民都应该真正重视农村教育,社会各方面需鼎力合作才能真正实现农村的富裕,缩小城乡差异;再就是从事教育的人应该有为农村社会的发展勇于献身的精神,承担起改造农村的新使命。

教学做合一①

【原文】

教学做合一是本校②的校训,我们学校的基础就是立在这五个字上,再也没有一件事比明了这五个字还重要了。说来倒很奇怪，我在本校从来没有演讲过这个题目，同志们也从没有一个人对这五个字发生过疑问，大家都好象觉得这是我们晓庄的家常便饭，用不着多嘴饶舌了。可是我近来遇了两件事，使我觉得同志中实在还有不明了校训的意义的。一是看见一位指导员的教学做草案[3]里面把活动分成三方面，叫做教的方面，学的方面，做的方面。这是教学做分家，不是教学做合一。二是看见一位同学在《乡教丛讯》[4]上发表一篇关于晓庄小学的文章。在这篇文章里，他说："晓庄小学的课外作业就是农事教学做。"在教学做合一的学校的辞典里并没有"课外作业"。课外作业是生活与课程离婚的宣言，也就是教学做离婚之宣言。今年春天洪深[5]先生创办电影演员养成所，招生广告上有采用"教""学""做"办法字样，当时我一见这张广告，就觉得洪先生没有十分了解教学做合一。倘使他真正了解，他必定要写"教学做"办法，决不会写作"教""学""做"办法。他的误解和我上述的两个误解是相类的。我接连受了这两次刺激，觉得非彻底的、原原本本的和大家讨论明白，怕要闹出绝大的误解。思想上发生误解则实际上必定要引起矛盾。所以把这个题目来演讲一次是万不可少的。我自回国以后，看见国内学校里先生只管教，学生只管受教的情形，就认定有改革之必要。这种情形以大学为最坏。导师叫做教授，大家以被称教授为荣。他的方法叫做教授法，他好象拿知识来赈济人的。我当时主张以教学法来代替教授法，在南京高等师范学校校务会议席上辩论二小时，不能通过，我也因此不接受教育专修科主任名义。八年，应《时报·教育新思潮》[6]之征，撰《教学合一》一文，主张教的方法要根据学的方法。此时苏州师范学校首先赞成采用教学法。继而"五·四"事起，南京高等师范同事无暇坚持，我就把全部课程中之教授法一律改为教学法。这是实现教学合一的起源，后来新学制[7]颁布，我进一步主张：事怎样做就怎样学，怎样学就怎样教；教的法子要根据学的法子，学的法子要根据做的法子。这是民国十一年的事，教学做合一的理论已经成立了，但是教学做合一之名尚未出现。前年在南开大学演讲时，我仍用教学合一之题，张伯苓[8]先生拟改为学做合一，我于是豁然贯通，直称为教学做合一。去年撰《中国师范教育建设论》时，即将教学做合一之原理作有系统之叙述。我现在要把最近的思想组织起来作进一步之叙述。教学做是一件事，不是三件事。我们要在做上教，在做上学。在做上教的是先生；在做上学的是学生。从先生对学生的关系说：做便是教；从学生对先生的关系说：做便是学。先生拿做来教，乃是真教；学生拿做来学，方是实学。不在做上用功夫，教固不成教，学也不成学。从广义的教育观点看，先生与学生并没有严格的分别。实际上，如果破除成见，六十岁的老翁可以跟六岁的儿童学好些事情。会的教人，不会的跟人学，是我们不知不觉中天天有的现象。因此教学做是合一的。因为一个活动对事说是做，对己说是学，对人说是教。比如种田这件事是要在田里做的，便须在田里学，在田里教。游泳也是如此，游水是在水里做的事，便须在水里学，在水里教。再进一步说，关于种稻的讲解，不是为讲解而讲解，乃是为种稻而讲解；关于种稻而看书，不是为看书而看书，乃是为种稻而看书；想把种稻教得好，要讲什么话就讲什么话，要看什么书就看什么书。我们不能说种稻是做，看书是学，讲解是教。为种稻而讲解，讲解也是做；为种稻而看书，看书也是做。这是种稻的教学做合一。一切生活的教学做都要如此，方为一贯。否则教自教，学自学，连做也不是真做了。所以做是学的中心，也就是教的中心。"做"既占如此重要的位置，宝山县立师范学校竟把教学做合一改为做学教合一。这是格外有意思的。

【注释】

①本篇系陶行知于1927年11月2日在晓庄师范的一次演讲，演讲题目为《教学做合一》，后收载于1928年4月上海亚东图书馆版《中国教育改造》。

②本校　指晓庄试验乡村师范学校。

③教学做草案　即晓庄师范各科指导员的活动计划，须与学生讨论修改后共同实施。

④《乡教丛讯》　半月刊，中华教育改进社乡村教师同志会会刊，后与晓庄师范合办。主要内容为宣传乡村教育。

⑤洪深(1894—1955)　字浅哉，江苏常熟人，中国现代知名戏剧家、电影编导。

⑥《时报·教育新思潮》　即《时报》副刊《教育周刊》上的《世界教育新思潮》栏。由蒋梦麟主编，陶行知为该栏主要撰稿人之一。

⑦新学制　指1922年颁行的《学校系统改革令》(壬戌学制)。

⑧张伯苓(1876—1951)　中国著名教育家。1925年起任南开大学校长，中华教育改进社董事。

【导读】

随着1905年科举制的废除，形式上的八股已不复存在，教学内容和方法也易辙转轨，但科考的呆读死记空疏死板等积弊对我国学校教育影响仍然深重。1917年，陶行知留美归国，应南京高等师范学校之聘任教高校，同时还积极投身于教育实践考察。借助调查的结果，他认识到中国学校教育的教学方法弊端甚多，发现国内的学校教育依然以教师为教学的中心和主体。在整个教学活动过程中，"先生只管教，学生只管受教"，所谓"学校"实际上只是一种教与学分离的"教校"。对此，他深感不满，便萌生对教育进行改革的强烈愿望，于是利用一切教育活动的公开场合强调学校教育应以学生为中心，指出"教育者，乃为教养学生而设，全以学生为中心，故开办学校、聘请教师，无一非为学生也"，并明确地提出"人师之责，不在教学生，而在教学生学"。这为他后来提出"教学做合一"理论奠定了坚实的基础。

1922年11月新学制颁布后，他进一步提出新的教育主张，认为"事怎样做就怎样学，怎样学就怎样教，教的法子要根据学的法子，学的法子要根据做的法子"。至此，"教学做合一"理论已经成立，但直到1925年，"教学做合一"的名称才算正式出台亮相，这就是本文提到的"前年在南开大学演讲时"，在张伯苓先生的提示下，"我于是豁然贯通，直称为教学做合一。"在文中，陶行知阐明了两个主要的观点：其一，"教学做是一件事，不是三件事"。他认为凡是将"教、学、做"分离、分解的，都是对"教学做合一"的误解。正因为此，在该文一开始就批驳了一位指导员的教学草案，辨正了洪深先生的电影演员招生广告中对"教学做合一"的误解。其二，"做是学的中心，也就是教的中心"。陶行知始终强调事情是怎样做的，就应该怎样学、怎样教。

"教学做合一"理论立足于教学实践，强调教师的教和学生的学是合一的过程，教的法子依据学的法子，学的法子根据做的法子，一切从"做"出发，在课堂中，师生间没有畛域，双方都在"做上教，做上学"，使教师教有所长，学生学有所得。"教学做合一"还立足于生活。它要求人们在学习、工作、实践过程中，将手与脑、思想与生活、劳力与劳心充分地结合起来。因此，陶行知提出的这种教学做合一的教学理论，不仅仅适用于教育，也适用于人们生活的方方面面，是指导人们行动的重要法则。

在劳力上劳心[1]

【原文】

昨天我讲《教学做合一》的时候，曾经提及“做”是学之中心，可见做之重要。那么我们必须明白“做”是什么，才能明白教学做合一。盲行盲动是做吗？不是。胡思乱想是做吗？不是。只有手到心到才是真正的做。世界上有四种人：一种是劳心的人；一种是劳力的人；一种是劳心兼劳力的人；一种是劳力上劳心的人。二元论的哲学[2]把劳力的和劳心的人分成两个阶级：劳心的专门在心上做功夫，劳力的专门在苦力上讨生活。劳力的人只管闷起头来干，劳心的人只管闭起眼睛来想。劳力的人便成了无所用心，受人制裁；劳心的人便成了高等游民，愚弄无知：以致弄成“劳心者治人，劳力者治于人”的现象。不但如此，劳力而不劳心，则一切动作都是囿于故常，不能开创新的途径；劳心而不劳力，则一切思想难免玄之又玄，不能印证于经验。劳力与劳心分家，则一切进步发明都是不可能了。所以单单劳力，单单劳心，都不能算是真正之做。真正之做须是劳力上劳心。在劳力上劳心是真的一元论。在这里我们应当连带讨论那似是而非的伪一元论。一次我和一位朋友讨论本校主张在劳力上劳心，我的朋友说：你们是劳力与劳心并重吗？我说：我们是主张在劳力上劳心，不是主张劳力与劳心并重。劳心与劳力并重虽似一元论，实在是以一人之身而分为两段：一段是劳心生活，一段是劳力生活，这种人的心与力都是劳而没有意识的。这种人的劳心或劳力都不能算是真正之做。真正之做只是在劳力上劳心，用心以制力。这样做的人要用心思去指挥力量，使能轻重得宜，以明对象变化的道理。这种人能以人力胜天工，世界上一切发明都是从他那里来的。他能改造世界，叫世界变色……在劳力上劳心，是一切发明之母。事事在劳力上劳心，便可得事物之真理。人人在劳力上劳心，便可无废人，便可无阶级。征服天然势力，创造大同社会，是立在同一的哲学基础上的，这个哲学的基础便是“在劳力上劳心”。我们必须把人间的劳心者、劳力者、劳心兼劳力者一齐化为在劳力上劳心的人，然后万物之真理都可一一探获，人间之阶级都可一一化除，而我们理想之极乐世界乃有实现之可能。这个担子是要教师挑的。惟独贯彻在劳力上劳心的教育，才能造就在劳力上劳心的人类；也惟独在劳力上劳心的人类，才能征服自然势力，创造大同社会。最后，我想打一个预防针，以免误解。一次有一位朋友告诉我说：“你们在劳心上劳力的主张，我极端的赞成。”我说：“如果是在劳心上劳力，我便极端不赞成了。我们的主张是‘在劳力上劳心’，不是在‘劳心上劳力’。”

【注释】

①本篇是陶行知1927年11月3日在晓庄师范大会上的演讲词，原载1928年1月31日《乡教丛讯》第2卷第2期，随后收入1928年4月上海亚东图书馆版《中国教育改造》。

②哲学上的二元论主张世界的本原有两个，即精神和物质，且二者彼此完全独立，不能由一个决定或派生另一个。认为世界只有一个本原的哲学理论叫做一元论。唯物主义的一元论肯定世界的本原是物质，唯心主义的一元论肯定世界的本原是精神。

【导读】

在人类社会教育发展史上，教育与生活的关系经历了一个由融合到分离的过程。进入阶级社会以后，体力劳动与脑力劳动就开始分离，学校教育被剥削阶级所垄断，脑力劳动成了剥削阶级的事情，只有剥削阶级的子弟才能入校学习，学校教育成为他们进行阶级统治的工具，而劳动人民子弟则被排斥在学校大门之外。在学校教育的教学内容上，主要传授统治阶级思想，学习统治者的治人之术，从而形成了劳心者不劳力，读书人不做工，完全是“书呆子”；劳力者不劳心，劳动者不读书，变成为“愚夫愚妇”的局面。

针对我国传统教育的时弊，陶行知明确指出要改变这种“做死工，死做工，做工死”和“读死书，死读书，读书死”的局面，中国的教育只有两条路线走得：“1. 教劳心者劳力—教读书的人做工；2. 教劳力者劳心—教做工的人读书。”简明地说，便是在劳力上劳心，便是“手脑联盟”或“手脑双挥”，否则中国将变成一个“呆子”国家。

在纪念晓庄学校成立三周年所发表的演讲中，陶行知指出，教学做合一与“传统思想”的根本冲突在于“劳心者治人，劳力者治于人”的二元论。要真正理解“教学做合一”，必须先明白“做”是什么，在陶行知看来，真正之“做”就是在劳力上劳心。

该文主要阐明的是教学做合一中“做”的概念，从而让人们能更清楚地了解教学做合一的真谛。陶行知在此文中对“做”作出了如下解释：“只有手到心到才是真正的做。”他认为单纯的劳力，只是蛮干，不能算是做；单纯的劳心，只是空想，也不能算是做。他所谓的“做”，不仅仅指行动（劳力），而且也指思想（劳心）。在他看来，“文明是人类用头脑和双手造成的。只会劳心而不会劳力和只会劳力而不会劳心的人都是没有希望，何况爱用空嘴说白话的人，那是不可救药了。”

总的来看，教学做合一中“做”可从广义和狭义两方面来理解。广义的做可用“在劳力上劳心”来诠释，它不承认身体与精神分家，要求体脑合一。狭义的做可用“行是知之始”来诠释，它是相对于认识过程的首要环节及当时教育的主要弊端而言的，是将脑力劳动排除在外的做。这两种做，构成和谐的对立统一关系，从而使教学做合一具有强大的生命力。

不论是高等师范教育的革新，平民教育的推广，以及乡村教育事业的全面实验和改进，陶行知一直坚持不懈地试验和创新，以脚踏实地的“做”作为出发点的，躬身实践、以身示范，这种“在劳力上劳心”的教育实验和改革，实为当前我国教育改革试验和教师教育理念更新最为需要的创造精神。

师范教育之彻底改革

——致石民佣、费锡胤等[①]

【原文】

民佣、锡胤、峻宪、小山、仁寿[②]诸先生：

……

师范学校为事造人，造一人必得一人之用。现在倒要借教育行政之力，为师范生谋出路。即此一端，已经给了我们办师范教育的人一个绝大的警告。我应当郑重的说：倘使师范学校里造的是真人才，他的出路断非区区一句话所能塞得住；倘若不然，天才的本领也开不通出路，何况现在一般的教育行政！

……我从前曾经为师范教育努力，现在正是为师范教育努力，以后仍是继续为师范教育努力。但是师范教育可以兴邦，也可以促国之亡。好些师范学校只是在那儿教洋八股，制造书呆子。这些大书呆子分布到小学里去，又以几何的加速率[③]制造小书呆子。倘使再括（刮）一阵义务教育的大风，可以把书呆子的种子布满全国，叫全国的国民都变成书呆子！中华民国简直可以变成中华书呆国。老实说：二十世纪的舞台上，没有书呆子的地位，称它为国，是不忍不如此称呼啊！想到这里，真要令人毛骨悚然。为今之计，我们要从四方面进行：一，愿师范学校从今以后再不制造书呆子；二，愿师范生从今以后再不受书呆子的训练；三，愿社会从今以后再不把活泼的儿女受书呆子的同化；四，愿凡是已经成了书呆子的，从今以后要把自己放在生活的炉里重新锻炼出一个新生命来。我们爱师范教育；我们更应爱全国的儿童和民族的前途。唯独为全国儿童和民族前途打算的师范教育才能受我们的爱戴。中国师范教育之所以办到这个地步，原因也很复杂；大家都在那儿摸黑路，谁也不能怪谁。但是此路不通，过去且有危险，我们今后的责任是群策群力，摸出一条生路来。我所说的话，好象是责人，其实是责己。我也是师范教育罪案中之一人，纵有孙悟空的本领也是脱不掉的。如今只有戴罪立功。同志们，我们一同来干罢！我在《无锡小学之新生命》[④]里所说的那段话，是指我自己一般观察而言，毫无影射第三师范之意。贵校是我平日最钦佩的学校之一，我很希望贵校同志挺身出来，作一个师范教育彻底改革的先导。

陶行知

十六年二月三日

【注释】

①此函出自1929年亚东图书馆版《知行书信》，题目系陶行知自拟，副题原为《答石民佣等的信》。

②民佣、锡胤、峻宪、小山、仁寿　分别为当时江苏第三师范（无锡师范前身）教师石民佣、费锡胤、峻宪、须小山、陆仁寿。

③几何的加速率　即"几何级数"，亦称"等比级数"。

④全名为《无锡小学之新生命——开原乡立第一小学一日生活记》，曾载于1926年11月26日《新教育评论》第2卷第26期，为陶行知1926年参观无锡县开原乡（即现在的荣巷、河埒地区）第一小学后所写，文中肯定并提倡开原乡立第一小学独特、切实的办学方法和理念。

【导读】

1917年，陶行知留美归国后施展事业抱负的第一个舞台是南京高等师范学校，从此让他与师范教育结下了不解之缘。受聘南京高师后，他除了承担教学任务外，还积极投身于教育调查和研究。经过半年多的教育考察和社会调查，他认识到当时中国从事教育工作人员的整体素质相当低劣，为此，他强调要改变中国教育的现状，必须注重师范学校的改造，认为"师范学校负培养改造国民的大责任，国家前途的盛衰，都在他手掌之中"，并明确指出作为普及教育之本的师范教育办得好坏是关系到民族兴衰、国家存亡的大事，这为他后来积极致力于师范教育尤其是乡村师范的建设和改造奠定了坚实的思想基础。

文中陶行知首先阐明了自己对师范教育的态度，坚定地表明："我从前曾经为师范教育努力，现在正是为师范教育努力，以后仍是继续为师范教育努力。"可见他献身师范教育的决心与忠诚。在他看来，师范教育是同国家的命运紧密地联系在一起的，要为中华民族探索生路，必先为师范教育寻觅曙光。

其次，提出了师范教育的终极目标在于"为全国儿童和民族前途打算"，"惟独为全国儿童和民族前途打算的师范教育才能受我们的爱戴”。从中可以真切地感受到这位伟大的教育家为了理想教育的构建和少年儿童的健康成长倾其一生精力的高尚民族情怀。

最后,他倡议“师范教育要彻底改革”。他认为当时的师范教育是“死”的教育,培养的都是“书呆子”,最终很可能会导致中华民国变成“中华书呆国”。而要使师范教育得到“彻底改革”,必须从四个方面着手,依靠群策群力探索出“一条生路来”。

对照今日学校教育尤其是师范教育,陶行知的师范教育思想及其为师范教育探求“生路”的精神,仍然闪耀着充满生命力的光芒。今日师范教育的改革和师范生培养路向何去何从,从陶行知的“答案”中我们可以得到一些有益的启示。

生活工具主义之教育[①]

【原文】

“教育以生活为中心”,这句话已经成为今日学校里的口头禅[②]。但是细考实际,教育自教育,生活自生活,依然渺不相关。这是因为什么缘故?我们先前以“老八股”不适用,所以废科举,兴学堂;但是新学办了三十年,依然换汤不换药,卖尽气力,不过把“老八股”变成“洋八股”罢了。“老八股”与民众生活无关,“洋八股”依然与民众生活无关。但是新学校何以变成“洋八股”,何以与民众生活无关?这其中必有道理。

人的生活,必须是相当工具,才能表现出来。工具充分,才有充分的表现;工具优美,才有优美的表现;工具伟大,才有伟大的表现。“老八股”与“洋八股”虽有新旧之不同,但都是靠着片面的工具来表现的,这片面的工具就是文字与书本。文字与书本只是人生工具之一种,“老八股”与“洋八股”教育拿他当作人生的唯一工具看待,把整个生活都从这个小孔里表现出去,岂不要把生活剥削得黄皮骨瘦吗?文字、书本,倘能用的得当,还不失为人生工具之一;但是“老八股”与“洋八股”的学生们却不用他们来学“生”,偏偏要用他们来学“死”。中国教育所以弄到山穷水尽,没得路走,是因为大家专靠文字、书本做唯一无二的工具,并且把文字、书本这个工具用错了。我们要想纠正中国教育,使他适应于中国国民全部生活之需要,第一就须承认文字、书本只是人生工具的一种,此外还有许多工具要运用来透达人生之欲望;第二就须承认我们从前运用文字、书本的方法是错的,以后要把他们用的更加得当些。

现在有一班人,开口就说:西方的物质文明比东方好,东方的精神文明比西方高。这句话初听似乎有理,我实在是百索不得其解。精神与物质接触必定要靠着工具。工具愈巧则精神愈能向着物质发挥。工具能达到什么地方即精神能达到什么地方。动物以四肢、百体为工具,所以他的精神活动亦以四肢、百体的力量所能达到的地方为限。人的特别本领就是不专靠自己的身体为工具。人能发明非身体的工具,制造非身体的工具,应用非身体的工具。文明人与野蛮人的最大分别就是文明人能把这些非身体的工具发明得格外多,制造得格外精巧,运用得格外普遍。有了望远镜,人的精神就能到火星里去游览;有了显微镜,人的精神就能认识那叫人生痨病[③]的不是痨病鬼乃是痨病虫。今年五月七日,第一次飞渡大西洋的飞行家林白[④]从德国柏林通电话到美国和他的老母谈话,是精神交通破天荒的成功,也是物质文明破天荒的成功。精神文明与物质文明是合而为一的。这合而为一的媒介就是工具。教育是什么?教育是教人发明工具,制造工具,运用工具。生活教育教人发明生活工具,制造生活工具,运用生活工具。空谈生活教育是没有用的。真正的生活教育必以生活工具为出发点。没有工具则精神不能发挥，生活无由表现。观察一个国家或一个学校的教育是否合乎实际生活，只须看他有无生活工具；倘使有了，再进一步看他是否充分运用所有的生活工具。教育有无创造力，也只须看他能否发明人生新工具或新人生工具。中国教育已到绝境，千万不要空谈教育，千万不要空谈生活；只有发明工具，制造工具，运用工具是真教育，是真生活。

【注释】

①本篇原题《工具教育》，载于1927年7月1日《乡教丛讯》第1卷第12期。后作者将此文收入《中国教育改造》时改用现题。

②口头禅　佛教用语，指有的和尚空谈禅理但不实行，或借用禅宗常用语作为谈话资料。现常指人们挂在嘴边上的词句。

③痨病　中医指结核病，即今日常言的肺结核病。

④林白　或译为林德伯格（Lindbergh，1902—?），美国飞行家。

【导读】

《生活工具主义之教育》一文属于陶行知阐明"生活教育"思想的早期作品，文虽不长，却写出了"生活教育"的真谛："真正的生活教育必以生活工具为出发点。"当时中国的教育，内容陈腐，理论与实际严重脱节，上学受教育是少数人的特权，学校里培养的大多是"读死书、死读书、读书死"的书呆子，面对这种情况，陶行知以晓庄师范为基地，创立了"生活教育理论"并以之指导自己的教育实践改革。

在文章开篇陶行知就指出，今日学校里教育自教育，生活自生活，依然渺不相关。其原因就在于学校教育脱离了生活这个伟大的工具，而只会利用文字和书本这些片面的工具。所以对待教科书要明确两个观点：第一，"文字书本只是人生认识工具的一种"，通过教科书的学习，我们可以少走很多弯路，更快地接近真理。第二，"必须承认我们从前运用文字书本的方法是错误的"，要有甄别和选择。要弄清什么是生活工具主义之教育，先要明白两点：第一，什么是生活？第二，什么是工具？"真正的生活教育必以生活工具为出发点"。教育是教人发明工具，制造工具，运用工具；生活教育就是教人发明生活工具，制造生活工具，运用生活工具。换言之，"只有发明工具，制造工具"才是真教育，也才是真生活。

《生活工具主义之教育》启示我们，今天的教育改革一定要立足于生活本身并且在生活中激发学生的创造热情，培养学生的创造能力。而作为教育者要理论联系实际，边教边学边做，通过培养学生坚实的生活力，使他们掌握更多的知识，学会更多的生存本领。

如何使幼稚教育普及①

【原文】

教人要从小教起。幼儿比如幼苗，必须培养得宜，方能发荣滋长；否则幼年受了损伤，即不夭折，也难成材。所以小学教育是建国之根本，幼稚教育尤为根本之根本。小学教育应当普及，幼稚教育也应当普及。如何使幼稚教育普及，是我们最关心的一个问题。

依我看来，进行幼稚教育之普及要有三个步骤。

(一)改变我们的态度　一般人的态度总以小孩子的教育不关重要；早学一两年，或迟学一两年，没有多大关系。我们很漠视小孩子的需要、能力、兴味、情感。因此，便不知不觉的漠视了他们的教育，把他们付托给老妈子，付托给街上的伙伴。在这种心理之下，幼稚园是不会发达的。我们要想提倡幼稚园，必须根本化除这种漠视小孩子的态度。我们必须唤醒国人明白幼年的生活是最重要的生活，幼年的教育是最重要的教育。

关心幼儿的父母，明白幼稚教育之重要，并且愿意送子女进幼稚园。但是他们有一种牢不可破的成见也是要不得的。这成见就是不愿他们的子女与贫苦人家的子女为伍。他们以为自己的子女是好的，贫苦人家的子女是不好的。他们以为贫苦人家的子女进了幼稚园便要把他们的子女带坏了。因此，幼稚园便成了富贵人家和伪知识阶级的专利品。我们应当知道民国只有人中人，没有人上人，也就没有人下人。人中人是要从孩中孩造就出来的。教育者的使命是要运用好孩子化坏孩子，不应当把好孩子和坏孩子分开，更不应当以为富贵人家的孩子是好孩子，贫苦人家的孩子是坏孩子；尤其不可迁就富贵人家的意见排斥贫苦人家的儿女。富贵人家及伪知识阶级的父母倘不愿把亲生子女做新中国被打倒之候补者，就应当把自己的子女和不幸的人家的子女放在一个幼稚园里去受陶冶。办理幼稚园的先生倘若不愿把幼稚园当作富贵太太们打麻将时用之临时托儿所，便应当把整个的幼稚园献给全社会的儿童。可是这样一来，幼稚园教师便须明白他们的使命：不是随随便便的放任，乃是要运用好孩子化坏孩子，运用坏孩子的好处化好孩子的坏处。

承认幼年生活教育之重要，是普及幼稚园之出发点；承认幼稚园为全社会幼儿的教育场所，是普及正当幼稚园的出发点。我们必须得到这两种态度，幼稚园才有普及的希望。

(二)改变幼稚园的办法　幼稚园的办法是费钱的，不想法节省，必不容易普及。最需要幼稚园的地方是乡村与女工区。女工区的幼稚园，还可由工厂担负经费，纵使用费太多，尚易筹措。乡间是民穷财尽，费钱较少之小学尚且不易普及，何况费钱加倍的幼稚园呢？所以在乡间推行幼稚园好比是牵只骆驼穿针眼。我们必须向着省钱的方针去谋根本改造，幼稚园才有下乡的希望，才有普及的希望。

(三)改变训练教师的制度　普及教育的最大难关是教师的训练。我们要想普及幼稚教育至少需要教师一百五十万人，这是一个最难的问题。因为不但是经费浩大，并且训练不得其法，受了办理幼稚园的训练，不一定去办幼稚园，或者是去办出一个不合国情的幼稚园，那就糟了。幼稚师范是要办的，但幼稚师范必须根本改造，才能培养新幼稚园之师资。纵然如此，我们也不能专靠正式幼稚师范去培养全部的师资。我们现在探得一条新途径，很能使我们乐观。试验乡村师范学校的幼稚师范院在燕子矶设了一所乡村幼稚园，叫做第二中心幼稚园。开办之初便收了三位徒弟，跟着幼稚教师徐先生[②]学办幼稚园，张宗麟[③]先生任指导。前天他和我谈起，幼稚园的徒弟制似可推行到小学里去，并且可以解除乡村小学教员的一个大问题——生活寂寞。我说："这是的的确确的。徒弟制不但能解除生活寂寞，并且能促进普及教育之进行。"普及小学教育及幼稚教育非行徒弟制不可。倘以优良幼稚园为中心，每所每年训练两三位徒弟，那么，多办一所幼稚园，即是多加一所训练师资的地方，这是再好没有的办法。我看三百六十行，行行有徒弟，行行都普及。木匠到处都有，他是怎样办到这个地步的？徒弟制。裁缝匠、泥水匠、石匠、铁匠和三万万四千万种田匠，那一行不是这样普及的呢？老实说，教学做合一主义便是沥清过的徒弟制。徒弟制的流弊是:劳力而不劳心,师傅不肯完全传授,对于徒弟之虐待。假使我们能采徒弟制之精华而除去他的流弊,必定是很有效的。若把这种办法应用到幼稚园里来,我是深信他能帮助幼稚教育普及的。我和陈鹤琴[④]先生近来有一次很畅快的谈话,他主张拿鼓楼幼稚园来试一试。鼓楼幼稚园是最富研究性的,现在发了宏愿,要招收徒弟来做推广幼稚师资之试验,是再好没有的了。

以上所说的普及幼稚教育的三个步骤,不过是我个人所见到的,一定有许多遗漏的地方。关心幼儿幸福的同志,倘以别的好方法见教,那就感激不尽了。

【注释】

①本文原载1928年2月29日《乡教丛讯》第2卷第4期,后于当年4月收入上海亚东图书馆版《中国教育改造》。

②徐先生　指晓庄师范幼稚教育指导员徐世璧,女,安徽南陵人。

③张宗麟(1899—1976)　我国知名的幼儿教育家。南京高师毕业后,曾任陈鹤琴的助手。时任晓庄学校幼稚教育指导员。

④陈鹤琴(1892—1982)　中国近现代教育家,曾创办著名的南京鼓楼幼稚园。

【导读】

陶行知的幼儿教育实践活动,主要在其乡村教育时期,因此从他整个一生的教育事业来看,幼儿教育是他乡村教育的一个重要的组成部分,也是他生活教育理论的一块重要的实验园地。早在1924年,他就提出过对中国幼稚园教育的总体看法,在幼教发展的任务,幼稚园的训练,以及幼稚园的教材和教法上都提出了自己的主张,注意到了建立和发展乡村幼稚园的重要作用和意义。到了1926年,随着乡村教育事业的发展,他即致书江苏省长要求在南京燕子矶创设试验乡村幼稚园。1927年11月11日中国第一个乡村幼稚园——南京燕子矶幼稚园成立,自此,陶行知以一颗"爱满天下"的心开始了新式幼教事业的建设之路。在随后的数年间,他先后主持创办了晓庄幼稚园和和平门幼稚园,以及指导筹办了迈皋桥幼稚园和新安幼稚园等,30年代还在上海等地创办山海工学团、儿童工学团等幼教机构,借以普及自己的儿童教育思想和实现自己对中国幼儿教育"新大陆"——乡村和工厂中幼教事业的开发。

在文章中,陶行知阐述了如何使幼稚教育普及的三个步骤,提出了自己的普及幼稚教育的主张:1. 改变我们的态度。陶行知认为,幼稚园不是"富贵人家和伪知识阶级的专利品",是全国任何幼儿都可以也应该进去接受教育和享受幸福的地方。可见他倡导的是一种入学机会平等的幼稚教育,他致力开发的幼稚教育是为全社会的儿童服务的。2. 改变幼稚园的办法。陶行知认为在中国开办幼稚园,最大的问题就是如何解决办学资金的来源。中国"最需要幼稚园的地方是乡村与女工区",而这些地方又是民穷财尽的地方,因此开办幼稚园"必须向着省钱的方针去谋根本改造"。3. 改变训练教师的制度。在陶行知看来,"普及教育的最大难关是教师的训练"。教师训练得当,幼稚园就有了生存的源头活水,培养出来的儿童也才能充满生命力和创造力。所以必须从根本上改变合格的幼稚师范老师的培养方式。为此,他提出并创造了适合其时国情的以"教学做合一"为主义的"徒弟制"(后来改称为"艺徒制")。

教人要从小教起。幼儿比如幼苗,必须培养得宜,方能发荣滋长。幼儿教育是整个人生教育的基础。这是一种千真万确的真理。然而,直到今天,我国的幼儿教育虽然有了很大进步,也有了质的改变,但是,在农村社会中,幼儿教育仍然存在诸多问题,条件艰苦，师资不足，设备简陋，经费困难等等，使得农村学前教育发展仍然面临着极大的困境。如何更好地发展幼儿教育事业，相信有志于从事幼教事业发展和改革的人们从陶行知这些文字中可以得到很好的启示。

"伪知识"阶级[1]

【原文】

自俄国革命[2]以来，"知识阶级"(Intelligentsia)这个名词忽然引起了世人之注意。在打倒知识阶级呼声之下，我们不得不问一问：什么是知识阶级？知识阶级是怎样造成的？应当不应当把他打倒？这些问题曾经盘旋于我们心中，继续不断的要求我们解答。近来的方向又转过来了，打倒知识阶级的呼声一变而为拥护知识阶级的呼声。我们又不得不问一问：什么是知识阶级？知识阶级是怎样造成的？应当不应当将他拥护？在这两种相反的呼声里面，我都曾平心静气的把这些问题研究了一番，我所得的答案是一致的。我现在要把我一年来对于这些问题考虑的结果写出来，与有同样兴趣的朋友们交换意见。

我们要想把知识阶级研究得明白，首先便须分别"知识"与"智慧"。智慧是生成的；知识是学来的。孟子[3]说："由射于百步之外也：其至，尔力也；其中，非尔力也。"会射箭的人能百步穿杨。射到一百步的力量是生成的限度。到了一百步还能穿过杨树的一片叶子，那便是学来的技巧了。这就是智慧与知识的分别。又比如言语：说话的能力是生成的，属于智慧；说中国话，日本话，柏林话，拉萨话，便是学成的，属于知识。人的禀赋各不相同，生成的智慧至为不齐。有的是最聪明的，有的是最愚笨的。但从最愚笨的人到最聪明的人，种种差别都是渐渐的推上去的。假使我们把一千个人按着聪明的大小排列成行，我们就晓得最聪明的是少数，最愚笨的也是少数，而各人和靠近的人比起来都差不了几多。我们只觉得各个不同，并找不出聪明人和愚笨人中间有什么鸿沟。我们可以用一个最浅近的比方把这个道理说出来。人的长矮也是生成的。我们可以把一千个人依着他们的长矮顺序排列：从长子看到矮子，只见各人渐渐的一个比一个矮；从矮子看到长子，只见各人也是渐渐的一个比一个长。在寻常状态之下，我们找不出一大群的长子，叫做长子阶级；也找不出一大群的矮子，叫做矮子阶级。我们在上海的大马路上或是在燕子矶关帝庙会里仔细一望，就可以明白这个道理。从人之长矮推论到人之智愚，我们更可明白生成之智慧只有渐渐的差别，没有对垒的阶级。智慧既无阶级，自然谈不到打倒、拥护的问题。

其次，我们要考察知识的本身。知识有真有伪。思想与行为结合而产生的知识是真知识。真知识的根是安在经验里的，从经验里发芽抽条开花结果的是真知灼见。真知灼见是跟着智慧走的。同处一个环境，同等的智慧可得同等的真知灼见。智慧是渐渐的相差，所以真知灼见也是渐渐相差。智慧既无阶级，真知识也就没有阶级。俗语说："三百六十行，行行出状元。"真知识只有直行的类别，没有横截的阶级。各行的人有绝顶聪明的，也有绝不中用的。但在他们中间的人，智力上的差别和运用智力取得之真知识的差别都是渐渐的，都是没有阶级可言。倘使要把三百六十行的"上智"联合起来，称为知识阶级，再把三百六十行的"下愚"联合起来，成为无知识阶级，那就是一件很勉强很不自然的事了。

照这样说来，世界上不是没有知识阶级了吗？不，伪知识能成阶级！什么是伪知识？不是从经验里发生出来的知识便是伪知识。比如知道冰是冷的，火是热的是知识。小孩儿用手摸着冰便觉得冷，从摸着冰而得到“冰是冷的”的知识是真知识。小孩儿单用耳听见妈妈说冰是冷的而得到“冰是冷的”的知识是伪知识。小孩儿用身靠近火便觉得热，从靠近火而得到“火是热的“的知识是真知识。小孩儿单用耳听见妈妈说火是热的而得到“火是热的”的知识是伪知识。有人在这里便起了疑问：“如果样样知识都要从自己经验里得来，岂不是麻烦得很？人生经验有限，若以经验范围知识，那么所谓知识岂不是也很有限了吗？没有到过热带的人，就不能了解热带是热的吗？没有到过北冰洋的人，就不能了解北冰洋是冷的吗？”这些疑问是很重要的，我们必须把他们解答清楚，方能明了真知识与伪知识的分别。我只说真知识的根是要安在经验里，没有说样样知识都要从自己的经验上得来。假使我们抹煞别人经验里所发生的知识而不去运用，那真可算是世界上第一个大呆子。我们的问题是要如何运用别人经验里所发生的知识，使他成为我们的真知识，而不要成为我们的伪知识。比如接树：一种树枝可以接到别一种树枝上去，使他格外发荣滋长，开更美丽之花，结更好吃之果。如果把别人从经验发生之知识，接到我们从自己经验发生之知识上去，那么，我们的知识必可格外扩充，生活必可格外丰富。我们要有自己的经验做根，以这经验所发生的知识做枝，然后别人的知识方才可以接得上去，别人的知识方才成为我们知识的一个有机体部分。这样一来，别人的知识在我们的经验里活着，我们的经验也就生长到别人知识里去开花结果。至此，别人的知识便成了我们的真知识，其实，他已经不是别人的知识而是自己的知识了。倘若对于某种知识，自己的经验上无根可找，那么无论如何勉强，也是接不活的。比如在厨房里烧过火的人，或是在火炉边烤过火的人，或是把手给烫过的人，便可以懂得热带是热的；在冰房里呆过的人，或是在冰窖里呆过的人，或是做过雪罗汉的人，便可以懂得北冰洋是冷的。对于这些人，“热带是热的，北冰洋是冷的”，虽从书本上看来，或别人演讲时听来，也是真知识。倘自己对于冷热的经验丝毫没有，那么，这些知识虽是学而时习之，背得熟透了，也是于他无关的伪知识。

知识的一部分是藏在文字里，我们的问题又成为：“什么文字是真知识？什么文字是伪知识？”经验比如准备金；文字比如钞票。钞票是准备金的代表，好一比文字是经验的代表。银行要想正经生意必须根据准备金去发行钞票。钞票是不可滥发的。学者不愿自欺欺人，必得根据经验去发表文字。文字是不可滥写的。滥发钞票，钞票便不值钱。滥写文字，文字也不值钱。欧战后，德国马克④一落千丈。当时有句笑话，说是：“请得一席客，汽车载马克。”这句话的意思是马克纸币价格跌的太低，寻常请一席酒要用汽车装马克去付帐。这是德国不根据准备金而滥发纸币之过。滥发钞票，则虽名为钞票，几是假钞票。吾国文人写出了汗牛充栋的文字，青年学子把他们在脑袋子里都装满了，拿出来，换不得一肚饱。这些文字和德国纸马克是一样的不值钱，因为他们是在经验以外滥发的文字，是不值钱的伪知识……总括一句：只有从经验里发出来的文字才是真的文字知识，凡不是从经验里发生出来的文字都是伪的文字知识。伪的文字知识比没有准备金的钞票还要害人，还要不值钱。

伪的知识，伪的文字知识既是害人又不值钱，那么，他如何能够存在呢？产生伪知识的人，应当连饭都弄不到吃，他们又如何能成阶级呢？伪知识和伪钞票一样必须得到特殊势力之保障拥护才能存在。“伪知识”阶级是特殊势力造成的，这特殊势力在中国便是皇帝。

创业的皇帝大都是天才。天才忌天才是很自然的一件事。天下最厉害的无过于天才得了真知识。如果政治的天才从经验上得了关于政治的真知灼见，谁的江山也坐不稳。做皇帝的人，特别是创业之主，是十分明了此中关系的，并且是一百分的不愿意把江山给人夺去。他要把江山当作子孙万世之业，必得要收拾这些天才。收拾的法子是使天才离开真知识去取伪知识。天才如何就他的范围，进他的圈套呢？说来倒很简单。皇帝引诱天才进伪知识的圈套有几个法子。一，照他的意旨在伪知识上用功，便有好饭吃的希望。俗语说："只有穷秀才，没有穷举人。"伪知识的工夫愈高愈深，便愈能解决吃饭问题。二，照他的意旨在伪知识上用功，便有做大官的希望，世上之安富尊荣，尽他享受。中了状元还可以做驸马爷，娶皇帝的女儿为妻。穿破布、烂棉花去赴朝考的人，个个都有衣锦回乡的可能。三，照他的意旨在伪知识上用功，便有荣宗耀祖的希望。这样一来，全家全族的人都在那儿拿着鞭子代皇帝使劲赶他进圈套了。倘使他没有旅费，亲族必定要为他凑个会，或是借钱给他去应试。倘使他不去，又必定要用"不长进"一类的话来羞辱他，使他觉得不去应试是可耻的。全家、全族的力量都做皇帝的后盾，把天才的儿孙象赶驴子样一个个的赶进皇帝的圈套，天下的天才乃没有能幸免的了。

"伪知识"阶级不是少数人可以组织成功的。有了皇帝做大批的收买，全社会做这大批生意的买办，个人为名利权位所诱而不能抵抗出卖，"伪知识"阶级乃完全告成。依皇帝的目光看来，这便是"天下英雄，尽入我彀中"。雄才大略的帝王个个有此野心，不过唐太宗[⑤]口快，无意中把他说破罢了。最可叹的是皇帝手段太辣，一方面是积极的推重伪知识，所谓"满朝朱紫贵，尽是读书人"一类的话，连小孩子都背熟了；一方面是消极的贱视伪知识以外的人，所谓"万般皆下品，惟有读书高"，又是从娘胎里就受迷的。所以不但政治天才入了彀，七十二行，行行的天才都入了他的圈套了。天才是遗传的，有其父必有其子。老子进了圈套，儿子、孙子都不得不进圈套，只要"书香之家"四个大字，便可把全家世世代代的天才圈入"伪知识"阶级。等到八股取士[⑥]的制度开始，"伪知识"阶级的形成乃更进一步。以前帝王所收买的知识还夹了几分真，等到八股发明以后，全国士人三更灯火五更鸡去钻取的知识乃是彻底不值钱的伪知识了。这种知识除了帝王别有用意之外，再也没有一人肯用钱买的了，就是帝王买去也是丝毫无用，也是一堆一堆的烧去不要的。帝王是醉翁之意不在酒，他哪里是收买伪知识，他只是用名、利、权、位的手段引诱全国天才进入"伪知识"的圈套，成为废人，不能与他的儿孙争雄罢了。

这些废人只是为"惜字炉"继续不断的制造燃料，他们对于知识的全体是毫无贡献的。从大的方面看，他们是居于必败之地。但从他们个人方面看，却也有幸而成的与不幸而败的之分别。他们成则为达官贵人，败则为土豪、劣绅、讼棍、刀笔吏、教书先生。最可痛心的，就是这些废人应考不中，只有做土豪、劣绅、讼棍、刀笔吏、教书先生的几条出路。他们没有真本领赚饭吃，只得拿假知识去抢饭吃、骗饭吃。土豪、劣绅、讼棍、刀笔吏之害人，我们是容易知道的。教书先生之害人更广、更深、更切，我们是不知道的。教书先生直接为父兄教子弟，间接就是代帝王训练"伪知识"阶级。他们的知识，出卖给别人吧，嫌他太假，出卖给皇帝吧，又嫌他假得不彻底，不得已只好拿来哄骗小孩子。这样一来，非同小可，大书呆子教小书呆子，几几乎把全国中才以上的人都变成书呆子了，都勾引进"伪知识"阶级了。"伪知识"阶级的势力于是乎雄厚，于是乎牢不可破，于是乎继长增高，层出无穷。

皇帝与民争，用伪知识来消磨民间的天才，确是一个很妙的计策。等到民间的天才消磨已尽，忽然发生了国与国争，以伪知识的国与真知识的国抗衡，好一比是拿鸡蛋碰石头，那有不破碎的道理！鸦片之战，英法联军之战，甲午之战，没有一次幸免，皇帝及大臣才明白伪知识靠不住，于是废八股，兴学堂。这未始不是一个转机。但是政权都操在“伪知识”阶级手中，他们哪会培养真知识？他们走不得几步路，就把狐狸尾巴拖出来了。他们自作聪明的把外国的教育制度整个的抄了一个来。他们曾用眼睛、耳朵、笔从外国贩来了些与国情接不上的伪知识。他们把书院变为学堂，把山长改为堂长[7]。《四书》[8]用不着了，一律换为各种科学的教科书。标本、仪器很好看，姑且拣那最好看的买他一套，在玻璃柜里陈列着，可以给客人参观参观。射箭很不时髦，要讲尚武精神，自须学习兵操。好，他们很信他们的木头枪真能捍国卫民咧！这就算是变法！这就算是维新！这就算是自强！一般社会对于这些换汤不换药的学堂却是大惊小怪，称他们为洋学堂，又称学堂里的学生为洋学生。办学的苦于得不到学生，于是除供饭食零用外，还是依旧的按着学堂等级给功名：小学堂毕业给秀才，中学堂毕业给贡生，高等学堂毕业给举人，大学堂毕业给进士，外国留学回来的赴朝考及第给翰林、点状元。社会就称他们为洋秀才、洋贡生、洋举人、洋进士、洋翰林、洋状元。后来废除功名，改称学士、硕士、博士等名目，社会莫名其妙了。得到这些头衔的人还是仍旧用旧功名翻译新功名，说是学士等于秀才，硕士等于举人，博士等于翰林，第一名的博士便是从前的状元。说的人自以为得意，听的人由羡慕而称道不止，其实这还不是穿洋装的老八股吗？穿洋装的老八股就是洋八股。老八股好比是根据本国钞票发行的钞票；洋八股好比是根据外国的钞票去发行的钞票。他们都是没有准备金的假钞票。洋八股和老八股虽有新旧之不同，但同不是从经验里发生的真知识，同是不值钱的伪知识。从中国现在的情形看来，科学与玄学[9]之争，只可说是洋八股与老八股之争。书本的科学，陈列的实验，岂能当科学实验之名。他和老八股是同样无用的东西。请看三十年来的科学，发明在哪里？制造在哪里？科学客倒遇见不少，真正的科学家在哪里？青年的学子：书本的科学是洋版的八股，在讲堂上的高谈阔论的科学客，与蒙童馆里的冬烘先生[10]是同胞兄弟，别给他们骗走了啊！

所以中国是有“伪知识”阶级。构成中国之“伪知识”阶级有两种成分：一是老八股派；二是洋八股派。这个阶级既靠伪知识骗饭吃，不靠真本领赚饭吃，便没有存在的理由。

这个阶级在中国现状之下已经是山穷水尽了。收买伪知识的帝王已经消灭，再也找不出第二个特殊势力能养这许多无聊的人。但因为惰性关系，青年们还是整千整万的向着这条死路出发，他们的亲友仍旧是拿着鞭儿在后面使劲的赶。可怜得很，这些青年个个弄得焦头烂额，等到觉悟回来，不能抢饭的便须讨饭。伪知识阶级的末路已经是很明显了，还用得着打倒吗？有值得拥护吗？

但是一班狡猾的“伪知识”者找着一个护身符，这护身符便是“读书”两个字。他们向我们反驳说：“书也不应当读了吗？”社会不明白他们葫芦里卖的是什么药，也就随声附和的说：“是啊！书何能不读呢！”于是“读书不忘救国，救国不忘读书”，便成了保障“伪知识”阶级的盾牌。所以不把读书这两个字说破，“伪知识”阶级的微生物便能在里面苟延残喘。我们应当明白，书只是一种工具，和锯子、锄头是一样的性质，都是给人用的。我们与其说“读书”，不如说“用书”。书里有真知识和伪知识，读他一辈子，不能辨别他的真伪，可是用他一下，书的本来面目便显了出来，真的便用得出去，伪的便用不出去，也如同真的锯子才能锯木头，真的锄头才能锄泥土，假的锯子、锄头一用到木头、泥土上去就知道他不行了。所以提到书便应说“用书”，不应说“读书”，那“伪知识”阶级便没得地方躲了。与“读书”联成一气的有“读书人”一个名词。这个名词，更要不得。假使书是应当读的,便应使人人有书读;决不能单使一部分的人有书读,叫做读书人,又一部分的人无书读,叫做不读书人。比如饭是应当吃的,应使人人有饭吃;决不能使一部分的人有饭吃,叫做吃饭的人;又一部分的人无饭吃,叫做不吃饭的人。从另一方面看,只知道吃饭,不成饭桶了吗?只知道读书,不成为有脚可以走路的活书架子了吗?我们为避免堕入“伪知识”阶级的诡计起见,主张用书不主张读书。农人要用书,工人要用书,商人要用书,兵士要用书,医生要用书,律师要用书,画家要用书,教师要用书,音乐家要用书,戏剧家要用书,三百六十行,行行都要用书。行行都成了用书的人,真知识才愈益普及,愈能发现了,书是三百六十行的公物,不是读书人所能据为私有的。等到三百六十行都是用书人,读书的专利营业便完全打破,读书人除非改行,便不能混饭吃了。这个日子已经来到,大家还不觉悟,只有死路一条。凡受过中国新、旧教育的人,都免不了有些“伪知识”的成分和倾向。为今之计,我们应当痛下四个决心:

一、从今以后,我们应当放弃一切固有的伪知识;

二、从今以后,我们应当拒绝承受一切新来的伪知识;

三、从今以后,我们应当制止自己不要再把伪知识传与后辈;

四、从今以后,我们应当陪着后起的青年共同努力去探真知识的泉源。

最后,我们要郑重的说:二十世纪以后的世界属于努力探获真知识的民族。凡是崇拜“伪知识”的民族,都要渐就衰弱以至于灭亡。三百六十行中决没有教书匠、读书人的地位,东西两半球上面也没有中华书呆国的立足点。我们个人与民族的生存都要以真知识为基础。“伪知识”是流沙,千万不可在他上面流连忘返。早一点觉悟,便是早一点离开死路,也就是早一点走向生路。这种生死关头,十分明显,绝无徘徊迟疑之余地,起个取真去伪的念头,是走向生路的第一步。明白“伪知识”的买主已经死了永不复生并且绝了种,是走向生路的第二步。以做“读书”人或“教书”先生为最可耻,是走向生路的第三步。凡事手到心到——在劳力上劳心——便是骑着千里驹在生路上飞跑了。

【注释】

①本文原载于1928年4月上海亚东图书馆版《中国教育改造》。

②俄国革命　特指1917年11月列宁领导的俄国十月革命,推翻了沙皇俄国的统治,建立了世界上第一个社会主义国家。

③孟子　即孟轲(约前372—前289),字子舆,邹(今山东邹县东南)人,战国时思想家、政治家、教育家。

④马克　德国货币名称,德文Mark的音译。

⑤唐太宗　即李世民(599—649),唐高祖李渊的次子,后袭帝位。

⑥八股通指八股文,也称“时文”、“制艺”或“八比”。这种文体规定每篇文字应由破题、承题、起讲、入手、起股、中股、后股、束股八部分组成。这种文体形式死板,是束缚人们思想、维护封建统治的工具。八股文盛行于明清科举考试。

⑦山长　元代书院设山长,讲学之外,并总理院务。清乾隆时改为院长,清末仍名山长。堂长,清末创设各级各类学堂后,设堂长总理校务、教务。

⑧四书　指朱熹所注的《四书章句集注》。“四书”是《大学》、《中庸》、《论语》、《孟子》的合称。朱熹撰《四书章句集注》后,“四书”之名始立。

⑨玄学　指魏晋时期一种哲学思想,尊崇《老子》的“玄而又玄,众妙之门”。它主张“以无为本”,宣扬“无为而治”。

⑩冬烘先生　懵懂、浅陋教师的代名词。

【导读】

陶行知秉着"为一大事来,做一大事去"的人生崇高事业理想,一生致力于反传统教育和反洋化教育的斗争,并在长期的教育改革和实验中建立了一套具有中国特色的生活教育理论。《"伪知识"阶级》一文,是理解他生活教育理论的一篇重要文章。当时的中国积贫积弱,外患严重,忧时之士,有的主张发扬传统为立国之本,有的则认为效仿外国来转弱为强。为了正本清源,让国人认准何谓真知识真学问,并以此来教育后代拯救民族,陶行知写下了这篇文章。其中所阐释的观点或主张也可看作他的知识观。

在文中,陶行知首先区分了知识与智慧的关系,"智慧是生成的,知识是学来的"。其次就知识本身而言亦有真伪之分:真知识来源于实践经验,最后的根子生在实践上,而伪知识则不是从经验中得来。知识是没有等级的,只有伪知识能成阶级。伪知识的害处是无穷的,所造就的就是信奉老八股和洋八股的对社会进步无用之人。为了揭露和批判伪知识阶级,陶行知深挖其生成的历史根源和依存的社会背景,并呼吁整个中华民族:放弃一切固有的伪知识,拒绝一切新来的伪知识,制止一切伪知识的传递,要共同努力去探求真知识的源泉。这种知识观与教育主张,可谓"发古人所未发,明今人所未明"。这种思想不仅是对那种轻视劳动的"万般皆下品,唯有读书高"的旧教育思想的直接批判,也为我们培养学生认识到实践出真知以及综合利用知识解决实际问题的能力提供了理论依据。

尤其他在文章的结论部分所发出的郑重之言:20世纪以后的世界属于努力探获真知识的民族,如果中华民族继续崇拜伪知识则将在世界上没有其立足之地!这种建立在理性认知基础上的呼唤,对于中国进入21世纪之后教育的改革和发展路向何往何从,不啻是一叩响亮的警钟!

减少校工以实现劳动教育案[①]

【原文】

理由

(一)劳动教育[②]的目的,在谋手脑相长,以增进自立之能力,获得事物之真知及了解劳动者之甘苦。要想达到这个目的,非师生共同用手做事不可。

(二)现在一般学校里用的听差、斋夫[③]、老妈子太多,把我们自己动手做事的机会剥削已尽,天天教我们受人服侍而不高兴服侍自己。他们教我们越学越懒,他们把我们化成双料少爷和双料小姐[④]。

(三)斋夫、听差、老妈子多数都是年富力强可以生产的人,在学校里服侍少爷小姐惯了,渐渐的受了同化,成为游手好闲的懒人。我们应当解除他们这种无聊的职务,使他们可以从事生产的工作。

(四)减少用人,便是节省经费,便可移耗费的钱,作有用的事。

办法

(一)凡是服侍教员、学生而妨碍师生自己动手做事的听差、斋夫、老妈子,一律于最短期间内解除职务,另谋生计。

(二)各级教育行政长官,对于各级学校关于此项之预算,应注意其有无减少。

（三）视学员到各校视察时，应注意此项校工是否已经减除。

我们深信上拟办法，为实现劳动教育必经之路，倘不认真做去，则劳动教育均要等于空谈。

【注释】

①1928年5月15日至28日，在南京中华民国大学院召开了第一次全国教育会议。期间，会议代表们参观了陶行知主持创办的晓庄学校和燕子矶小学。陶行知作为教育专家出席了会议，并呈交了提案11件。《减少校工以实现劳动教育案》就是其中的一件，提出后经大会决议参考。1928年8月作者的提案被写进此次的《全国教育会议报告》，后者由上海商务印书馆出版。

②劳动教育　是陶行知生活教育理论的一部分，提倡在劳力上劳心，教育与生产劳动相结合，目的是培养手脑并用的人才。

③斋夫　旧时学校中管理校舍、校产、校务的杂役，即今日的校工。

④双料少爷、双料小姐　在陶行知笔下特指被传统教育和洋教育毒害的一代年轻人，尤指青少年学生。

【导读】

20世纪二三十年代，传统教育和洋化教育盛行，正是中国教育界一片迷茫之际，陶行知提倡的生活教育思想却方兴未艾，得到了很大的发展。但是在各级各类学校中的旧教育和洋教育的弊端依然根深蒂固，学校机构的设置、教员的配备、制度的实施和学生的管理等等都存在着诸多的问题。所以，抱着一颗忧国忧民之心的陶行知，毅然决然地肩负起了改造中国教育的使命。在1928年5月中华民国大学院召开的第一次全国教育会议上，陶行知作为教育专家出席会议，并呈交了“推广乡村幼稚园案”、“设立教育研究所案”、“改革乡村教育案”等11件提案。《减少校工以实现劳动教育案》就是其中之一。

陶行知之所以发表这篇议案，其目的就是为了倡导劳动教育，提倡在劳力上劳心。在他看来，学校不是培养四体不勤、五谷不分的书呆子的地方，而是培养具有“农夫的身手”、“科学的头脑”、“改造社会的精神”的新型人才。为了达到这个要求，在此案中，陶行知一针见血地批评了中国学校教育在教学管理中存在的种种弊端，列举了学校应该减少校工的四条理由：第一，就是明确指出劳动教育的目的是在于培养手脑并用的人才，需要师生双方共同努力方能达到。第二，找出我们的学校之所以培养出的都是些游手好闲、华而不实的“双料少爷”和“双料小姐”的具体原因。那就是“学校里用的听差、斋夫、老妈子太多”，让我们的学生只会越学越懒。第三，指出了学校这种无聊职务设置的双重危害，不仅不利于学生能力的培养，而且也造就了一批游手好闲的懒人，久而久之于社会和家庭均无益处。第四，减少学校的杂役佣人既可让学生手脑双挥，还可节省经费开支，使教育经费得到更加合理的配置。

针对教育现状提出减少校工的意见，对于我们今天的教育改革意义十分重大。新课改实施多年，但是问题依然层出不穷，在大力提倡素质教育的今天，我们的学生尤其是独生子女出身者的培养，几乎无一例外在走着陶行知所抨击的“双料”少爷、小姐的成长路径。过去斋夫、听差、老妈子等服侍学生的人众只是换上了好听的“校工”称呼而已！素质不是只从课本上、课堂上学到的，而是在生活、社会不断磨砺的过程中才能得到提高。作为培养人才的学校更不能纸上谈兵，要以史为鉴，着力提高学生的动手能力和实践能力，养成良好的劳动习惯。同时，这篇议案对我们当今学校教职工人员的配备和使用也有很好的警示作用。

介绍一件大事

——致大学生的信[1]

【原文】

我最敬爱的同学：

人生为一大事来，做一大事去。我现在愿向诸位介绍一件大事。本来事业并无大小：大事小做，大事变成小事；小事大做，则小事变成大事。小人居高位，一如在厅里挂画像，挂得愈高，愈见其小。我们试把一部二十四史[2]从头数，便知道有多少人是把大事小做了。巴士德[3]当初研究那人眼不见的微生物，便好像是一件很小的事情。但是等到痨病虫发现以后，因他得救的人足足可以装满一个南京城。这是小事大做的效果。

我所要介绍给诸位的也是一件小事，不过诸位要将他大做起来，也就可以变成一件大事。请看，三家村，五家店，当中办了一个小学校，在这个小学校里面当一个教员，初看起来是何等一件小事。有许多人简直当他为一件不得已而为之的职业。但是一个小学校，少则有一二十位学生，多则一二百。老百姓送他们进学校，便是不知不觉地把整个的家运交付给小学教员。小学教员教得好，则这一二十、一二百家的小孩子可以成家立业。否则，变成败家子，永远没有希望了。所以小而言之，一个小学生之好坏关系全村之兴衰。国家设立小学，是要造就国民以谋全民幸福。因此，全民族的民运都操在小学教员手里。德国战胜法兰西，归功于小学教师，这是人所知道的。中国之所以受不平等条约的束缚和帝国主义之宰割，追到根源，也要算教书先生为罪魁。这也是我们所不能否认的。所以小学教师之好坏，简直可以影响到国家的存亡和世运之治乱。我记得一个土地庙前写着一副对联说："庙小乾坤大；天高日月长。"小学校便有如此气魄。

这都是说小学虽小，是应当小题大做的。但是为何想到诸位头上来？说穿也很简单。要想小学办得好，先要造就好教师；要想造就好教师，先要造就办师范学校造就教师的教师。中国以农立国，住在乡村的人民占全人数百分之八十五，约计有三万万四千万。乡下学龄儿童以四年教育计算，约有三千四百万。每位教师教四十小学生，全国便要一百万小学教师，其中乡村教师就要占八十万人。用九年工夫训练这些乡村教师，便要二万八千位乡村师范指导员；用三年工夫训练他们，便要八万五千位乡村师范指导员。晓庄学校已经决定，自本年秋季开始乡村师范指导员之训练。我们很希望抱着兴味的大学生看清国家未来的需要，早日下乡来和我们共同挑起这个担子。晓庄学校对于诸位没有多大贡献，但在下列四件事情上，情愿尽心竭力帮助大家进修：

（一）生活农民化　我们做乡村工作的人，必先农民化，才能化农民。我们与农民共生活同甘苦，才能了解他们的困难，帮助他们解决。这是《大学》[4]"新民"的道理，我们可以引导大家实行的。

（二）学术儿童化　乡村师范的职务，是训练小学教师；故他的指导员和普通中学的教师不同，必须明白儿童生活才能胜任。诸位所学的高深学问，必须向儿童需要折腰。儿童是诸位的总指导，我们只是儿童的助手。

（三）团体行动纪律化　我们民族最大的病根，是数千年传下来的无政府脾气！那凿井而饮、耕田而食的农民，连团体里都充满了这种脾气。要想铲除这个病根，非有严明的纪律，则一盘散沙之民族断难幸存，我们可以帮助大家，放弃个人的自由，以谋公共的幸福。

(四)建设工作下层化　种树栽花，要下面可以安根，上面可以出头，才有活的可能。人生如此，立国也如此。但有好些人只顾向上出头，忘了向下安根，所以枯死。我们应当明白，最下层的工作是最重要的工作。这种工作，又须彻底去干。一次，工人为我们凿井，没有挖到泉下就中止了。临行，要我写字送他，我就送他八个字："下层工作，务须彻底。"我们愿意同大家一齐下井，挖到活泉为止。

我们中国已经堕入老八股和洋八股的深渊里。抱着伪知识当宝贝的人，譬如在水里向着反光跑，愈跑愈近死路。惟有放弃虚光，才是走向生路。诸位如愿加入我们的团体，和我们共找生路，我们的诚恳请求是："出空脑袋里的伪知识。"我们又要报告我们并没有什么真知识奉送诸位。真知识是要自得的。但必须出空伪知识，才有获得真知识的可能。这是我们欢迎大家下乡时所要特别说明的。

十七年八月五日

【注释】

①此函写于1928年8月15日，出自1929年亚东图书馆版《知行书信》。题目系陶行知自拟。副题原为《给大学生的一封信》。

②二十四史　清乾隆时，《明史》定稿，诏刊出二十二史，又诏增《新唐书》，并从《永乐大典》中辑出薛居正的《旧五代史》，合称二十四史。

③巴士德(Louis Pasteur，1822—1895)　亦译作巴士特、巴士笃。法国微生物学家，化学家，近代微生物学的奠基人。

④《大学》　儒家经典之一。为《礼记》的一篇，约为秦汉之际儒家作品，与《论语》、《孟子》、《中庸》合称为"四书"。

【导读】

陶行知创办的第一个乡村师范学校晓庄师范，是"征集一百万位同志，创设一百万所学校，改造一百万个乡村"的试验基地，亦是乡村教育干部培养基地。按照陶行知的计划，他先在南京设立试验乡村师范，培养一批具有农夫的身手、科学的头脑、改造社会精神的教师，然后再将晓庄师范的毕业生推荐、分派到浙江、河南、广东、广西、四川、福建、山东等地及泰国华侨中去，让晓庄精神传播全国各地，让晓庄种子撒向各处乡村，从而实现普及乡村教育的美好前景。这封致大学生的信，无疑是他为晓庄师范招生的"广告"。

在这封写给大学生的信中，陶行知详细地阐发了人生为何要"为一大事来，做一大事去"的问题，并解析了自己所认定的"大事"是什么：培养一批能够扎根于乡村的小学教师就是眼下普及乡村教育的一件大事，小学教师培养是否得当，事关"国家的存亡和世运之治乱"。所以造就好教师，就成了师范学校的头等大事。由是他对小学教师提出了四点期望和要求：一是生活农民化，只有生活农民化的教师才能到达化农民的目的；二是学术儿童化，教师要放低身价，做儿童的助手，以儿童生活为指导；三是团体行动纪律化，中华民族最大的病根就是几千年传下来的无政府主义，要谋公共的幸福，必须用严明的纪律来作规矩；四是建设工作下层化，乡村教师必须具有坚定的扎根基层的信念才能把乡村教育办好。只有当小学教师做好了上述诸点，中国的乡村教育才有希望。

在各种教育改革呼声炒得沸沸扬扬的今天，做为一个有良好素养的教师一定要有所为有所不为，踏踏实实地履行一名人民教师的天职。陶行知给大学生的信教导并勉励我们，新时期的人民教师不要只带着教师的虚光而不为教育的实事，尤其是在农村，乡村教师更是肩负着中国农村教育的希望。只有以一种无私奉献的精神深入下层，用一颗赤诚的心去从事人民的教育事业，才会无愧于教师这一光荣的称号。

地方教育与乡村改造①

【原文】

教育就是生活的改造。我们一提及教育便含了改造的意义。教育好比是火，火到的地方，必使这地方感受他的热，热到极点，便要起火。"一星之火，可以燎原"，教育有这样的力量。教育又好比是冰，冰到的地方，必使这地方感受他的冷，冷到极点，便要结冰。教育有力量可以使人"冷到心头冰到魂"。或是变热，或是变冷，都是变化。变化到极点，不是起火便是结冰。所以教育是教人化人。化人者也为人所化，教育总是互相感化的。互相感化，便是互相改造。

社会是个人结合所成的。改造了个人便改造了社会，改造了社会便也改造了个人。寻常人以为办学是一事，改造社会又是一事，他们说："办学已经够忙了，还有余力去改造社会吗？"他们不知道学校办的得法便是改造社会。没有功夫改造社会便是没有功夫办学。办学和改造社会是一件事，不是两件事。改造社会而不从办学入手，便不能改造人的内心；不能改造人的内心，便不是彻骨的改造社会。反过来说，办学而不包含社会改造的使命，便是没有目的，没有意义，没有生气。所以教育就是社会改造，教师就是社会改造的领导者。在教师的手里操着幼年人的命运，便操着民族和人类的命运。

寻常人又以为改造社会是要多数人干，决不是少数教师所能胜任的。尤其在穷乡僻壤中的小学有时只有一位教师，更觉得单身匹马不能有所作为。他们说："教师岂能独脚戏？"说这话的人忘记了他的四周都可以找着同志。孔子说："十室之邑，必有忠信。"又说："德不孤，必有邻。"这是孔子的经验谈。乡村虽小，必定可以找得着几位黄泥腿的领袖和我们合作。只须找着一两位，进行起来便能事半功倍。不但如此，同志便在眼前，一个个学生都可以成为活龙活虎的小同志。只要教师们放下孤高的架子，改造乡村的忠实同志正多着咧。

寻常人又以为改造社会是劝人家干或替人家干。这两种方式都是表面的工作。劝人戒烟、戒赌，或是劝人爱人、爱国，都是自己用嘴说说，便要人家负实行的责任，当然是没有多大效验的。有些人见他没有多大效验，便改变方针，替人家干。这样一来，受替代的人便难免发生惭愧，如不惭愧，便要发生依赖。自己居于高尚的地位，而令人惭愧；或自己处于赈济的地位，而令人依赖，都不是好法子。替人家干还含有一个不稳固的因子，就是到了终局，难免人存政举，人亡政息。那么，社会改造究竟要采取什么方式？依我看来只有团结同志．共同去干，方能发生宏大久远的效力。真团体是要从扫除公敌、图谋公益、发挥公意上创造出来的。

寻常人最后还有一个误解，就是误认读书为教育，只要提到数育，便联想到读书认字。他们以为一切教育都从读书认字出发。他们只管劝人家识字读书，不顾到别的生活需要。识字读书是人生教育的一部分，谁也不能否认。但是样样教育都硬要从教书入手，走不得几步便走不通了。乡村里面十岁以上大多数的儿童教育，大多数的成人教育，都要从经济及娱乐两方面下工夫，读书认字只好附带在这里面去干。倘使一定要从读书认字出发,怕是多数人不能接受,那么,对于改造社会的影响,便是很有限了。

上面所说的几点,都证明地方教育及乡村改造的成败,是靠着人才为转移。所以培养乡村师资是地方教育之先决问题,也就是改造乡村的先决问题。不在培养人才上做工夫,一切都是空谈。现今各县对于乡村教育及乡村改造已有浓厚的兴趣,但是对于一县的乡村师范,每年只肯化数千元。固然也有多化的,但是寥若晨星。我们要想达到运用教育改造乡村的目的,必须出代价去培养教师,去培养教师的教师。江苏加征亩捐是个最好的机会,我以为在这义务教育萌芽时期,这笔钱应当多用于培养教师,少用在开办新校。教师得人,则学校活;学校活,则社会活。倘使有活的教师,各办一所活的小学,作为改造各个乡村的中心,再以师范学校总其成,继续不断的领导各校各村前进,不出十年,必著成效。依我的愚见看来,这是地方教育根本之谋,也是改造乡村根本之谋。

【注释】

①本篇原载1929年2月《地方教育》第1期。

【导读】

陶行知在推行平民教育的过程中,在和广大贫苦农民接触后,意识到平民教育的方向应该有所转变,他认为如果平民教育不能深入到中国广大农村去,那是没有前途的。进入1926年后,转战乡村,试图从乡村教育中为中国教育找条生路,为中华民族找条生路。《地方教育与乡村改造》即表达了他企望通过发展乡村教育来改造乡村社会的思想。

在这篇文章中,陶行知详尽地阐述了地方教育在改造乡村中所起的重要作用。他认为教育就是生活的改造,办学和改造社会是一件事。要借助教育的力量来改造社会,就需要广泛发动社会的力量,调动一切可以调动的积极因素,教师们需要放下孤高的架子,找乡亲、学生一起干。另外教育要从经济及娱乐两方面下功夫。最后指出培养乡村师资是地方教育的首要任务,也是改造乡村的先决条件:“教师得人,则学校活;学校活,则社会活。”

“教育就是社会改造,教师就是社会改造的领导者”,这种思想认识和教育理念,即使在今天,对中国的农村教育仍有借鉴意义。今天广大的农村社会的发展和改造,依然是我们国家跨入现代化快速发展轨道面临的最主要的时代任务。陶行知主张借助教育来改进乡村社会,依靠教师作为社会改造的领导者,仍然不失为一个良好的乡村改造方案和路径。

行是知之始①

【原文】

阳明②先生说:“知是行之始,行是知之成。”我以为不对。应该是:“行是知之始,知是行之成。”我们先从小孩子说起。他起初必定是烫了手才知道火是热的;冰了手才知道雪是冷的;吃过糖才知道糖是甜的;碰过石头才知道石头是硬的。太阳地里晒过几回,厨房里烧饭时去过几回,夏天的生活尝过几回,才知道抽象的热。雪菩萨做过几次,霜风吹过几次,冰淇淋吃过几杯,才知道抽象的冷。白糖、红糖、芝麻糖、甘蔗、甘草吃过几回,才知道抽象的甜。碰着铁，碰着铜，碰着木头，经过好几回，才知道抽象的硬。才烫了手又冰了脸，那么，冷与热更能知道明白了。尝过甘草接着吃了黄连，那么，甜与苦更能知道明白了。碰着石头之后就去拍棉花球，那么，硬与软更能知道明白了。凡此种种，我们都看得清楚"行是知之始，知是行之成"。佛兰克林[3]放了风筝，才知道电气可以由一根线从天空引到地下。瓦特[4]烧水，看见蒸汽推动壶盖，便知道蒸汽也能推动机器。加利里翁[5]在毕撒[6]斜塔上将轻重不同的球落下，便知道不同轻重之球是同时落地的。在这些科学发明上，我们又可以看得出"行是知之始，知是行之成"。

《墨辩》[7]提出三种知识：一是亲知；二是闻知；三是说知。亲知是亲身得来的，就是从"行"中得来的。闻知是从旁人那儿得来的，或由师友口传，或由书本传达，都可以归为这一类。说知是推想出来的知识。现在一般学校里所注重的知识，只是闻知，几乎以闻知概括一切知识，亲知是几乎完全被挥于门外。说知也被忽略，最多也不过是些从闻知里推想出来的罢了。我们拿"行是知之始"来说明知识之来源，并不是否认闻知和说知，乃是承认亲知为一切知识之根本。闻知与说知必须安根于亲知里面方能发生效力。

试取演讲"三八主义"[8]来做个例子。我们对一群毫无机器工厂劳动经验的青年演讲八小时工作的道理，无异耳边风。没有亲知做基础，闻知实在接不上去。假使内中有一位青年曾在上海纱厂做过几整天工作或一整天工作，他对于这八小时工作的运动的意义，便有亲切的了解。有人说："为了要明白八小时工作就要这样费力的去求经验，未免小题大做，太不经济。"我以为天下最经济的事无过于这种亲知之取得。近代的政治经济问题，便是集中在这种生活上。从过这种生活上得来的亲知，无异于取得近代政治经济问题的钥匙。

"亲知"为了解"闻知"之必要条件已如上述，现再举一例，证明"说知"也是安根在"亲知"里面的。

白鼻福尔摩斯[9]一书里面有一个奇怪的案子。一位放高利贷的老头子被人打死后，他的房里白墙上有一个血手印，大得奇怪，从手腕到中指尖有二尺八寸长。白鼻福尔摩斯一看这个奇怪手印便断定凶手是没有手掌的，并且与手套铺是有关系的。他依据这个推想，果然找出住在一个手套铺楼上的科尔斯人就是这案的凶手，所用的凶器便是挂在门口做招牌的大铁手。他的推想力不能算小，但是假使他没有铁手招牌的亲知，又如何推想得出来呢？

这可见闻知、说知都是安根在亲知里面，便可见"行是知之始，知是行之成"。

【注释】

①本篇是 1927 年 6 月 3 日在晓庄学校寅会上的演讲词。第一段原载于 1928 年 1 月 15 日《乡教丛讯》第 2 卷第 1 期，题为《行是知之始　知是行之终》。开头引用王阳明的话，原为"知是行之始，行是知之终"。第一段结尾的"知是行之成"原为"知是行之终"。1929 年 7 月 30 日《乡教丛讯》第 3 卷第 12 期全文刊载。

②阳明　即王守仁(1472—1529)，中国明代最著名的思想家、哲学家和教育家。

③佛兰克林　通译富兰克林(1706—1790)，美国科学家，避雷针的发明者。

④瓦特　即詹姆士·瓦特(1736—1819)，英国发明家，蒸汽机的改进者。

⑤加利里　通译伽利略(1564—1642)，意大利物理学家、天文学家。

⑥毕撒　通译比萨(Pisa)。意大利西部古城，著名的比萨斜塔座落于此。

⑦墨辩　指墨家著作总汇《墨子》中的《经》(上、下)和《经说》(上、下)四篇。

⑧三八主义　1886 年 5 月 1 日，美国芝加哥等地工人举行大罢工，提出每天工作八小时，教育八小

时,休息八小时的要求。通称为"三八制"。

⑨指英国作家柯南道尔所著侦探小说《福尔摩斯探案》。

【导读】

陶行知出生时,身为秀才的父亲希望他在文化上有所成就,于是给他起了个文气十足的名字:陶文濬。1911 年他在金陵大学担任校刊《金陵光》的中文版主笔,发表了一系列探讨教育、探索救国之道的文章,署名为"知行"。当时他深受王守仁哲学思想的影响,为了表示他对"知行合一"说的服膺,遂改名"陶知行"。1915 年至 1926 年,留学时期及回国初期的陶行知,其哲学观又打上了杜威哲学的烙印。随着实践和认识的深化,他逐渐发现王阳明学说的内在痼疾,即脱离社会实际,疏远广大民众。同时对杜威的思想也产生了怀疑。1927 年,陶行知提出了"行是知之始,知是行之成"的观点,突出了实践在教育和求知方面的意义和作用,并将这一理念贯穿到晓庄学校、山海工学团的教育工作中去,并取得了明显的效果。于是,后来他把名字由"知行"改为"行知",表明了他与"王学"的彻底决裂,并由此确定自己后来的教育思想和人生道路。这篇文字可以看作是他对中国的教育究竟仅在求知还是先知后行的一种解答。

在这篇演讲中,陶行知首先列举了几个生活中的实际例子,如对冷热、苦甜的感觉认知,又列举了富兰克林、瓦特、伽利略等名人从事科学实验的故事,"行是知之始,知是行之成"。然后,他对"墨辩"提出的三种认识进行了科学而唯物的阐述,并以"三八主义"劳动制度的实行与福尔摩斯案例的举证说明"亲知"是一切知识的来源和基础。所有这些无不告诫教育工作者和青年学子求取真知的重要和获取真知的路径之所在。

"行是知之始"的思想,对今日学校教育方法和制度的改革仍然是一剂良药。"亲知是一切知识之根本",只有从行动中学习,才能获得知识的源泉。

晓庄三岁敬告同志书①

【原文】

……

晓庄是从爱里产生出来的。没有爱便没有晓庄。因为他爱人类,所以他爱人类中最多数而最不幸之中华民族;因为他爱中华民族,所以他爱中华民族中最多数而最不幸之农人。他爱农人只是从农人出发,从最多数最不幸的出发,他的目光,没有一刻不注意到中华民族和人类的全体。在吉祥学园②里写了两句话:"捧着一颗心来,不带半根草去。"晓庄是从这样的爱心里出来的。晓庄可毁,爱不可灭。晓庄一天有这爱,则晓庄一天不可毁。倘使这爱没有了,则虽称为晓庄,其实不是晓庄。爱之所在即晓庄之所在。一个乡村小学里的教师有了这爱,便是一个晓庄;一百万个乡村小学里的教师有了这爱,便是一百万个晓庄。虽是名字不叫晓庄,实在是真正的晓庄了。

晓庄三年来的历史,就是这颗爱心之历史——这颗爱心要求实现之历史。有了爱便不得不去找路线,寻方法,造工具,使这爱可以流露出去完成他的使命。流露的时候,遇着阻力便不得不奋斗——与土豪劣绅奋斗,与外力压迫奋斗,与传统教育奋斗,与农人封建思想奋斗,与自己带来之伪知识奋斗。这奋斗之历史,也就是这颗爱心之历史。晓庄没有爱便不能奋斗，不能破坏，不能建设，不能创造。个人没有爱，便没有意义，即使在晓庄，也不见得有贡献。所以晓庄和各个同志的总贡献——破坏与创造——如果有的话，都是从爱里流露出来的。晓庄生于爱，亦惟有凭着爱的力量才能生生不已咧。

我们最初拿到晓庄来试验的要算是教学做合一的理论了。当初的方式很简单。它的系统也就是在晓庄一面试验一面建设起来的。这个理论包括三方面：一是事怎样做便怎样学，怎样学便怎样教；二是对事说是做，对己说是学，对人说是教；三是教育不是教人，不是教人学，乃是教人学做事。无论哪方面，"做"成了学的中心即成了教的中心。要想教得好，学得好，就须做得好。要想做得好，就须"在劳力上劳心"，以收手脑相长之效。这样一来，我们便与两种传统思想短兵相接了。一是孟子的"劳心者治人，劳力者治于人"的二元论。这种二元论在中国的力量是很大的。他在教育上的影响是：教劳心者不劳力，不教劳力者劳心。结果把中华民族划成两个阶级，并使科学的种子长不出来。二是先知后行的谬论。阳明虽倡知行合一之说，无意中也流露出"知是行之始"之意见。东原[3]更进一步的主张："重行必先重知。"这种主张在中国教育上的影响极深。"知是行之始"一变而为"读书是行之始"，再变而为'听讲是行之始"。"重行必先重知"也有同样的流弊。请看今日学校里的现象，哪一处不是这种谬论所形成。不入虎穴，焉得虎子。知识是要自己像开矿样去取来的。取便是行。中国学子被先知后行的学说所麻醉，习惯成了自然，平日不肯行，不敢行，终于不能行，也就一无所知。如果有所知，也不过是知人之所知，不是我之所谓知。教学做合一既以做为中心，便自然而然地把阳明、东原的见解颠倒过来，成为：'行是知之始"，"重知必先重行"。我很诚恳的敬告全国的同志："有行的勇气，才有知的收获。"先知后行学说的土壤里，长不出科学的树，开不出科学的花，结不出科学的果。

教学做合一的理论最初是应用在培养师资上面的。我们主张培养小学教师要在小学里做，小学里学，小学里教。这小学是培养小学教师的中心，也就是师范学校的中心，不是他的附属品，故不称他为附属小学而称他为中心小学。培养幼稚园教师的幼稚园和培养中学教师的中学，都是中心学校而不是附属学校。现在实行的学园制即是艺友制，每学园有导师、艺友及中心学校，更进一步求教学做合一的主张之贯彻。现今师范教育之传统观念是先理论而后实习，把一件事分作两截，好一比早上烧饭晚上请客。除非让客人吃冷饭，便须把饭重新烧过。教学做合一的中心学校就是要把理论与实习合为一炉而冶之。

教学做合一不是别的，是生活法，是实现生活教育之方法。当初，生活教育戴着一顶"教育即生活"的帽子。自从教学做合一的理论试行以后，渐渐的觉得"教育即生活"的理论行不通了。一年前我们便提出一个"生活即教育"的理论来替代。从此生活教育的内容方法便脉脉贯通了。

"生活即教育"怎样讲？是生活即是教育。是好生活即是好教育；是坏生活即是坏教育；有目的的生活即是有目的的教育；无目的的生活即是无目的的教育；有计划的生活即是有计划的教育；无计划的生活即是无计划的教育；合理的生活即是合理的教育；不合理的生活即是不合理的教育；日常的生活即是日常的教育；进步的生活即是进步的教育。依照生活教育的五大目标说来：康健的生活即是康健的教育；劳动的生活即是劳动的教育；科学的生活即是科学的教育；艺术的生活即是艺术的教育；改造社会的生活即是改造社会的教育。反过来说，嘴里念的是劳动教育的书，耳朵听的是劳动教育的演讲，而平日所过的是双料少爷的生活。在传统教育的看法不妨算他是受劳动教育，但在生活教育的看法则断断乎不能算他是受劳动教育。生活教育是运用生活的力量来改造生活，他要运用有目的有计划的生活来改造无目的无计划的生活。

生活教育既以生活做中心，立刻就与几种传统思想冲突。第一种传统思想与生活教育冲突的是文化教育。他以文化为中心。德国战前之教育即是以文化为中心。中国主张此说的也不少。依生活教育的见解，一切文化只是生活的工具。文化既是生活的工具，哪能喧宾夺主而做教育的中心？第二种传统思想与生活教育冲突的是教、训分家。在现代中国学校里教、训分家是普遍的现象。教育好象是教人读书，训育好象是训练人做人或是做事；教育好象是培养知识，训育好象是训练品行；教育又好象是指所谓之课内活动，训育则好象是指所谓课外活动。所以普通学校里，有一位教务主任专管教育；又有一位训育主任专管训育。某行政机关拟以智仁勇为训育方针，那么，教育方针又是什么呢？生活教育的要求是：整个的生活要有整个的教育。每个活动都要有目标，有计划，有方法，有工具，有指导，有考核。智识与品行分不开，思想与行为分不开，课内与课外分不开，做人做事与读书分不开，即教育与训育分不开。生活教育之下只有纵的分任，决无横的割裂。某人指导团体自治，某人指导康健是可以的。这是纵的分任。若是团体自治的智识是功课以内归教务主任管，团体自治的行为是功课以外归训育主任管，这就是生活的横的割裂，决说不过去。第三种传统思想与生活教育冲突的是教育等于读书。生活教育指示我们说：过什么生活用什么工具。书只是生活工具之一种，是要拿来活用的，不是拿来死读的。书既是用的，那么，过什么生活便用什么书。第四种传统思想与生活教育冲突的是学校自学校、社会自社会。从前学校门前挂着闲人莫入的虎头牌④以自绝于社会，不必说了，就是现在高谈学校社会化，或是社会学校化的地方也往往漠不相关。生活即教育的理论一来，他立刻要求拆墙，拆去学校与社会中间之围墙，使我们可以达到亲民亲物的境界。不但如此，他要求把整个的社会或整个的乡村当作学校。与“生活即教育”蝉联而来的就是“社会即学校”。第五种传统思想与生活教育冲突的就是漠视切身的政治经济问题。我们既承认“社会即学校”，那么，社会的中心问题便成了学校的中心问题。这中心问题就是政治经济问题。我们最初定教育目标时对于政治经济即特别重视。赵院长⑤后来又作有力的宣言说：“生活教育是教人做工求知管政治。”江问渔⑥先生近著《富教合一》和《政教合一》两篇文字使生活教育之内容更为明显。我也作《富教合一后论》、《政教合一后论》、《政富合一论》以尽量发挥三者之关系，终于构成政富教合一理论之系统。晓庄所办之自卫团、妇女工学处，现在向省政府建议设置之试验乡⑦以及十九年度计划中之生产事业，都是想把政治、经济、教育打成一片，做个政富教合一的小试验。政富教合一的根本观念是要将政富教三件事合而为一。如何使他们合起来？要叫他们在“遂民之欲达民之情”上合起来。现在这三件事的中间有很大的鸿沟。他的根本原因不外三种：一是富人拿政治与教育作工具以遂富人之欲而达富人之情；二是政客拿富人之力与教育作工具以遂政客之欲而达政客之情；三是不肯拿教育给富人和政客做工具的教师们存了超然的态度，不知教人民运用富力和政治力以遂民之欲达民之情。我们要知道等到富力成为民的富力，政治力成为民的政治力，然后生活才算是民的生活，教育才算是民的教育。在教育的立场上说，我们所负的使命：(一)是教民造富；(二)是教民均富；(三)是教民用富；(四)是教民知富；(五)是教民拿民权以遂民生而保民族。我们要教人知道，不做工的不配吃饭，更不配坐汽车。我们要教人知道“朱门酒肉臭，路有冻死骨”是最大的罪孽。我们要教人知道富力如同肥料，堆得太多了要把花草的生命烧死。我们要教人民造富的社会，不造富的个人。从农业文明进到工业文明，我们要教农民做机器的主人，不做机器的奴隶。这种主张，不消说，不但和“先富后教”，教育不管政治一类的传统思想冲突，凡是凭着特殊势力以压迫人民，致使民之欲不得遂、民之情不得达的，都是我们的公敌。

最后，晓庄是同志的结合，我不要忘记了叙述。晓庄的茅草屋一把野火可以烧得掉。晓庄的同志饿不散，冻不散，枪炮惊不散。我们是为着一个共同的使命来的。这使命便是教导乡下阿斗做中华民国的主人。要想负得起这个使命，便不能没有特殊的修养。这是我们自己勉励的几条方针：

（一）自立与互助

“滴自己的汗。吃自己的饭。自己的事自己干。靠人靠天靠祖上，不算是好汉。”这首《自立歌》，晓庄的人是没有不会唱的了。我们所求的自立，便是这首歌所指示的。但是自立不是孤高，不是自扫门前雪。我们不但是一个人，并且是一个人中人。人与人的关系是建筑在互助的友谊上。凡是同志，都是朋友，便当互助。倘不互助，就不是朋友，便不是同志。我们唱一首互助歌罢：“小小的村庄，小小的学堂，小小的学生，个个是好汉。好汉！好汉！帮人家的忙。”

（二）平等与责任

在晓庄，凡是同志一律平等。共同立法的时候，师生工友都只有一权。违法时处分也不因人而异。我们以为，在同一的团体里要人共同守法，必须共同立法。但同志的法律地位虽平等而责任则因职务而不同。职务按行政系统分配，各有各的职务，即各有各的责任。责任在指挥，当行指挥之权；责任在受指挥，应负受指挥之义务。

（三）自由与纪律

晓庄团体行动有一致遵守的纪律，五十岁以上及对本校学术有特殊贡献的人，得由本校赠与晓庄自由章，不受共同纪律之限制。但这些纪律的目的，无非也是增进团体生活的幸福，防止个人自由之冲突。晓庄毕竟不但是个“平等之乡”，而且是个“自由之园”。晓庄以同志的志愿为志愿，以同志的计划为计划，以同志的贡献为贡献。晓庄虽然希望每个同志对于共同的志愿、计划是要有些贡献，但是乡村教育的范围广漠无边，除非是身在乡下心在城里的人，总可以找出一两样符合自己的才能兴味。大部分的生活都是供大家自由的选择。学园的成立是由于园长选同志，同志选园长，格外合乎自由的意义。试验自由是各学园的础石。晓庄所要求于个人的只是每个人都要有计划，要按着自己的计划进行。至于什么计划，如何实现，都是个人的自由。在理想的社会里，凡是人的问题都可以自由的想，自由的谈，自由的试验。晓庄虽然没有达到这种境界，但愿意努力创造这样的一个社会。这里含蓄着进步的泉源，这里孕藏着人生的乐趣。乡下人的面包已经给人家夺去一半了，剩下这点不自由的自由是多么的尊贵哟！

（四）大同与大不同

这又是一对似乎矛盾而实相成的名词。我们试到一个花园里面去看一看：万紫千红，各有他的美丽；那构成花园的伟观的成分正是各种花草的大不同处。将这些大不同的花草分别栽种，使他们各得其所，及时发荣滋长，现出一种和谐的气象，令人一进门便感觉到生命的节奏：这便是大同之效。晓庄不是别的，只是一个“人园”，和花园有相类的意义。我们愿意在这里面的人都能各得其所，现出各人本来之美，以构成晓庄之美。如果要找一个人中模范教一切人都学成和他一样，无异于教桃花、榴花拜荷花做模范。我们当教师的实在需要园丁的智慧。晓庄不但是不要把个个学生造成一模一样，并且也不愿他们出去照样画葫芦。晓庄同志无论到什么地方去，如果只能办成晓庄一样的学校，便算本领没有学到家，便算失败。没有两个环境是相同的，怎能同样的办？晓庄同志要创造和晓庄大不同的学校才算是和晓庄同，才算是第一流的贡献，才算是有些成功。

同志们！记牢了我们的使命是教导乡下阿斗[8]做中华民国的主人。乡下阿斗没有出头之先，我们休想出头。乡下阿斗没有享福之先，我们休想享福。我们若是赶在农人前面去出头享福，只此一念便是变相的土豪劣绅。与农人同甘苦，共休戚，才能得到光明，探出生路。我们大家唱首《劳山歌》，为中华民国的主人努力吧！

老山劳；小庄晓[9]：咱锄头，起来了。

老山劳；小庄晓：新时代，推动了。

【注释】

①本文原载于1930年3月15日《乡村教师》第7期。

②吉祥学院　原名晓庄师范吉祥庵中心小学，曾短期更名为吉祥学院。因校址位于吉祥庵，故名。该校创办于1928年3月。

③东原　即戴震，清代考据学家，思想家。

④虎头牌　清代的衙门大门上都挂着虎头牌，上面写着禁止闲人擅入等字。这时的学校也仿效衙门，挂着闲人莫入的虎头牌。

⑤赵院长　即赵叔愚，与陶行知一起创办乡村师范学校，任晓庄师范第一院院长。

⑥江问渔　与黄炎培一起倡导职业教育，创办中华职业教育社。

⑦指陶行知呈请江苏省民政厅，请将晓庄学校所在的北固乡划作试验乡事。江苏省民政厅曾批文准予试验，后因晓庄学校遭封闭，未克进行。

⑧阿斗　三国时期　刘备的儿子，即刘禅。此人不理国事，整天沉溺酒色。以后引申为没有发展前途"扶不起"的人。

⑨老山、小庄均为南京左近地名，晓庄师范校址在此地。该校于1927年3月15日创办时，陶行知以谐音将老山改名为劳山，取"劳力上劳心"之意趣；又将小庄改名为晓庄，取"日出而作"前途光明之意趣。

【导读】

1927年3月15日，生活教育运动史上有重大意义的一天，正当国民革命第二军、第六军兵分两路向南京发起总攻的时候，劳山脚下，南京试验乡村师范如期举行了开学典礼。革命军的隆隆炮声，为乡村师范的开学打响了礼炮。这所学校的创办，标志着生活教育运动的开始。这所学校，凝聚了以陶行知为首的立志改造乡村改造中国的爱国教育者的心血。这所学校是陶行知对其生活理论的一次伟大实践尝试。在晓庄试验的影响下，安徽、福建、广东、江西、山东、河南、江苏、浙江等省在1927年后增设了许多乡村师范。晓庄师范闻名遐迩，是陶行知创办的第一个乡村师范学校，是"征集一百万位同志，创设一百万所学校，改造一百万个乡村"的实验基地。本文总结了晓庄的成功之处，并对以后的改进提出勉励。虽然不久晓庄师范因为太过进步而为当局所不容，但其在中国教育史上，永远熠熠生辉。

陶行知在文中首先指出晓庄是从爱里产生，其三年来的历史就是爱心的历史，晓庄是从"捧着一颗心来，不带半根草去"的爱心里发展出来的。接着他回顾了贯彻晓庄学校的教学做合一的理论。这个理论包括三个方面：一是事怎样做便怎样学，怎样学便怎样教；二是对事说是做，对己说是学，对人说是教；三是教育不是教人，不是教人学，乃是教人做事。无论哪方面，"做"成了学的中心即成了教的中心。教学做合一的理论最初是应用在培养师资上面，陶行知主张教学做合一的中心学校就是要把理论与实习合为一炉而冶之。一年后，"生活即教育"理论替代"教育即生活"的理论将生活教育的内容方法脉脉贯通。陶行知总结了以生活做中心因此与几种传统思想冲突：第一种是文化教育传统思想；第二种是教、训分家传统思想；第三种是教育等于读书传统思想；第四种是学校自学校、社会自社会传统思想；第五种是漠视切身的政治经济问题传统思想。他指出所肩负的使命而与这些传统思想斗争：一是教民造富；二是教民均富；三是教民用富；四是教民知富；五是教民拿民权以遂民生而保民族。陶行知提出要想负的起这个使命必须要有特殊的修养：一是自立与互助；二是平等与责任；三是自由与纪律；四是大同与大不同。最后，他深切呼吁要记牢使命是教导乡下“阿斗”做中华民国的主人而努力。

陶行知以晓庄作为实验园地贯彻其教学做合一教育理论，重视学生劳力上劳心的动手能力，这种从实践中探求真知、将理论见行于实践的变革教育路向值得后人遵循。尤其是劝诫从事基层教育的人们，应该怀着彻底为人民服务的意识，负着彻底改造社会的使命，更是今日每一个教育工作者都应该持有的态度和发扬的精神。

教育改进[①]

【原文】

吾人不但须教育，而且须好教育。改进之意即在使坏者变好，好者变为更好。社会是动的，教育亦要动。吾人须使之继续不断的改，继续不断的进。

教育改进包含两方面：有关于教育方针之改进，亦有关于教育方法之改进。教育方针随思潮为转移：有因个人兴致而偶然变更者，亦有因社会大势所趋而不得不变更者。教育方法受方针之指挥约束，必须与方针联为一气。方针未定得准，方法不与方针一致，均与吾人以改进之机会。比如航海，必须先定准方向。方向不定准，无论方法如何敏捷，如何洽意，只是行错路，究不能达目的地。但空悬一方针，船身能否抵制风浪，水手是否干练勇敢，食料与燃料敷用几时，均未打算清楚，则虽有方针，亦难达到目的地。故方针不准，应当改进；方法不与方针一致，亦应改进。航海如此，办学亦应如此。

论到中国教育方针，自办新学[②]以来已经改变五六次。最初要吸收科学而又不忍置所谓国粹者于不顾，所以有“中学为体，西学为用”[③]之主张，此种主张即是当时一种教育方针。光绪二十七年明定教育宗旨为忠君、尊孔、尚公、尚实、尚武。此种教育宗旨即表明其时之教育方针。民国元年，国体变更，教育方针因改为重在道德而以实利教育、军国民教育辅之，更以美感教育完成其道德。民国四年，申明教育宗旨，又改进为“注重道德，实利，尚武，并运之以实用”。民国八年，教育部组织教育调查会，该会建议“以养成健全人格，发展共和精神为教育宗旨”。所谓健全人格须包含：“一、私德为立身之本，公德为服务社会国家之本。二、人生所必需之知识技能。三、强健活泼之体格。四、优美和乐之感情。”共和精神包含：“一、发挥平民主义，俾人人知民治为立国之根本。二、养成公民自治习惯，俾人人能负国家社会之责任。”民国十一年第八届全国教育会联合会建议学制系统标准，即是关于教育方针之修正。嗣经教育部公布标准七条：“一、适应社会进化之需要。二、发挥平民教育精神。三、谋个性之发展。四、注意国民经济力。五、注意生活教育。六、使教育易于普及。七、多留地方伸缩余地。”此二十余年中，吾国教育方针每隔四五年即修改一次，颇不稳定，论者辄讥为无方针之教育。其实中国方在过渡时代，又当各种思潮同时交流而至，方针不易固定。即以现在而论，吾人尚在歧路上考虑。吾意不出数年，中国教育方针必须再经一次变更，此次变更后或可较为稳定。中国教育方针已经走过几层歧路，以吾观之，尚有两层最为重要之歧路：第一层，国家主义和国际主义。第二层，物质文明、精神文明与吸收物质文明而保存精神自由，并免去机械的人生观。改革固须改革，究竟如何改革方能进步，实属根本问题。

至于教育方法之改进，所包括之方面更多。学制、组织、行政、教师之训练，教材之选择与编辑，教师法之研究，校舍教具之设备，经费之筹措等种种问题，悉包括在内。如须一一详述其近年之途径，非本文篇幅所许。就教育方法论，却有极显著之进步。如由主观的逐渐移至客观的，由盲从的移至批评的，由少数人参与的移至多数人参与的，由一时兴会所至的移至慎重考虑的，由普通人议论出来的移至专门家屡试屡验的，不由人要喜形于色。但此种趋势只属起点而已。盖今日中国之教育方法亦有两个缺点：一是方法不与方针一致，造就一人不能得一人之用；二是从外国贩来整套之理想与制度不能适合国情，不能消化，不能在人民生活上发现健全之效力。此均为吾人应绞脑筋、运身手、谋改进之急务。

以上论教育方针与方法均须改进，兹进论如何改进之道。

一、办教育者必须承认所办教育尚未尽善尽美，确有改进之可能。彼应持虚心的态度，彼应破一切成见、武断、知足。脑中积有痞块，决无改进希望。彼又应承认有问题必有解决，有困难必可胜过，只须自己努力，无一不可以改进。若听天由命，不了了之之人，决不能望其改进。彼或是被人改进，但如无人乐意为之改进，则彼之存在只属幸运而已。

二、改进教育者必须明白自己之问题，又必须明白他人解决同类问题之方法。于是调查，参观，实为改进教育之入手办法……新学制[④]之成立直接间接接受此种调查参观之影响不少。调查参观确已表现“改”之能力，但究竟属改进属改退，则一时颇不易定。

三、教育界共同之问题应同心协力共谋解决与改进。故教育会议乃必不可少之事，吾人要求精神之一致、经验之沟通，非有会议不可。前清之中央教育会，民国元年之临时教育会议，民国四年以来之全国省教育联合会以及中华职业教育社[⑤]、中华教育改进社[⑥]、中华平民教育促进会[⑦]等之年会，以及去年大学院之全国教育会议，均与形成全国教育思潮、方针及进行方案有密切之关系。现在国内省有省教育会，县有县教育会，市乡之组织完备者有市教育会及乡区教育会。学校与学校合组之各会议，影响较大者有中等教育协会，附属小学联合会。彼等于各自范围内所经营之事业，各有善良之效验。一门教育之会议，如民国十三年五月之乡村小学组织及课程讨论会，颇能引起乡村教育之兴味。一校之中，各科教员倘有讨论之组织，亦于改进各该科教育有所裨益。不但国内教育同志应有讨论之机会，国际教育同志亦应有交换意见之机会。十二年世界教育会议在旧金山举行，我国派代表出席，即思运用教育方法，以培养国际之谅解，增进国际之同情，并提倡国际之公道。吾人相信如依此慎重作去，此种会议于改进全世界之教育当有裨益。

四、调查参观仅为取别人之所知以益己之所不知，会议仅为会合各人之所知以成公众之所共知，吾人决不能藉此种方法以发现新理。不能发现新知，决不是在源头上谋改进。改进教育之原动力及发现新理之泉源，乃属试验学校之功能。我国现在足以当试验学校之名者甚少……中华教育改进社以试验学校为一切教育改进之大本，特于十四年十二月定一进行方针：“本社今后对于教育之努力，应向适合本国国情及生活需要之方向进行。其入手方法为选择宗旨相同，并著有成绩之中学、小学、幼稚园，与之特约试验。合研究者之学术与实行者之经验为一体，务使用费少而收效宏；并将试验结果随时介绍全国，俾多数学校，可以共向此途进展。”依此方针进行，该社已与燕子矶小学、尧化门小学、鼓楼幼稚园、南京安徽公学、北京艺文中学特约进行试验。该社于特约学校外尚须特设一试验乡村幼稚园及一试验乡村师范，不久可以实现⑧。改进教育最有效力之方法无过以学校化学校。

五、调查必须有工具，方能明白问题之所在；试验亦必须有工具，方能考核方法为有效。此种工具名曰测验⑨。比如医病，教育心理测验仿佛是听肺机、寒暑表、爱克斯光线，较之通常之听闻为可靠。民国十一年至十二年中华教育改进社聘麦柯博士来华，偕同北京师大、东南大学教育科及其他大学教授二十余人编造测验二十余种，可算是第一次之尝试。此种测验当然未能谓为已十分完备、十分可靠。但吾人亦不能因此谓为无用。吾人应精益求精，使之渐达尽善尽美之境地。而教育事业之改进，亦可以由此而获得相当之助力。

六、教育之学术，非可独立存在。彼立于哲学、心理学、生物学、生理学、社会学、经济学等各种学术之基础之上。故谋此种种学术之进步即所以谋教育学术之改进。教育之事业亦非可独立存在者。彼与一国政制、风俗、职业以及天然环境均有息息相关之道。故谋政制、风俗、农、工、商、交通、水利等等之进步亦即所以谋教育之改进。吾人不能专在教育上谋改进，即以为可以完全达到吾人之目的。吾人当改进教育之时，务须注意教育以外尚有许多别种事情须同时改进也。

【注释】

①本文系陶行知为《教育大辞书》所撰写的词条。陶行知是该辞书特约编辑。该书由朱经农主编，商务印书馆1930年7月出版。

②新学　五四以前由西方传入的资产阶级新文化。此处指中国近代效法欧美教育制度而办的各类学校。

③新学制　指1922年颁行的《学校系统改革令》(壬戌学制)。

④简称中体西用。19世纪60年代以后洋务派向西方学习的指导思想。“中学”指以三纲五常为核心的儒家学说，“西学”指近代传入中国的自然科学和商务、教育、外贸、万国公法等社会科学。它主张在维护清王朝封建统治的基础上，采用西方造船炮、修铁路、开矿山、架电线等自然科学技术以及文化教育方面的具体办法来挽救统治危机。

⑤中华职业教育社　由蔡元培、伍延芳、张元济、黄炎培等发起的教育团体，1917年5月成立于上海。主要负责人黄炎培。

⑥中华教育改进社　1921年12月由实际教育调查社、中华新教育共进社、《新教育》杂志社合并成立。下设教育行政等三十多个专门委员会。以调查教育实况，研究教育学术，力谋教育改进为宗旨，重视介绍欧美教育，组织国际教育交流。

⑦中华平民教育促进会　简称“平教总会”。1923年8月由朱其慧、晏阳初、陶行知、朱经农、黄炎培等发起成立，设总会于北京。

⑧由此段文字可知，陶行知写作此文时间当在1926年秋冬间。

⑨测验　指用特定运动项目或专门编制的系列指标以确定研究对象的各种能力为目的而进行的检测和验证。

【导读】

自19世纪末开办新学以来，国人开始渐渐重视教育方针的厘定。最初是要吸收科学又兼顾国粹，所以主张“中学为体，西学为用”。等到民国元年，教育方针改为重在道德，辅以实利教育、军国民教育与美感教育。自此后中国教育方针每隔四五年即修正一次，很不稳定，导致教育方针没有发挥其应有之效用。针对这种现象，陶行知借助此文重点阐述了个人关于教育方针与方法的改进之道。

在陶行知看来，教育改进包括教育方针和教育方法的改进，其中教育方法受方针之指挥约束，必须与方针联为一气。于是他回顾自办新学以来中国对教育方针的多次改易，认为中国方在过渡时期，又当各种思潮同时交流而至，方针不易固定，改革是必需的。究竟如何改革才能进步，这才是根本问题。接下来他主要论述教育方针与教育方法的改进之道：(一)办教育者必须承认所办教育尚未尽善尽美，确有改进的可能。(二)改进教育者必须明白自己的问题，又必须明白他人解决同类问题的方法，因而调查、参观是改进教育之入手办法。(三)教育界共同的问题应同心协力共谋解决与改进，故而能促进精神一致、经验沟通的教育会议必不可少。(四)调查参观仅为取别人之所知以益己之所不知，会议仅为会合各人之所知以成公众之所共知，却不能发现新理；只有在一线上从事的教育实验才是改进教育之原动力及发现新理之源泉。(五)调查还必须有工具，才能明白问题之所在；试验也必须有工具，方能考核方法为实效。这种工具就是测验。(六)教育之学术，非可独立存在。它必须建立在诸般学科的各种学术的基础上，所以在改进教育时，务须注意教育以外尚有许多别的事情需同时改进。只有各方面通力合作，才能真正达到改进教育的目的。

陶行知在本文中提出的教育改进包括方针和方法的改进之道，对于今天教育界一些不经过实验便盲目进行的"改革"，教育学术脱离其他学术而"独立"研究并得出"结论"，对待现时教育问题不根据时代潮流、不从源头上发现新理以求根本解决等等做法，都具有重要的批判意义。

中华民族之出路与中国教育之出路[①]

【原文】

"中国教育出路"这个问题，给了我一个多月的不安。我起初以为化费两三天功夫便可以交卷，哪知道拿起笔来，竟一个字也不能写。好一比是进了兴安岭的森林找不着路线。我二十年来的研究经验，好像都不能给我一点光明。想不通，如何写得出？可是，这块鱼骨头我是已经下了决心要从喉咙口吐出来的。我要就一个字不写；如果写的话，必是我思想里产生出来的和谐的系统。这个和谐的系统，我要建造在活的事实上。因此我一方面镇压自己的成见，一方面排除别人的断语。我所要追求的是充分的事实，等到事实汇齐之后，我便让它们引导我去下断语。如果我有错误，只是因为事实有错误。这个我随时愿意领教，并重新考虑订正。事实是我惟一的指针，我只愿听它的启示。在最近的两个星期来，我是想通了。我手边的事实是如此的告诉我。我现在愿意把我所探出的几条路线，献给我所敬爱的为中华民族与世界人类谋出路之朋友们。还请大家指教。

五年前的春天，我在南京。有一天下午，出南门办事，回到城门口，已是五时光景，挤不进去，待要转身，又退不出。我是挤在人山人海之中，寸步不离。仔细观察，知道是下乡的城里人要从这里进城，进城的乡下人也要从这里出城，两不相让，实在也无从让起，就在这里挤住了。从城门洞的这边钻进城门口的那边，费了一小时，挤的我满头大汗！

这不是一幅中国教育出路的缩影吗？是的，有点像。他之要求大口出路与多口出路，简直是和南门走路的人的心理一样。但是也有一点儿不同，南京南门之拥挤只是几小时的痛苦，等到乡下人出了城，城里人进了城，各人回家与妻子儿女吃晚饭，便好像没有这回事了。如果您想一想，那从南门进出的人们不是几千人，而是继长增高、源源不绝的来到这个惟一的小洞里要求通过，您便可以得到中国教育出路的一个比较正确的影子。您别想他们当天晚上能够舒舒服服的在家里和家人团圆。

也许有几位飞腿，可以赶上前回家去过舒服生活，或是跑到城楼上去呼吸新鲜空气，看底下蚂蚁式的人群自相蹂躏，但这必定是极少数。大多数的人，必是拥挤在那儿求活不能，求死不得。他们是陷在人的流沙中而不能自拔。

所以一提到出路，必是指大众的出路，而不是指少数人的出路。印度久已亡国，而土王们依然是安富尊荣。朝鲜青年殉国的不下四五万，而李王[2]眷属在日本还是樱花会、菊花宴，乐而忘愁。少数人的出路不必我们费神。我们所要找的是民族与人类整个的出路。

现代的中华民族是从农业文明走向工业文明。我们先拿一个农家的生活来做我们讨论的出发点吧。

在我们家乡的自耕农，六口之家，耕种三十亩地，一年可收谷六十五石（中国每亩产谷多至六石，少则一石，普通则在二石半左右）。一夫一妻和四个孩子，大的不过十二岁，一年自用谷二十四石，余下四十一石以时价每石五元，可卖二百零五元。他要用三十元付下田本，四十元付钱粮，六十元付短工工食，三十五元买油盐杂货，四十元买柴火。这个人家田租不必缴纳，但是已经无钱换新衣，茅房不能修理，害病不能看医生了。如果这个人家要想有衣服穿，他必得少生一个孩子，把那三石谷的钱省下来去买布做衣服。否则冬天一到，难免受冻。

五口之家耕三十亩田还没有教育费。如果要孩子们个个受教育，还要少生一个孩子，拿他省下三石谷的钱送两个孩子上学。这样也能培养他们到高级小学毕业为止。中学没有他们的份。大学更谈不上。

照这个情形看来，三十亩地的自耕农要从六口变为五口才有衣服御寒，要从五口变为四口——一夫一妻两个孩子——才能享受初等教育。换句话说，每人五亩地才够吃饭，每人六亩地才免不冻，每人七亩半地才能上学求智识。

假使这个人家本来是六口，耕种三十亩地，只够吃不够穿，凭空又糊里糊涂生下一个孩子，那么不但不够穿，连吃也不够了。不够吃，如果无法送出去，或是借钱买米，只好无饭大家饿。弄到后来，必有因饿而病，因病而死的。

没有死人之前，这个人家兄弟姐妹争吃是天天必有的现象，有时父母也不得不参战。而且大家脸上都难免黄皮骨瘦，像饿牢里走出来的一般。这个人家虽想找食物来维持七个人的生命，但是食物老子一定要他减少到六个人或五个人的地位。

照上面说来，这享有三十亩地的自耕农的命运是跟着他的孩子跑。如果他只生两个孩子，他是小康，孩子们也能受初等教育；如果生了三个孩子，大家一起都变文盲，不知道科学是什么，连小学也不能进；如果生了四个孩子，大家只好穿旧衣，冬天难免受冻，下雨屋漏正好洗雨浴，害病不能看医生；如果再生一个，一起五个孩子，大家一起进饿牢。到了进了饿牢，他还说是听天由命。什么听天由命？他只是受他的生殖器官的指挥罢了。如果是天命，天命只在自己的手里！

我们现在再进一步去看这个自耕农之将来，看他如何变成半自耕农，看他如何变成佃农，变成佣工，看他如何自然而然的完全破产。

那四口之家的两个孩子渐渐长大，米也要渐渐的多吃些，但是做事的能力也渐渐的加大，等到差不多成人的时候，短工所能做的事，他们可以代替了。假使是一男一女，那么女的出嫁，男的讨媳妇，还不致扰乱人口的平衡。生两个孩子，死两个老人也可以抵得过。孙儿女长大，依旧可以受教育。假使第一代所生是两个男子，情形就大不相同了。两个媳妇进门，便从四口之家一跃而为六口之家。倘使公公婆婆能见孙子面，便再跃而为八口、十口之家。倘使祖孙不及见面，那么六口或八口是一忽儿就到的。三十亩地，兄弟两家对分，每家十五亩，是无论如何也不够过活了。于是必须租地主之地才能图存。这样，一个自耕农家便变成了两个半自耕农家。

半自耕农的负担比自耕农自然是重一些，他的一部分田地要缴地租。在中国，这田租是很重的。如果他是个山东人，他要缴地价百分之十八；如果他是广东人或安徽人，他要缴地价百分之十二三；如果他是江苏人，他要缴地价百分之八。中国的田租合赋税与地租而言，除去赋税，地租是半自耕农加上的担子。自耕农四口之家可以给小孩子上学，半自耕农则四口之家的小孩们没有上学的希望。自耕农五六口之家可以糊口，半自耕农则五六口之家必定有冻饿之患。既冻又饿，便不得不挖却心头肉，去医眼前疮。祖遗的十五亩，始则以九折三分高利抵押，终于无力赎出，不得不变卖与人。这半自耕农不久便再变而为佃农了。

佃农更苦，讨得起妻子，生不起儿子。儿子生不起，还是依旧一个个的生。借债抚养，还不起便失去耕种工具，随时可以变成长工、短工、散工，统称为佣工。这佣工的儿子便是光棍一个，连老婆也讨不起了。

想那四口之家，终身信着是多福、多寿、多男子，哪知道一男一女倒能维持小康的家道；两个儿子反要弄得家破人亡，甚而至于绝种。可是四口之家以一家说，生两个男孩固有这个弊病，以全国说，则因为也有生两个女孩而不生男孩的家庭。如果这边嫁个女儿出去，招个女婿进来，那边讨个媳妇进来，赘个儿子出去，通盘计算，可以互相抵消，正好维持人口粮食之平衡与小康生活的幸福。

但是，现在中国农家人口平均不是四人而是五人以上。中国华洋义赈会于十一年在直、鲁、苏、浙调查七〇九七户所得结果为每户平均五．二四人。金陵大学农业经济系于十三、十四两年在皖、豫、苏、晋调查四二一六户所得结果为每户平均五．二六人。陈长蘅君对于宣统二年户口统计所厘订出结果为每户平均五．二人之数。在这情形之下，那由自耕农变为半自耕农，半自耕农变为佃农，佃农变为佣工的趋势是着着进行，一步也不肯退让。今日之佣工即昨日之佃农，昨日之佃农即前日半自耕农，前日之半自耕农即大前日之自耕农。反过来，向将来一看，如果现在的各种情形继续下去，大家仍旧抱着多福多寿多男子的迷信，闭起眼睛来生孩子，那么今日之自耕农便是明日之半自耕农，后日之佃农，外后日之佣工。

这是自然的趋势。不必外来的力量，中国的农村便是这样的崩溃。倘若加以水旱、螟蝗、疾病、刀兵、盗匪、土豪劣绅、帝国资本主义之压迫，那这种崩溃便如江河日下，格外进行得快。可是这些势力有相反之效果，好一比是火把两头烧。它们会毁灭农民的资本而促农地分裂之进行，但是也会扫除农村过多的人口而维持后来者粮食之均衡。这种天行的淘汰是太残暴了。它所淘汰的，多是刻苦耕种不能移动的农民；它所选择的，多是高利盘剥、操纵市价，善于避祸的土豪劣绅。大乱之后，这些土豪劣绅乃能舒舒服服的回到乡下，收罗无主之地据为己有而坐享其成。农民！农民！您仔细想想，还能闭起眼睛，做多生主义的信徒吗？这是单从人口土地的关系上讨论，实际的情形不是这样的简单。农民不是直截了当把三十亩地分给他的儿子们。中国农人是拜了两种矛盾的神：一是送子观音；一是土地菩萨。

他一方面生许多儿子，一方面又要保存他的田地。虽然送子观音一来，土地菩萨的领土便要破碎，可是农人要替二神调解。农人是在这矛盾里面挣扎着。不到万不得已，他必不肯分家将他的三十亩地分出去。他是怎样对付他的剩余的孩子呢？

他最愿意的是给剩余的儿子在家做副业。比如一部分儿子种田，一部分儿子摇丝，是他老人家理想的经济制度。如果这个做不到，他愿意他们在近边学点手艺，如木匠、瓦匠、竹匠、皮匠、裁缝或是市镇商店里学做生意。如果这个做不到，他愿意他们到上海、汉口、天津工厂里去做工人或到东北去开垦。若是广东、福建的农人，他便打算托亲戚朋友带到南洋或去做买卖。同时，他将信将疑的试一试改良稻种、麦种，如果真的每亩出产多一二斗，那么他很欢喜，因为他觉得他不必把过剩的儿子送到外面去了。如果这些都证明他是奢望，万不得已，他肯叫他们到都市里去拉黄包车，或是流着眼泪让他们去当兵，或是让他们暂且出家，等候还俗。这些路都走不通了，他才肯得罪土地菩萨，把祖遗的三十亩地分掉。

我们现在要审查这位老农心里所打算的那些出路，看有几条走得通，看看哪个地方让他放一放他自己三十亩地上所不能容的孩子。

……我们所说的那位老农，用心虽然很苦，到了后来，毕竟是无法保持他的三十亩地，只好拿来分给儿子们。结果是土地菩萨所管的地愈分愈小，而送子观音所送来的儿子，或是个个弄得脸黄骨瘦，或是贩烟窝赌，男盗女娼，弄得家破人亡，这哪里是他的初料所及的啊？

这位老农如果是一个人，或是少数人，那么也用不着我们操心太过。可是他是一个具有代表性的中国人。他的命运是中国人的命运；他的错误是中国人的错误；他有出路，也就是中国人有出路。如果他弄得家破人亡，那么他的集合体的中国人，也就要弄得种弱国灭了。这位老农的出路在哪儿？中国人的出路又在哪儿？这等于说，如果大家人人都是像这位老农的模样，中国人还有什么出路？

好，这位老农有三十亩地，他的命运便受制于这些地面和他所生的儿女之数目。

如果要请这位老农来代表中国，我们先要问，中国有多少已耕之地？刘大钧君根据民国十七年农商部统计报告，找出中国已耕地为一．八二六亩。如用每人十亩、七亩半、六亩、五亩、四亩三分来除，可得在各种状态上之人口约数。现列图表如下：

三十亩老农家境变化表

家中人数	每人亩数	状态
3人	10.0亩	可受中等教育
4人	7.5亩	可受初等教育
5人	6.0亩	无力受教育
6人	5.0亩	衣不暖
7人	4.3亩	食不饱

中国耕地人口状态表

已耕面积　每人亩数　总人口		生活状态
1826兆亩÷	10.0亩＝183兆	此数以下可以创造文化，称为创造线
	7.5亩＝243兆	此数以下可以普及初等教育，以上便有文盲，称为教育线
	6.0亩＝308兆	此线以上无力换新衣，称为无衣线
	5.0亩＝365兆	此线以上食亦有缺，称为无食线
	4.3亩＝425兆	此线一到必有乱事，七人中死一人，称为大乱线

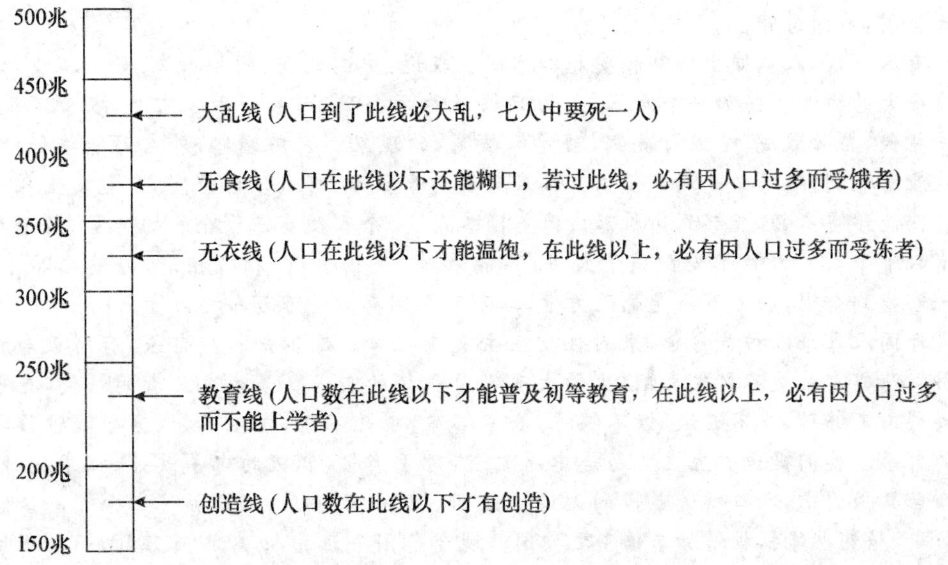

看了这张表，我们对于中华民族最根本之出路，是看得明白了。中华民族最根本之出路是什么？

少生小孩子

中华民族之最根本出路，即中国教育之最根本之出路。故中国现代教育者之最大责任是：

教人少生小孩子

教中华民族从大乱线退到二百四十兆的教育线上来，使得个个饱食暖衣又能受最基本的教育；更好是退到一百八十兆的创造线上来，使有天才的分子不致为穷忙所埋没，得有余暇研究高深学问，以发现更有效之生产技术，而创造更富裕的社会。

……

我们如何能退到教育线及创造线？

一夫一妻，在提高生产技术未著成效之前，只能生两个孩子。死了一个还可以再生一个，死了一个而不能再生，也有一个孩子传代，于是渐渐地可以退到二百四十兆或一百八十兆。教育在这人口总退却之进行中，有如下之任务：

(一)大声疾呼，唤起全民族，发一人口总退却之紧急命令，教男子满二十五，女子满二十岁始行结婚。结婚后服务五年，可生第一子。俟第一子入小学，可生第二子。以二子为限。子为男子女子之通称。一胎生二子或三子者，以一胎为限。

(二)中央研究院在开创时期内第一重要工作是，设避妊研究所。要发明一个铜子的避妊法，使全民族都够得上实行。

(三)避妊之普遍的宣传，应成为民众教育最大之职责。医院及注册的医生，对于国民避妊之询问，应免费指导。

(四)宣传结婚前配偶之科学的选择，以为改良人种之准备。

(五)女子常以多生为苦，必赞成这种合理之主张，那最大之阻碍，便是男子之兽性。故一方面由教育劝导，一方面用法律限制，生孩多于二人，宜处男子以危害民国之罪。

(六)宣传科学上男女有同等之遗传力，故有女即有后。

(七)大声疾呼，唤起全民族组织一永久人口升降委员会，随时调查耕种土地面积之消长，生产技术之进退，生活程度之高下，容纳人口出路之多少，以改定人口升降之比例，公布全国，共同遵守。

有人怀疑，人口减少国势怕要越加懦弱。我说：中国之弱，弱於人多；如果减少，便要发生很大的力量。譬如一个人家，财力只够教养两个孩子，如令生了四个，衣食不足，又不知礼仪，自必酿成“吃饭打破锅，睡觉撕破窝”的现象。兄弟阋墙，外人乃能施行挑拨，以收渔翁之利，结果必是两败俱伤。如果只有两个孩子，那么教养得宜，自能发生相当力量。倘使学得本领，能够驾御机器。像美国工人，一个人便有三十个人的力量，两个人不是有六十个人的力量了吗？孩子太多，不能教育，互相争夺，相抵相消，力量几等于零。以一家推到全国，四万万人是毫无力量，二万万人倒有六十万万人之力量咧！

外国人每每以种族自杀，来封住少生主义者之口。殊不知种族自杀，有消极与积极两种。消极自杀是不愿生育，但生的太多乃是积极的自杀。多生主义者的信徒，把中国人弄得田不够种，工不够做，饭不够吃，衣不够穿，求死不得，求生不能，这叫做种族之积极的自杀。我们提出少生主义乃是中庸之道，对于消极、积极的自杀政策，都是反对的。现今世界强国中，人口增进最慢的无过于法国。近一百年来，只增加了三分之一。它在大战中，居然也能抵抗增加二倍半之德国。现今各国失业的人，辄以百万计，而法国便无这种烦恼。

教人把人口从大乱线退到教育线和创造线上来，是教人不要多生，不是教人多杀。少生主义之信徒即是贵生主义之信徒。我们反对屠杀。我们反对死刑。暴虐者不得藉口人多而惨加屠杀。我们必得在这里说明我们的本意，使大家对于我们的主张没有丝毫的误解。

假使我们顺利的把人口退到教育线与创造线，如果我们不变更人生观，还是无济于事。我们在教育线上若无求知欲，便依然不会运用科学结果以增进人生的幸福。我们在创造线上若无发明欲，便依然不会探入未知之境界，以开发科学之泉源。智识不是从玄想中跳出来的，必得在大自然里去追求。财富不是从天上落下里的，也必得在大自然里去探获。我们从前因为过庶，所以贫穷；因为贫穷，所以愚蠢；因为愚蠢；所以过庶。结果便是愈庶愈穷，愈穷愈愚，愈愚愈庶。少生小孩子，可以打破过庶之害。接着来的问题，便是用智识去造财富，用财富去求智识，使人民愈富愈智，愈智愈富……所以中华民族的第二条出路是：

创造富的社会

中国教育的第二条出路是：

教人创造富的社会，不创造富的个人

资本主义国家的教育，只是做了创造富翁的工具，以致贫富阶级因教育而愈隔愈远。我们只要创造富的社会。社会既富，则在社会里的个人自然而然的富了。在创造富的社会之过程中，教育之任务如下：

（一）教人创造富的社会，便是教人创造合理的工业文明，便是引导人民在合理的工业上出头。

（二）教人创造合理的工业文明，便是教人创造合理的机器文明，合理的机器文明，便是要人做机器的主人，不做机器的奴隶。

（三）科学是工业文明的母亲，我们要创造合理的工业文明，必须注重有驾御自然的力量的科学。

甲、任何教师必须擅长一门自然科学，没有自然科学训练的，不配做现代的教师。

乙、科学要从小教起。

丙、不做无学，不学无术。科学实验要在做上学，在做上教。读科学书籍，听科学讲演，而不亲手去做实验，便是洋八股而非真科学。

（四）农业对于富力之增加，有两种方式：一是使全国无荒废之地；二是把科学应用到农业上来，使地尽其利。最后，等到工业吸收了一大部分之农人，即可使农业变成工业化的农业。

（五）教后起青年运用双手与大脑去做新文明的创造者，不教他们袖起手来去做旧文明的安享者。

（六）教人同时打破"贫而乐"、"不劳而获"、"劳而不获"的人生观。这三种人生观，都是造富的心理上的最大障碍。

（七）教人重订人生价值标准。农业社会与向工业文明前进之农业社会是不同的。纯粹的农业社会的一切是静止的。向工业文明前进的农业社会的一切是变动的。我们要有动的道德，动的思想，动的法律，动的教育，动的人生观。有人说智识要新，道德要旧。这简直是应该扫除的一种迷信。旧道德只能配合旧智识。新智识必得要求新道德。

……

创造富的社会，头脑里要装着科学，手里要掌握着马力，这样，大自然会变成我们的宝藏。我们如果能把空中的淡气[3]造成肥料，石田变成土壤，人人就吃不了，用不了。到那时，这造富的工作才算有点成绩哩。

最后，这创造的力量与人口之自然增加率的关系也得讨论。生得多，死得多，创造力自然要减少，生命、金钱都在这上面耗费了。生要吃着，死要棺材。弄得人财两空。与其生而即死，何如不生？许士廉君算出来，中国人和印度人生一个孩子，比欧洲北部的人要费八倍半的精神和财力。精神和财力都和死的孩子一起埋在泥里去了，还有多少余力来教养活的孩子，还有多少余力来创造文化呢？所以，要想有创造富的社会的精神，也得少生几个小孩子。

教人少生小孩子，是少数人干得起来的吗？少数人可以发起，但是要他发生力量必得全民族起来互助。全民族家家都实行节育，那么可以把人口退到教育线与创造线上来。教人创造富的社会也要靠这种互助，但是，如果工人们只是机器之奴隶，而不是机器的主人，那么劳资纠纷，永无宁期，还能造出富的社会吗？故必须有大平等的地位，才有互助之可言。这两件事的效力，一部分要靠政治的力量。政治立在民众的基础上，才能发生伟大的力量。大家觉得政治是自己的事，必是拼命的拥护，这力量必是不可思议的伟大。否则，寡人政治以治者资格压制被治之民众，民众非积极的对抗，则消极的不合作，必不能发挥出力量来。所以要想把少生小孩子与创造富的社会两件事做出来，必须整个民族在政治经济上有平等互助的精神。所以教人建设平等互助的世界，是我们的第三条出路。不但我们民族的出路是平等互助，即世界人类的出路，也在平等的互助。特别是这人口问题，必须由世界各国同心合力的来解决，才能有彻底的办法。现在各国的趋势是拼命的生孩子，生到不能容了，再打一次大战，死他一千万、伤他二千万。

……

世界上人口早已满了，再要增加便是降低文化，剥夺别人生存的机会。全世界的人民都要彻底觉悟，大家在一块儿商量一个少生小孩子的办法。

……

少生主义，是民族自救主义。如果各民族都认定少生主义为自救救人的原则，国际间许多难解的事便迎刃而解了。譬如，现在世界上最坏的一件事，便是人口土地分配得太不均匀。少数国家因为要想多子多孙，所以把整个的大陆都封锁起来。如果大家承认这样多生，便是自造末日，少生乃是自救相救之道，那么，就用不着封锁了。

……各国互助即自助，竞生即竞死。少生主义是世界各国惟一的出路。我们必须运用全世界的力量，来规定某个时代之生产率，使各民族一律遵守，有超过这法定生产率[④]的，以扰乱世界和平处分。

全世界的农人应一致实行少生主义，因为孩子生得多，足以叫你们破产。如果大家都生得太多，必定要因争吃而打仗，那么你们的孩子们便成了炮子的活靶子。

全世界的工人们也应该一致实行少生主义，因人多起竞争，资本家便乘机降低工资，并可以叫各民族的工人不和。你们看，美国工人反对日工，日本工人反对华工，俄国工人去年反对德工，暗中都是因为这人口太多在那儿作怪。

全世界的青年也应该一致实行少生主义，因为你们一部分之烦恼，是从经济压迫而来，经济压迫是因为人浮于事，嘴多于面包。

民族主义的信徒也应该一致实行少生主义，因为人口过多则人民不能受科学教育，迫于生计，无暇创造。少一些，便能运用机器，发生几十倍大的力量。

社会改革家也应该一致实行少生主义，因为多生是战争的祸根，少生实为创造理想世界之不二法门。

全世界对于少生主义该互助使其实现，已毫无疑义。现在还有一件要紧的事要说，这就是经济制度改造上的互助。现在全世界的经济状态简直是无政府的直窜横冲。

……

这种无政府的生产是不该久于存在了。无政府的小孩子的过剩生产与物品之过剩生产，必须归纳在一个和谐的系统里面。这和谐的系统，是要建立在全世界的平等的互助上。

我在上面所叙述的中国教育的三条出路是：

一、教人少生小孩子；

二、教人创造富的社会；

三、教人建立平等互助的世界。

这便是我所说的大口出路，多口出路。我们的责任不是像南京南门的过客，老在城门口呆挤。我们要用科学教育的斧头，把城门开得大些，多开几个洞。如果必需，或是把城墙连根拆掉。这三条出路是一套连环的出路。少生几个小孩子，便可以多做一些创造工作，多做一些创造工作，便可以多得一点平等的地位与人互助，而这种平等的互助，又可以叫你放心大胆去少生几个孩子。但是，即使世人尚未觉悟，没有看出互助自助的道理，中华民族也得毅然采取少生主义，创造富的社会，并将这平等互助的原则身体力行出来，决不可因别人不觉悟而失望。我们向前走去，他们自然会跟来的。

（吾友竺菌[⑤]将他半生躬耕经验寄我作重要参考，我是很感激的。）

【注释】

①本文最初发表在1931年7月《中华教育界》第19卷第3期上，署名何日平。

②指朝鲜李氏王朝末代君主。1910年，李王与日本签订了《日韩合作条约》，朝鲜实际上被日鲸吞，而其眷属却在日本过着醉生梦死的生活。

③淡气　即氮气。

④产率　用来表示产出与投入比率的术语(总产出除以劳动投入是劳动生产率)。

⑤竺茵　即方与严。方与严又名方竺茵,陶行知当时正遭国民党政府通缉,不便直说友人之名,故用谐音或假名替代。

【导读】

由于我国国民在数千年来“多子多福”的传统思想影响下,加之进入近代社会以来一直未曾有过行之有效的控制人口的政策,到上世纪二三十年代,我国人口过度膨胀,成倍增长。其时,帝国主义侵略带来无尽的内忧外患,从而导致国家经济深陷绝境、人民生活极度困难的局面。所以,一些有识之士在寻求中华民族的生路之时,也开始对中国人口问题敲响了警钟。陶行知即是提倡计划生育最早人物之一。他从控制人口同教育发展的关系、计划生育同中国教育的出路乃至整个中国的出路的角度,详细阐述了他的计划生育思想,以及控制人口与普及教育提高民族整体素质的关系,这种思想及其有关论析对当今仍有十分重要的参考价值。

其实陶行知最早涉及人口问题的文章,有《一夫多妻之恶果》和《杀机之天然淘汰》等,它们构成了他的早期人口教育思想萌芽。而《中华民族之出路与中国教育之出路》,则是他从人口学和计划生育的角度寻找中国教育出路及民族出路的总检讨。1931年春,逃亡日本归国后的陶行知,接受《中华教育界》就“中国教育出路”一题的约稿。经过整整一个多月的搜集材料和缜密思考,他旁征博引,精心撰写出这一力作。正如他自己所言,此文是“建造在活的事实上”的“和谐的统一”,“一方面镇压自己的成见,一方面排除别人的断语”。平实而论,这篇文章确实既含有对自己固有教育理论的总结反省,也不乏对他人已有论断的重新估价,从中可见,其时他的思想渐转深沉。对一位乐观主义者来说,认识的磨难和事业的挫折并非都是坏事。转入反思反省,常常会使人变得更加聪颖敏悟,理解更加深刻。由于当时还没有取消对他的通缉,所以文章发表时用的是“何日平”笔名。

陶行知首先以一个典型的中国农村自耕农家庭为例,分析了中国社会的现状,认为如果要解决中华民族的出路,必须依靠教育来提高民族整体素质。他把中华民族的前途同中国教育的出路视为一个并行不悖、相互依存的统一体,双方各自的三条出路休戚相关、不可分割。中华民族最根本的出路是“少生孩子”,这一出路也就是中国教育最根本的出路,所以,中国现代教育者的最大责任是“教人少生小孩子”;中华民族的第二条出路是“创造富的社会”,所以中国教育的第二条出路是“教人创造富的社会,不创造富的个人”;中华民族的第三条出路是在政治、经济上的平等互助精神,所以中国教育的第三条出路是“教人建设平等互助的世界”。陶行知提出的综合治理人口问题及其七条控制人口的措施也是科学的,符合现行的人口政策以及地方性计划生育法规,充分显示陶行知的历史远见和对国情的准确把握。他所提出的措施以及化解问题的方法,即使在今日仍具有强烈的时代责任感和历史生命力。

教学做合一下之教科书[①]

【原文】

教学做合一是生活教育之方法之理论。这理论同时叙述生活教育之现象与过程。

所以要要讨论这个理论对于教科书之要求,先须说明什么是生活教育,什么做教学做合一。

什么是生活教育　生活教育是以生活为中心之教育。它不是要求教育与生活联络。一提到联络,便含有彼此相外的意思。倘使我们主张教育与生活联络,便不啻承认教育与生活是两个个体,好像一个是张三,一个是李四,平日不相识,现在要互递名片结为朋友。联络的本意原想使教育与生活发生更密切的关系,不知道一把它们看作两个个体,便使它们格外疏远了。生活与教育是一个东西,不是两个东西。在生活教育的观点看来,它们是一个现象的两个名称,好比一个人的小名与学名。先生用学名喊他,妈妈用小名喊他,毕竟他是他,不是她。生活即教育,是生活便是教育;不是生活便不是教育。分开来说,过什么生活便是受什么教育:过康健的生活便是受康健的教育;过科学的生活便是受科学的教育;过劳动的生活便是受劳动的教育;过艺术的生活便是受艺术的教育;过社会革命的生活便是受社会革命的教育。从此类推,我们可以说:好生活是好教育;坏生活是坏教育;高尚的生活是高尚的教育;下流的生活是下流的教育;合理的生活是合理的教育;不合理的生活是不合理的教育;有目的的生活是有目的的教育;无目的的生活是无目的的教育。反过来说,平日过的是少爷小姐的生活,便念尽了汗牛充栋的劳动书,也不算是劳动教育;平日过的奴隶牛马的生活,便把《民权初步》念得透熟,熟得倒过来背,也算不了民权教育。没有生活做中心的教育是死教育,没有生活做中心的学校是死学校,没有生活做中心的书本是死书本。在死教育、死学校、死书本里鬼混的人是死人——先生是先死,学生是学死!先死与学死所造成的国是死国,所造成的世界是死世界。

什么教学做合一　教学做合一是生活现象之说明,即是教育现象之说明。在生活里,对事说是做,对己之长进说是学,对人之影响说是教。教学做只是一种生活之三方面,而不是三个各不相谋的过程。同时,教学做合一是生活法,也就是教育法。它的涵义是:教的方法根据学的方法;学的方法根据做的方法。事怎么做便怎样学,怎样学便怎样教。教与学都以做为中心。在做上教的是先生,在做上学的是学生。在这个定义下,先生与学生失去了通常的严格的区别,在做上相教相学倒成了人生普遍的现象。做既成了教学之中心,便有特殊说明之必要。我们怕人用"做"当招牌而安于盲行盲动,所以下了一个定义:"做"是在劳力上劳心。因此,"做"含有下列三种特征:(一)行动;(二)思想;(三)新价值之产生。

一面行,一面想,必然产生新价值。鲁滨孙[②]在失望之岛上缺少一个放水的小缸。一天烧饭,他看见一块泥土被火烧得像石头样的硬。我想,一块碎土既有如此变化,那么用这土造成一个东西,或者也能如此变化。他要试试看。他动手用土造成三个小缸的样子,架起火来把它们烧得通红,渐渐的冷下去,便成了三只坚固而不漏水的小缸。这里有行动,有思想,有新价值之产生——泥土变成水缸。这是做。这是教学做合一之做。

做是发明,是创造,是实验,是建设,是生产,是破坏,是奋斗,是探寻出路。

是活人必定做。活一天,做一天;活到老,做到老。如果我们承认小孩子也是活人,便须让他们做。小孩子的做是小发明,小创造,小实验,小建设,小生产,小破坏,小奋斗,探寻小出路。小孩子的做是小做,不是假做。"假做"不是生活教育所能允许的。

我也不是主张狭义的"做",抹煞一切文艺。迎春姊妹和宝玉在荇叶渚上了船,跟着贾母的船撑向花溆去玩。宝玉说:"这些破荷叶可恨!怎么还不叫人来拔去?……"黛玉说:"我最不喜欢李义山的诗,只喜欢他这一句:'留得残荷听雨声。'偏你们又不留着残荷了。"宝玉说:"果然好句!以后咱们别叫拔去了!"[③]这里也有行动,有思想,有新价值之产生——破荷叶变成天然的乐器！领悟得这一点，才不至于误会教学做合一之根本意义。既是这样，那么我们可以说：不做无学；不做无教；不能引导人做之教育，是假教育；不能引导人做之学校，是假学校；不能引导人做之书本，是假书本。在假教育、假学校、假书本里自骗骗人的人，是假人——先生是假先生，学生是假学生。假先生和假学生所造成的国是假国，所造成的世界是假世界。

生活教育与教学做合一对于书之根本态度　生活教育指示我们说：过什么生活用什么书。教学做合一指示我们说：做什么事用什么书。这两句话只是一句话的两样说法。我们对于书的根本态度是：书是一种工具，一种生活的工具，一种"做"的工具。工具是给人用的；书也是给人用的。我们对一本书的见面问，是：您有什么用处(当然是广义的用处)？为读书而读书，为讲书而讲书，为听书而听书，为看书而看书，再不应该夺取我们宝贵的光阴，用书必有目的。遇到一本书，我们必须问：您能帮助我把这件事做得好些吗？您能帮助我过一过更丰富的生活吗？我们用书，有时要读，有时要讲，有时要听，有时要看；但是读、讲、听、看都有一贯的目的，这目的便是它们对于"用"的贡献。在《诗的学校》里有一首诗描写我们对于书的总态度：[④]

用书如用刀，不快便须磨。
呆磨不切菜，何以见婆婆？

中国教科书之总批评　我们试把光绪年间出版的教科书和现在出版的教科书比较一下，可以看出一件惊人的事实，这事实便是三十年来，中国的教科书在枝节上虽有好些进步，但是在根本上是一点儿变化也没有。三十年前中国的教科书是以文字做中心，到现在中国的教科书还是以文字做中心。进步的地方：从前是一个一个字的认，现在是一句一句的认；从前是用文言文，现在是小学用白话文，中学参用白话文与文言文；从前所写的文字是依着忠君、尊孔、尚公、尚武、尚实的宗旨，现在所写的文字是依着三民主义的宗旨。但是教科书的根本意义毫未改变。现在和从前一样，教科书是认字的书，读文的书罢了。从农业文明渡到工业文明最重要的知识技能，无过于自然科学。没有真正可以驾驭自然势力的科学，则农业文明必然破产，工业文明建不起来，那是多么危险的事啊！但是把通行的小学常识与初中自然教科书拿来审查一番，您立刻发现它们只是科学的识字书，只是科学的论文书。这些书使您觉得读到胡子白也不能叫您得着丝毫驾驭自然的力量。这些教科书不教您在利用自然上认识自然。它们不教您试验，不教您创造。它们只能把您造成一个自然科学的书呆子。国民党以党义治国，党义，从国民党的观点看来，又是何等重大的一门功课呀！固然，党军既到南京之后，没有一家书店不赶着编辑党义教科书。党政府看了这些教科书也以为教育从此可以党化，小孩子个个都可以成为"三民主义"的信徒了。但是把这些书仔细看一看，不由您又要惊讶了，您立刻发现它们只是党义识字书，只是党义论文书。它们教您识民权的字，不教您拿民权；教您读民主的书，不教您干民主的事。在这些书里您又可以看出编辑人引您开倒车开到义和团时代以前。他们不教小朋友在家里、校里、村里、市里去干一点小建设、小生产以立建国之基础，却教小孩子去治国平天下，这不是像从前蒙童馆里的冬烘先生拿《大学》、《中庸》把小朋友当小鸭子硬填吗？照这样干法，我可以断定，小孩子决不会成为三民主义有力量的信徒，至多，他们可以成为三民主义的书呆子。

中国的教科书虽然以文字做中心，但是所用的文字不是第一流的文字。山德孙[⑤]先生在昂多学校里就不用教科书。他批评英国的教科书为最坏的书。中国初中以下的教科书不比英国的好。我读了中国出版的教科书之后，我的感想和山德孙先生差不多。我不能恭维中国初中以下的教科书是小孩子值得读的书。在我的《中国自然科学教科书之解剖》⑥一篇论文中，我将毫不避讳地罗列各家教科书之病菌，放在显微镜下，请大家自己去看。我现在只想举一个普通的例子来做个证明。诸位读了下面三节教科书作何感想？

甲家书馆：大狗叫，小狗跳。叫一叫，跳两跳。

乙家书馆：小小猫，快快跑。小小猫，快快跑。

丙家书馆：小小猫，小小猫。快快跑，快快跑。

若不是因为每个学生必得有一本教科书，每本教科书必得有书馆编好由教育部审定，谁愿意买这种有字有音而没有意义的东西呀？请诸位再看刘姥姥赴贾母宴会在席上低着头引得大家哄亮大笑的几句话：

老刘，老刘，
食量大如牛，
吃个老母猪，
不抬头。⑦

这样现成的好文学在以文字为中心的教科书中竟找不着一个地位，而"大狗叫，小狗跳"的无意义的文字，居然几百万部的推销出去。所以中国教科书虽以文字为中心，却没有把最好的文字收进去。这是编书人之过，不是文字中心之过。

中国的教科书，不但用不好的文字做中心，并且用零碎的文字做中心，每课教几个字，传授一点零碎的知识。学生读了一课，便以为完了，再也没有进一步追求之引导。我们读《水浒》、《红楼梦》、《鲁滨孙飘流记》一类小说的时候，读了第一节便想读第二节，甚至于从早晨读到夜晚，从夜晚读到天亮，要把它一口气读完了才觉得痛快。中国的教科书是以零碎文字做中心，没有这种力量。有人说，中国文人是蛀书虫。可是教科书连培养蛀书虫的力量也没有。蛀书虫为什么蛀书？因为书中有好吃的东西，使它吃了又要吃。吃教科书如同吃蜡，吃了一回，再不想吃第二回，连蛀书虫也养不成！可是，这也是编书人不会运用文字之过，不是文字中心之过。

文字中心之过在以文字当教育，以为文字之外别无教育。以文字做中心之教科书，实便于先生讲解，学生静听。于是讲书、听书、读书便等于正式教育而占领了几乎全部之时间。它使人坐而言，不使人起而行。教育好比是菜蔬，文字好比是纤维，生活好比是各种维他命(Vitamin)。以文字为中心而忽略生活的教科书，好比是有纤维而无维他命之菜蔬，吃了不能滋养体力。中国的教科书，是没有维他命的书。它是上海上等白米，吃了叫人害脚气病，寸步难行。它是中国小孩子的手铐，害得他们双手无能。它是死的、假的、静止的。它没有生命的力量。它是创造、建设、生产的最大的障碍物。它叫中国站在那儿望着农业文明破产而跳不到工业文明的对岸去。请看中国火车行了几十年而第一个火车头今年才造起来，就是中国科学八股无能之铁证！而这位制造中国第一个火车头之工程师，十分之九没有吃过上海白米式的科学教科书。或者也吃过。后来又吃了些糠秕，才把脚气病医好，造了这部特别难产的火车头。以文字做中心的教科书，在二十世纪里产生不出力量。最多，如果用好的文字好好的编，也不过能够产生一些小小书呆子，小小蛀书虫。

假使再来一个秦始皇，把一切的教科书烧掉，世界上会失去什么？

大书呆子没有书教，小书呆子没有书读，书呆头儿出个条子："本校找不到教科书，暂时停课。"

于是，有的出去飘洋游历，也许会成达尔文；有的在火车上去卖报，做化学实验，也许会成爱迪生；有的带着小朋友们上山游玩，也许会成柯斯忒；有的回去放牛、砍柴、捞鱼、种田、缫丝，多赚几口饭儿吃。少几个吃饭不做事的书呆子，多几个生产者、建设者、创造者、发明者，大概是这位秦始皇第二的贡献吧。

生活教育与教学做合一之总要求　我们要活的书，不要死的书；要真的书，不要假的书；要动的书，不要死的书；要用的书，不用读的书。总起来说，我们要以生活为中心的教学做指导，不要以文字为中心的教科书。我要声明在先，我并不拘泥于文字之改变。倘使真的拿生活为中心使文字退到工具的地位，从死的、假的、静的、读的，一变而为活的、真的、动的、用的，那么就称它为教科书，我也不反对；倘使名字改为生活用书或教学做指导，还是以文字为中心，便利先生讲解，学生静听，而不引人去做，我也不能赞成。但是，如果能够做到名实相符，那就格外的好了。

生活用书或教学做指导，是怎样编法呢？最先须将一个现代社会的生活或该有力量，一样一样的列举，归类组成一个整个的生活系统，即组成一个用书系统。

……

专家依性质、学力把他们一一编起来，并编一些建在具体经验上面融合贯通的理论，便造成整个的用书的系统，帮助着实现那丰富的现代生活。我们还要随着学术进步，继续修改扩充，使用书继长增高的进步，帮助着生活继长增高的向前向上进。

照这样看来，教学做合一的理论不是不要书；它要用的书的数目之大，比现在的教科书要多得多。它只是不要纯粹以文字做中心的教科书，因为这些书是木头刀，切不下菜来。过什么生活用什么书。做什么事用什么书。不用书，即用书而用得不够，用得不当，都非教学做合一的理论所允许的。

教学做指导编得对不对，好不好，可以下列三种标准判断它。

(一)看它有没有引导人动作的力量，看它有没有引导人干了一个动作又要干一个动作的力量。中国人的手中了旧文化的毒是已经瘫了，看它能否给他打一针，使一双废手变成一双开天辟地的手。我们要看它能否把双料少爷的长指甲剪掉，能否把双料小姐的手镯戒指脱掉，能否把活活泼泼的小孩们的传统的几十斤重的手铐卸掉，使八万万只无能的手都变成万能的手。

(二)看它有没有引导人思想的力量，看它有没有引导人想了又想的力量。中国文人的头脑做了几千年的字纸篓；中国农人女人的头脑做了几千年的真空管。我们现在要请大家的头脑出来做双手的司令官，我们要头脑出来监工。我们不但是要做，并且要做得好。如何可以做得好，做得比昨天好，这是头脑的天职。我们遇了一本书，便要问它是否给人的头脑全权，指导一切要做的事。

(三)看它有没有引导人产生新价值的力量，看它有没有引导人产生新益求新的新价值的力量。我在《乡村教师》上曾经写过十几首诗，描写一位乡村教师的生活，内中有一首是：

人生两个宝，双手与大脑。
宁做鲁滨孙，单刀辟荒岛。

中国教育之通病是教用脑的人不用手，不教用手的人用脑，所以一无所能。中国教育革命的对策是使手脑联盟，结果是手与脑的力量都可以大到不可思议。手脑联盟，则污秽的垃圾可以用来点灯烧饭，室人的氮气可以用做养人的肥田粉，煤黑油里可以取出几千种的颜料，一粒种子可以长成几百粒谷，无饭大家饿的穷国可以变成有饭大家吃的富社会。只要头脑子命令双手拿起锄头、锯子、玻璃管、电动机去生产、建设、试验、创造，自然是别是天地了。

生活用书的体裁内容也不可一律，大致说起来，我有下列的建议：

(一)做的目标。(二)做的材料。(三)做的方法。(四)做的工具。(五)做的理论。(六)从做这事引导人想到做那事。(七)如做的事与时令有关便要有做的时令。(八)如做的事与经济有关便要有做的预算。(九)如做的事须有途径之指示便要有做的图。(十)如何的事须多人合作便要有做的人的组织。(十一)如做的事须多方参考便要有做的参考书籍。(十二)如做的事与别的事有多方的关系便要有做的种种关系上的说明。(十三)在做上学的人可引导他记载做的过程，做的结果，做上发生的问题与心得。(十四)在做上教的人可引导他指示进行考核成绩。

这十四条不是像从前五段教授样要人家刻印板的遵守的。如果你能把它们一齐打破，天衣无缝的写成一本可用的书也未为不可，或者竟是更为可贵。《鲁滨孙飘流记》是一部小说，也是一部探险与开创的教学做指导。歌德[8]失恋写《少年维特之烦恼》，创造一个维特去替死，那么歌德的恋爱史与《少年维特之烦恼》当作一部恋爱指导用也很合宜。同样《水浒》是一部打抱不平之指导。自然科学教学做指导，能写到法布尔[9]的几部顶好著作那样好，减少一些闲话，增加一点小孩子自己做的机会也就很好了。最要紧的是著书人独出心裁，若求一律，反而呆板了。

初进学校的学生，要他自用教学做指导，当然是不可能。但是他虽然认不得字，话语听得懂，先生不能教他吗？年长的同学不能助他吗？初年级的学生，多数的生活力不能从文字上去取得。若受文字的限制，生活便枯燥无味。故初年级的教学做指导，除说话(即国语)一门外，都可编为先生用书，先生在做上教时所用的书。那么，这个困难便没有了。即就说话一门说，也不必太拘于生字之多少，只要是小孩子爱说的话，便多几个字也不要紧。若是头一课只限于四五个字，编不成好听的话，那么，比十几个字还难认。认字与写字也不必同时兼顾。若认的字一定要写，那么，又只好限于几个字，而流于枯燥了。

我想要使这个用书的计划实现，必须有下列六种条件：

(一)各门专家中须有几位去接近小孩子，或竟毅然去当几年中小学教员，一面实验，一面编辑几部教学做指导。

(二)现在接近小孩子的中小学教师，须有许多位。各人开始研究一门科学，待研究有得，可以编辑几部教学做指导。

(三)现在教科书的编辑者有志编辑生活用书，如缺少某种准备、专科学术或儿童经验，亦宜设法补足，然后动手编辑。

(四)现在商务印书馆、中华书局、世界书局每年大部分收入是从小朋友那里来的，应该多下点本钱，搜罗各国儿童、成人用书(不是教科书)和工具，聘请上列三种人才，为小朋友多编几部可用的好书。

(五)教育行政当局，从中央以下直到校长，该给教员们以试验或选择书本之自由。现在行政方面之趋势是太一律，太呆板，若不改弦更张，实无创造之可能。

(六)全民族对于中国现代的无能的教育，该有觉悟；对于教学做合一之理论，该使之普遍实现。若再因循苟且，则可以救国之教育，将变成亡国之催命符。到了那时，虽悔也来不及了。如果大家从此下一个决心，在头脑指挥之下，把双手从长袖里伸出来，左手拿着科学，右手开着机器生产、建设、创造，必定能开辟出一个新天地来。荣枯、安危、存亡之故，只在念头之一转和双手之一动，用不着到远处去求啊！

【注释】

①本文原载于1931年8月《中华教育界》第19卷第4期，署名“何日平”。

②鲁滨逊　笛福小说《鲁滨逊漂流记》中的人物，他是英国人，原名亚历山大·塞尔柯克。

③曹雪芹所著《红楼梦》里面贾宝玉和林黛玉对话。

④见小朋友书店出版之《师范生》第2期。

⑤山德孙　通译桑德森。

⑥该文不久在《师范生》发表。

⑦曹雪芹所著《红楼梦》中刘姥姥进大观园时台词。

⑧哥德(Johann Wolfgang Von Goethe,1749—1832)，德国诗人、剧作家、思想家。

⑨法布尔(J. H. Fabre,1823—1915)，法国昆虫学家。

【导读】

本文是陶行知在逃亡日本归国后发表的重要论文，文章较为完整地阐述了生活教育理论及生活教育教科书问题。文章在总结晓庄时期生活教育实践经验的基础上，对什么是生活教育，什么是教学做合一，教学做合一之下的教科书都作了详尽的阐述，是他生活教育思想发展过程中的一个重要标志。陶行知的生活教育理论过多地强调做的作用而忽视了系统知识的学习，所以有教科书是必要的，但是用什么样的教科书才符合生活教育的精神，才能和教学做合一的教学方法相一致，是一个值得思考的问题。

在文章中，陶行知首先对生活教育和教学做合一的主要内容作了一个纲领性的表述。他指出，生活教育是以生活为中心的教育，没有生活做中心的教育是“死教育”，没有生活做中心的学校是“死学校”，没有生活做中心的书本是“死书本”。在死教育、死学校、死书本里鬼混的人是“死人”——先生是先死，学生是学死！先死和学死所造成的国是“死国”，所造成的世界是“死世界”。他又说，教学做合一是生活现象的说明，也就是教育现象的说明，教学做是生活法，也就是教育法。他要求教的方法要根据学的方法，学的方法要根据做的方法，事怎样做，便怎样学，怎样学便怎样教。教学做合一的重心在“做”。“做”的定义是在劳力上劳心，行动、思想、新价值的产生是它的三大特征。不能引导人做的教育，是“假教育”；不能引导人做的学校，是“假学校”；不能引导人做的书本，是“假书本”。而假教育、假学校、假书本对人的影响贻害无穷。他对教科书有个总的看法：“过什么生活用什么书，做什么事用什么书。”“我们对于书的根本态度是：书是一种工具，一种生活工具，一种‘做’的工具。工具是给人用的，书也是给人用的。”正因如此，教科书的编写没有现成的体例，也没有一成不变的体例。“生活指导书”的编法可以千变万化，但不管怎么编，一本成功的“生活指导书”应包括：做的目标、做的材料、做的方法、做的工具、做的理论等十四个方面的内容。总体来说，教科书的体例要根据具体内容和使用情况灵活选择，切忌千篇一律。他还详细说明了生活教育的教科书的编写方法、编写标准、体裁内容和编写必须具备的条件等问题。

教学做合一下的教科书是针对传统的旧教科书而提出来的。在教科书中体现出来“教学做合一”的思想合乎学校教育教学的特殊规律。现在我们倡导以学生为中心，以社会生活为主题，便赋予了教材新的内涵、外延和发展空间，所以在教材的使用上，教师和学生都要改变自己的角色定位，由传统的“教师教，学生学”转变到“教师主导，学生主体”上来。借鉴陶行知的教材观，不断倡导教师对教材处理的灵活化、层次化和趣味化，创造性地使用教材。这样教材在教学中所扮演的角色也会越来越客观，越能产生实效，方便学生掌握，进而提高学生的学习能力和创新意识，避免“穿新鞋，走老路”状况的发生。也只有这样教师才能体会“教”的快乐，学生才能体会“学”的快乐。

儿童科学教育①

【原文】

在二十世纪科学昌明的时代，应当有一个科学的中国。然而科学的中国，谁来负起造就的责任？就是一班小学教师。造成科学的中国，责任大得很啦。小学教师们一定要说："我们负不起这种重大的责任。"别怕。我想，造成科学的中国，也只有小学教师可以负责。因为要建设科学的中国，第一步是要使得中国人个个都知道科学，要使个个人对于科学上发生兴趣。年龄稍大的成人们，对于科学引不起他们科学的兴趣来。只有在小孩子身上，施以一种科学教育，培养他的科学的兴趣，发展他们科学上的天才。只要在孩子们中培养出像爱迪生那样的几个科学杰出人才，便不难使中国立刻科学化，所以我说要造成科学的中国，责任是在小学教师。但是谈到科学教育，在施行上大家都觉得有些难色，因为科学是一种很高深很精微的学问，小学教师的本身，对于科学尚未登堂入室，而要负起科学教育的责任，谈何容易。殊不知科学并不是很难的东西，高深的科学，固然很难研究，但是浅显的科学，我们日常玩着的，人人都会做。我们用科学的教育训练小孩子，譬如叫小孩子爬树。你教人爬树，如果从小教起，到了长大，便会爬到树顶。如果教成年人学爬树，势必爬到皮破血流，非特爬不到顶，并且于他的手足伤害甚多。所以我们必先造就了科学的小孩子，方才有科学的中国。

造成科学的小孩子，向来教师是不注意的。检查过去的事实，父亲母亲倒或有一些帮助。如今我要讲两个故事，一是讲述一个造就科学小孩子的父亲，一是讲述一个造就科学小孩子的母亲。我们不是大家都知道一位大科学家富兰克林（Franklin）吗？富氏是证明天空的电，和我们人工摩擦出来的电是一样的东西。天空的电，可以打死人，富氏于是制成避雷针。他是在科学上一位很有贡献的学者。他的父亲是做肥皂和洋烛的，他自己能教小孩子。富氏入校读书不久，便去学手艺。他的父亲任凭他东去看看，西去做做，随意的、自由的去工作，去参观，他愿意做什么，便让他做什么，所以使他对于工厂中的化学和工作很有兴趣。富氏自传中谈起他四十岁然后从事于科学，然而富氏对于科学的兴趣，在很小时候，东看西玩的已经培养成了，这是他父亲的功绩。所以小学教师也须得率领儿童，常时到工厂、农场和其他相当的地方去玩玩。

去世不久的爱迪生氏，举世都承认他是一位大科学家。他关于电气上的发明，数目真可惊人。他有一个很好的母亲。他不过进了三个月的学校。在校时，校中的教师，都当他是一个十分顽劣的小孩。所以入校三个月，便把他开除了。爱迪生从此以后也再没有进过学校。他的母亲知道自己的小孩子并非坏东西，反怪校中教师只会教历史、地理，不能适合自己孩子的需要。因为那个时候的爱迪生，十分爱玩科学的把戏，在学校的时候，也只爱玩这一套而不留心学业，所以遭受教师的厌恶。西洋人的家里，都有一个贮藏杂物的地窖，爱迪生即在他家中的地窖里玩他科学的把戏。他在地窖中藏着许多玻璃瓶，瓶里都是藏着化学品，而且有的药品是毒性猛烈的。爱迪生的母亲，起初亦不愿孩子玩那些毒药，要想加以制止，但是不可能，于是也任他去玩了。玩化学上的把戏，须要用钱买药品，爱氏在替他母亲出外买东西时，必定要揩一些油，藏几个钱来，去买药品。后来他做了报贩，在火车上卖报，他卖报赚下来的钱，大部分是去买化学药品的。他并且在火车上堆货包的车棚里，贮藏他的玩意儿，报纸卖完，便躲在车棚里玩他的把戏。有一回，车棚坏了，把他化学的瓶子打破，于是烈火熊熊，把破坏的车棚烧了起来。车上的警士跑来一看，知道是爱迪生出的岔子，于是猛力地向爱氏一个耳刮，把爱氏的耳朵打聋了。后来据他自己说，耳朵聋了以后，反而使他专心科学。

我希望中国的父亲，都学做富兰克林的父亲，中国的母亲，都学做爱迪生的母亲，任凭自己的小孩子去玩把戏，或许在其中可以走出一个爱迪生来。我更希望中国的男教师学做富兰克林的父亲，女教师学做爱迪生的母亲。所以说出这两个故事，作为我提倡科学教育的楔子。

再说我们提倡科学教育该怎样的来干呢？我们的教育向来有许多错误，小时读书便成了小书呆子，做教师时便成了大书呆子。因此我们中国没有什么科学，没有什么爱迪生的产生。不但是中等教育完全是洋八股，就是小学也成了小书呆子的制造场。我们提倡科学，就是要提倡玩把戏，提倡玩科学的把戏，科学的小孩子是从玩科学的把戏中产生出来的。我们要小孩子玩科学的把戏，先要自己将把戏玩给他看。任小孩子自由的去玩，不能加以禁止。不能说玩把戏的孩子是坏蛋。

明朝时代，江苏宜兴有一位叫周处的，他有些无赖的行为。当时宜兴的父老，称说地方有三害，一是南山猛虎，一是长桥蛟龙，一就是指周处。周处听到了这话，他便杀了猛虎，刺死蛟龙，自己亦改过自新，替地方上除掉三害。我们从事教育的人，也要学做周处，须得自己悔悟，改过自新，再不要教成书呆的小孩子，而要造就科学的小孩子。然则取怎样的态度呢？我可以略为申述我的意见：

(1)每个教师都变成小孩子，加入小孩子队里玩把戏。所谓把戏，并不是上海“大世界”游艺场所玩的把戏，像教师这样的尊严，说加入孩子队中玩把戏，似乎不妥当。然而科学把戏，和别的把戏不同，把戏上面加着科学二字，冠冕得多。教师应当和小孩子一起玩，而且应当引导小孩子一同玩。大世界的把戏是秘密的，科学的把戏是公开的。知道的就告诉学生，能做的就做给学生看，总须热忱的去干。

(2)我们对于科学的把戏，既是愿意和小孩一起玩了，但是没有玩的本领那怎么办呢？不要紧，有法儿可想，我们可以找教师，请他教去。我以前曾经写了一首白话诗，诗的第一句说：“宇宙为学校。”此话怎讲？就是想把我们的学校除墙去壁，拆掉藩篱，把学校和社会、和自然联合一起。这样一来，学校的范围广而且大。第二句：“自然是吾师”，大自然便是我们的先生。第三、第四句说：“众生皆同学，书呆不在兹。”这样一来，我们研究切磋的同学很多，学问也因此很广，先生亦复不少。怎样把我们书呆的壳子脱掉？在我个人，中了书呆子的毒很深，要返老还童的再去学习，固然困难，然而我极力还想剥去书呆的一层壳。如今我报告我的几桩经过的事情。有一回，我买了一只表送我的母亲，这表忽然坏了，便送到修钟表匠那里去修理。修表的人说：“要一元六角修费。”我说：“可以，不过我有一个条件，在拆开的时候，我要带领我的小孩子来看你拆。”他于是答应了。修钟表匠约定在明天下午一时。到了那个时候，我带领了四五个人同去，看他修理，看他装。完结的时候，我向修钟表匠说，你们的工具和药水是到什么地方去买的？他以为我们也去开什么修理钟表店，未免抢了他的生意经，所以秘而不宣，随随便便回答我们说是外国来的。我想物件当然是外国来，但是中国店家，当然也有卖处。上海的钟表店，最大的有“亨达利”。我且到亨达利去问声，究竟有否出卖。谁知亨达利的楼上，多是卖修钟表器械和药水的场所。我便买了几样回来。当晚就到小押当里面去买到了一只表，化钱七角。拿回动手开拆，拆时不费多久，一下便拆开了，但是装可装不上去。直到晚上十二点钟，方才成功。于是大家欢天喜地，不亦乐乎。第二、第三天，大家学着做修表拆表的工作，学不多时，好而且快。有一位董先生，他是擅长绘画的，于是叫他拆一部画一部，经此一番工作，而装钟拆钟，全部告成。我们在这一桩事实中，可以说，社会各处都可求获一种技能。钟表店是我们的教室，钟表匠是我们的教师，一元六角便是我们所纳的学费；而我们同去学的儿子、父亲、朋友，都成了同学。回家学习，学习会的，便算对于这一课已经及格。在同道中间，只有我尚不及格，因为我小时手没有训练，书吃得太多，书呆程度太深了。如果我小时候的先生，他用这种方法教我，我不致如此啊！但是我们自己只要肯干，我们的先生很多，不要自己顾虑的。

我如今再举一个例子。南京的晓庄学校，自从停顿以后，校具都没有了。如今晓庄又开学了，几个小学校都已恢复，幼稚园的儿童，已有八十多人。我写封信对主办的人说："你们此刻的工作对象，譬如一张白纸，白纸可以随意作画。我希望你们不要乱画。第一笔切须谨慎。"从前孔夫子的讲学，讲堂里没有凳子及桌子；苏格拉底[②]率领弟子在树下讲学，把树根当作椅子。我说这两位先生，有些书呆气，既然没有椅子坐，为什么不自己制作起来呢？如今晓庄学校没有凳子，我们可以请一个木匠来做太先生，教教师和小孩子做凳，而且给以相当的工钱。做一工，或做一张椅子，便给他多少钱。这种工作十二三岁的小孩很会做。所以自己不会教，可以请太先生。有一天我在上海，走过静安寺路，看见一个女人，手提一花络，上面插着许多棕树叶做的好玩东西。这种东西，在小孩子眼光中看来，着实比洋囡囡好看，于是我便把她请到家里，做我们的教师，教了两小时，结果给我都学会了。做几个虾儿，几只蚱蜢，真是孩子们的好玩意儿。这样看起来，七十二行，行行都可做我们的教师。

自己愿意学了，先生有了，但是学校没有钱便怎样办呢？原来大家误会得很，以为施行科学的教育，一定要大大的花一笔钱，不知有些科学不十分花钱，有些教学简直一钱都不要花。我们在无钱的时候，可以做些无钱的科学，玩些不花钱的科学把戏。譬如教小孩子看天文，教小孩子看星宿。天文是一种科学，这种科学，你如果说要花钱，便千百万块钱也可花，因为造一个天文台，置些天文镜及其他仪器，那么百万千万块钱，用去也不嫌其多。说要不花钱的话，我们也可以研究天文，推求时刻和节气。我们两只眼睛，便是一对天文镜；用两根棒，便可做窥视星宿的器具。从前小孩子问他的老师说："先生，这是什么星？"老师只摇着头说道："不知。"如今教师懂得一些科学，知道一些天文，将天空的星宿指点给小孩子，看，小孩子一定兴趣浓郁。所以教科学，有钱便做有钱的布置，无钱便做无钱的事业。还有我们可以利用现成的东西，玩我们科学的把戏，譬如一只杯子、一个面盆、一根玻璃管、一张白纸，可以玩二十套科学把戏。其他校中所有的仪器，可以充分利用，火柴废纸都可做玩科学把戏的工具。我们没有玻璃管，便可用芦柴管通个孔来替代。内地如果买不到软木塞，可以用湿棉花来做瓶塞，破布烂纸，都可利用。从不化钱的地方干去，这是很有兴趣的。如果推而广之，学校之外，也可给你去干，那是兴趣更浓了。所以我们没有钱，便拣着没有钱的先干。

我如今再可以举一个例子。上海有一个外国人，他专门研究上海所有的鸟，共历五年之久，如今他著成一本书，就署称《上海的鸟》。此书价格要四块美金。另有一外国人，研究中国南部的鸟，也著了一部书，买起来要化十二三元中国钱。居住在上海的中国人，以为上海人烟稠密，哪里有什么鸟。这是他们不留心研究的缘故。据这位外国人的研究，认为上海有四十九种鸟。我们别说上海了，就是内地的乡村，以为除了雀儿、燕子、老鹰、喜鹊四五种鸟之外，没有其他的鸟。这种见地狭窄得很。如果以宇宙为学校，则我们不必在教室中求知识，四处都可以找知识，四处都有相当的材料。要研究鸟类，真不必到什么博物院、动物园中去观察，随时随地都可研究。这位外国先生，他研究鸟的方法，就是在住宅旁边多种些树，树一长大，许多鸟儿便自己送来给他观察。到了冬天，他在树上筑几个窠，留鸟儿们来住宿，庭园里撒些谷类，留过往的鸟类吃点心。夏天置几个水盆，供给鸟儿洗澡。这些研究法，不必化钱，而所得者，都是很真切的知识。

惟在研究科学教育时，有一点要注意，要预防。小学中的教师，捉到一只蝶儿、蚱蜢，便用针一根，活活的钉在一块板上，把它处死，说是做标本。这我以为不对，因为我们观察生物，是要观察活的生物，要观察生物的自然活动。如今将活的生物剥制成死的标本，致将生物学变成死物学，生物陈列所变成僵尸陈列所。我近来曾写信和研究生物学的朋友讨论及此。我以为生物不应当把它处死做标本，只可待他死了以后，再用防腐剂保护它，看作朋友死亡了，保存遗躯留个纪念。把活的东西弄死，太嫌残忍，增长儿童残酷的心理，这是不行的。这种意见，我常与研究生物的朋友讨论，他们都说对，他们和我讨论的时候态度很诚恳，想不至于奚落我罢！上海科学社中养有白鼠，工人要拿几只回去，我不许，恐怕他拿了回去要弄死。我们教职工小孩子能仁慈，知道爱惜生物，这点是很紧要。达尔文研究生物学，他也不轻易杀害生物。中国老年人，多爱惜生物，放生戒杀，虽近迷信，也是仁者胸怀。中国的蛙，向来由政府禁止捕捉的，但是在英国，别说普通人的捕捉，便是生物实验室中想要解剖一只蛙，也要向政府去纳护照。这是很正当的。所以我们要教小孩子养生，不当教小孩子杀生。生物学是一种有兴味的科学，研究起来，也要有许多材料，但是少杀生是要注意的。

我还可以申述我得到的感触。我们知道蛙是从蝌蚪变成的，蝌蚪是粒状，像灵隐[3]的念佛珠般大小。有一天，一个孩子从河边，淘到一群蝌蚪，移殖到天井中的一个小小池潭里，过了几天，蝌蚪生尾了，再过几天，蝌蚪生足了，小孩子观察得很快活。再过几天，蝌蚪挤得一片墨黑。但是不久，一个都没有了，这并不是成了蛙跳走了的，原来都死光了。这是因为蝌蚪长大了，还是蹲在小潭里，生活条件不适合，所以非死不可。如果我们抱着宇宙即学校的观念，那么野外的池塘，便是我们蛙的实验所，我们要看蝌蚪的变化，我们就时常到那个池塘里去看，为什么要把蝌蚪捉到家中来呢？我们任凭生物在大自然安居乐业，过它们的生活，要观察便率领小孩到自然界去观察。我们须把我们学校的范围扩展，海阔天空便是一个整个的学校。这样一来，所观察的也就比较真确可靠，生物学也不致成为死物学。不然，要讲蛙时，便捞取许多蝌蚪，养育在学校中所备的缸或瓶里，结果死得精光。我希望这样的科学教育不能提倡，否则科学教育提倡得愈利害，杀死的生物愈多，恐怕蝌蚪死尽，中国的蛙便绝迹了。

所以提倡科学教育，有一点很要注意。欧洲大战，人家都说是科学教育的结果，科学教育之提倡，徒使人类互相残杀。中国无科学，真是中国的长处。这是不信任科学，怀疑科学那一部分人的话。还有一部分人迷信科学，自己终日埋头的研究科学，然而忘了人类，所以拼命在科学上创造些杀人的利器。这实在错误之极。我们须知科学是一种工具，犹如一柄锋利的刀，刀可杀人，也可切菜；我们不能因为刀可杀人废弃不用，也不能专用刀去杀人，须要用刀来作切菜之用，做其有益人类的工作。科学是要谋大众幸福，解除大众苦痛。我们教小孩子科学，不要叫小孩子做少数富人的奴隶，要做大众的天使，不是徒供少数人的利用和享受，当使社会普遍的民众多受其实惠。应当用科学来养生，不当用科学来杀生。这是提倡科学教育最紧要的一点。[4]

【注释】

①本篇系陶行知于1932年5月13日在杭州师范学校的演讲记录，由杭州师范学院学生记录整理后，载于杭州师范学校编《师范教育学术讲座演讲集》第一辑（1932年6月20日版）。

②苏格拉底（Sokrates前470—前399）著名的古希腊哲学家，他和他的学生柏拉图及柏拉图的学生亚里士多德被并称为“希腊三贤”。他被后人广泛认为是西方哲学的奠基者。

③灵隐即杭州的灵隐寺。

④此场演讲后，陶行知当即让自己的次子陶晓光等人分四桌给听讲的杭州师范学校师生演讲科学实验。

【导读】

20世纪20年代初，中国的教育偏重于人文学科而轻视自然科学教育，并且在科学教育中，教学方法很不得当，不重视实验操作。以此为契机，中国教育界掀起了开展科学教育的热潮。陶行知也随即进行了科学教育调查。在调查中他发现，由于教师自身科学素质不足，整个社会对科学教育又不重视，致使中小学的科学教育甚为薄弱。陶行知认为科学教育是关系到国家强弱、盛衰的大事，儿童科学教育的意义更为重要。他指出：“现在是一个科学的世界。在科学的世界里应该有一个科学的中国，科学的中国要谁去创造呢？要小孩子去创造！等到中国的孩子都成了科学的孩子，那时候，我们的中国便自然而然地变为科学的中国了。”所以他积极倡导儿童科学教育，开展“科学下嫁”运动。这名为《儿童科学教育》的演讲，实为陶行知推行“科学下嫁”运动期间在杭州师范学校为该校师生所讲。

文中开头便提出“要造成科学的中国，责任是在小学教师”。陶行知认为要培养学生具有科学的意识，科学的精神，教师必须要做到两点。第一，每个教师都“变成”小孩子，加入小孩子队里玩把戏。玩科学的把戏最容易培养学生的科学意识，所以加入到孩子们的行列中和他们一起玩科学把戏是教师们有意识培养学生科学精神的第一步。第二，愿意和学生一起玩的基础上，教师还要有玩的本领。能正确地向学生阐明游戏中蕴涵的科学道理，能透过现象向学生阐明事物的本质和联系，阐明其中蕴涵的科学事理和精神。为了阐明道理，他分别用大科学家爱迪生、富兰克林的成长故事为例，说明儿童父母对科学的儿童的培养有着不可或缺的作用。在文中他也提出儿童科学教育的内容应贴近儿童生活实际，从儿童身边就近取材。科学的儿童要具备良好的科学品质：要培养儿童对自然和生物的热爱，进行科学实验时不要残害生灵；还要培养儿童对科学的辩证认识，也就是既不怀疑科学，也不迷信科学。科学成果要造福人民大众，要为全人类所共享。

陶行知科学教育思想是其独创的生活教育理论体系的重要组成部分。它与当今的素质教育目标和科教兴国战略息息相关并有指导意义。儿童科学教育需要学校、家庭、社会的共同努力，教育的内容需要生活化，方法即是“在做中学”。儿童科学教育不仅仅为了让儿童获得科学知识经验，更重要的是科学精神的早期熏陶、科学方法和能力的早期养成，以及科学道德的启蒙。

目前中国教育的两条路线

——教劳心者劳力，教劳力者劳心①

【原文】

中国有四千余年的历史，二千余年的文化，照理讲来应该站在时代的最前线。为什么现在不但不能和欧美各国并驾齐驱，而且还处处跟人不上？这个原因固很复杂，但是过去教育政策的失败，可以算是主因。

从前的教育是传统政策，单教劳心者，不教劳力者。《孟子》[2]上有说："劳心者治人，劳力者治于人。"从这里就可以看得很透彻了。

一般的智识阶级，他们是劳心而不劳力，读书而不做工，所以形成了"书呆子"。教书的人是"教死书"，"死教书"，"教书死"；读书的人是"读死书"，"死读书"，"读书死"。充其量只是做一个活书橱，贩卖智识而已。除此之外，他们的一双手总是不肯拿来使用。我们常常可以看见一般老先生们的手，老是叉在袖内，现在的新学辈却因洋衣袖太狭叉不进去，所以换个方式叉在裤袋里。这可以十足地表现出来中国的智识阶级是不肯用他们的贵手来与农工合作的。现在有一段故事把它引来说说，更可以明白些：二千年前孔老夫子有一次跑到乡间，有个农家儿子要请教老夫子学农圃的事。老夫子答应得他好，你要学农圃的事，可以跟老农去学好了；我是教人读书的，不晓得农圃的事。由此可见一斑了。

农工阶级呢？他们是劳力而不劳心，做工而不读书，所以形成了"田呆子"。他们只知道"做死工"，"死做工"，"做工死"。除此之外，什么事情都可以不管，就使天翻地覆了，他们也只以为半天下雨，不知来由。他们受尽了剥削，还不知道什么道理，只是听天由命，叹几声命运的舛蹇而已。从前山东在张宗昌[3]为督军时，连年饥馑，而张宗昌又极搜刮之能事，人民困厄，莫可言宣。但是当时的人民，反不知道这个原因究在哪里，只是晓得叩天求神来消除灾苦。试问哪里可以得到安慰？言之可悲而又可怜！

中国因为有了"书呆子"和"田呆子"，所以形成了一个"呆子"国家。读书的人除劳心以外，不去劳力，除读书以外，不去做工，以致不能生产。他们寄生在社会上，只是衣架饭囊，为社会国家蝥蠹。中国目前的坏，坏在哪里？可以说完全是坏在这一班人身上。作工的人除劳力以外，不去劳心，除做工以外，不去读书，以致不能自保其利益，而受他人的横搜直刮。要他们做国家的主人翁，那更是在做梦。

中国现在危机四伏，存亡一缕。做成这个的原因，就是这山穷水尽的传统教育。我们要挽回国家的危亡，必须打破传统的教育而寻生路。我觉得目前中国的教育只有两条路线可以走得通：(1)教劳心者劳力——教读书的人做工；(2)教劳力者劳心——教做工的人读书。

站在现在的时代前，劳心不劳力的固然不行，劳力不劳心的也是不行。中国比不上外国，原因即在乎此。现在英美法意日俄的教育都注意到教劳心的人劳力，教劳力的人劳心，尤以俄国为显现。中国的教育自然也应该走这两条路线——教读书的人作工，教作工的人读书。

中国读书的人不去生利，是一个极不好的现象。现在的教育者要把他们的头脑灌输成科学化，使他们为自己创造，为社会创造，为国家创造，为民族创造。更要把他们的一双手解放开来，使他们为自己生利，为社会生利，为国家生利，为民族生利，这才是对的。南通中学现在应了这个要求，招了六十个学生，先行试试脑手同训练。他们一星期上课，一星期作工，每日工作六小时，所做的工作为金工、土工、木工、竹工，甚至磨豆腐、包面包都来。实行了半年之后，考查他们的学业，程度和其他学生相等，不过教学差些。这六十个学生，既然能够做工，并且能赶得上他们的学业，这是他们已经把两手解放了。我希望他们学校当局推广之，都实行这种工读的设计，同时更希望全国学校都采用，尤其是对于高等教育更为必要。

中国作工的人，不去求知，这也是一个极大的缺憾。无论哪一个国家的工人比中国的工人程度总要胜过一筹，这是事实，无须我们置辩的。因此我国的工人也就只配作被支配的阶级，做被剥削的民众。若要拿“主人翁”的一等金交椅给他们坐，他们是无所措其手足。所以教作工的人读书，是最重要的，而且是刻不容缓的。

现在已经把用脑的人要用手，用手的人要用脑的理由说过了。希望我们负有教育责任的人，都要注意注意。现在还有一首诗拿来劝劝大家手脑并用：

人生两个宝，双手与大脑。用手不用脑，快要被打倒；

用脑不用手，饭也吃不饱；手脑都会用，才算是开天辟地的大好佬。

【注释】

①本篇系陶行知在暨南大学教育学系的演讲记录，记录者严格。原载于1932年11月28日福建教育厅编印的《教育周刊》第137期。

②《孟子》 儒家经典之一。性善论是孟子学说理论的出发点，其主要主张有“仁政”、“王道”理论。司马迁认为《孟子》为孟轲自撰，但也有观点认为，从书中用语来看，其编定者极可能是孟子的弟子，成书大约在战国中期。

③张宗昌(1881—1932) 奉系军阀，1924年占据山东。

【导读】

自古以来，中国的传统观念就是“劳心者治人，劳力者治于人”，从而造成“劳心者”与“劳力者”的严重割裂：“劳心者”只务虚言，不愿干甚至是干不了实事；而“劳力者”能干实事，却大多是文盲，只会盲目苦干。这种社会的手与脑的严重割裂是由于中国的传统教育只教做人不教做实事所造成，甚至进入民国之后，“万般皆下品，唯有读书高”的观念仍旧根深蒂固。智识阶级“四体不勤，五谷不分”，鄙视劳动；农工阶级大字不识，道理不懂，受尽地主、资本家的盘剥。陶行知认为要改变这种现状非打破“劳力”和“劳心”的成见不可，否则一般劳心的永远劳心，劳力者永远劳力，必然形成分离对立的两种阶级。要想救此弊端，非普及教育不可，使劳动者得到智识，劳心者也去劳力，在这篇名为《目前中国教育的两条路线——教劳心者劳力，教劳力者劳心》的演讲中，陶行知专门论述了如何讲“劳力”和“劳心”两相结合起来，借以使中国教育寻求到真正的发展新路径。

在文中，陶行知认为中国不能与欧美各国并驾齐驱的主要原因，即是传统教育的失策。他以《孟子》中的“劳心者治人，劳力者治于人”为出发点，分析了传统教育失败的缘由。然后，通过对中国教育现状的分析，总结出要挽救国家的危亡，必须打破传统的教育而寻生路。中国的教育要走这两条路线——教读书的人做工，教做工的人读书。最后，他认为手脑并用就是要个人为社会而生，社会为个人而立。他举南通中学解放手脑的教学试验为例，并希望他们的教育方法能够推广到全国各学校，尤其是高等教育。文章末尾，他还以《手脑相长歌》鼓励大家手脑并用。

比照陶行知七十年前所讲述的中国教育的状况，今天的中国仍然可以看到这种教育的阴影。因此，陶行知所说的令人担忧的教育现象仍然值得令人警觉。为免历史重演，今日学校教育的变革，知识的学习需要由理论到实践的过程，教育培养的是手脑并用、身心和谐发展的人。

从教育上课国难的出路

——手脑并用①

【原文】

教育是解决问题的，如教育而不能解决问题，那就不算教育。那么教育究竟是什么呢？简单一句话，教育就是力的表现或变化。世界是力创造的，所以解决困难也必须拿力来才行。用力有以下几个定律：

1. 小的力敌不住大的力——以往传统的教育，因为专在少数人身上施行培养的功夫，所以产生不出力量。

2. 散漫的敌不过有组织的力量——散漫完全是由封建教育造成的。不过谈到组织要小心，切勿走上乡绅之路。所以第一要紧的，是直接认识自食其力的真农人，惟有如此才能使组织生出力量。

真农人、真工人和假农人、假工人的区分，可以从下面的两个人看得出。

陶侃②每天把砖由屋内搬出，然后再搬进去。他虽在工作，却不是真工人，因为他不靠做工吃饭，乃靠做官吃饭。

《儒林外史》上的王冕③是真农人，因为他虽读书，却不靠读书吃饭。

3. 行动强于空谈——谈后继以行动，那就不算空谈。书本上得不到什么力量，惟有从行动上得来的真知识，才是真的力量。

王阳明的话，我可以把他翻半个——180 度的筋斗，意思就是把他的话来个倒栽葱。他说“知是行之始，行是知之成”，我的倒转法就是“行是知之始，知是行之成”。爱迪生是由试验才把电灯发明成功。婴儿明白火烫手，也是从实际经验得来的。所以教育应培养行动，应当培养知识。

4. 被动敌不过自动——中国现在的教育完全是被动的，所以产生一种坏的现象，就是有的说而不动，有的简直不敢动。例如有人到乡间去开学办医院，这是替他们做事，所以不会生出力量。这好比小宝宝由老祖母得到的抚摸一样。所以最要改的，是深入民间与他们同工。例如你同十人同工，走后还有九人能继续下去，不然工作要停顿。所以惟有加人他们的队伍，才能把地狱变成合理的人间。

5. 用头脑不及手脑并用的力量大——读书人只能想出许多解决困难的方法，但却生不出力量。

传统教育的矛盾，可由孔老先生来作总代表。他是地主，所以他说：“君子谋道不谋食。”他骂劳农是小人，然而他却说：“非小人莫养君子。”这是多么的无赖。他又是好吃懒做的人，所以一个农人对子路骂他是“四体不勤，五谷不分”。“割不正”一段话，很可代表他的好吃。“民可使由之，不可使知之。”这是他所主张的教育。中国从这位老先生以来，可说完全造成了一个书呆国家。

总之，人所以比禽兽厉害，就因为他有手，手能打仗，能生产，能建设，也能创造。所以如是大家想应付国难，就当竭力把知识分子变成工人，把工人变成知识分子。小孩更要注意并指导他竭力运用手的活动。

一个母亲把弄坏一只表的小儿痛打一顿，这与小儿无关，倒把一个小的爱迪生打死了。

歌：

第一歌

我是小工人，
我有双手万能。
我要造富的社会，
不造富的个人。

第二歌

我是小盘古，
我不怕吃苦。
我要开辟新天地，
看我手中双斧。

第三歌

人生两个宝，
双手与大脑。
用脑不用手，
快要被打倒。
用手不用脑，
饭也吃不饱。
手脑都会用，
才算是开天辟地的大好佬。

所以四万万人若都能用脑来指挥手，手来变化脑，那么组织起来，必能生惊人的力量了。那时应付日本，一定不难。

【注释】

①本文原载于1932年9月20日《消息》月刊。

②陶侃(259—334)，字士行(或作士衡)，江西鄱阳人，东晋大司马。初为县吏，渐至郡守。永嘉五年(311)，任武昌太守。建兴元年(313)，任荆州刺史。后任荆江二州刺史，都督八州诸军事。他精勤吏职，不喜饮酒、赌博，为人称道。

③《儒林外史》，吴敬梓著，是我国清代一部杰出的现实主义的长篇讽刺小说，主要描写封建社会后期知识分子及官绅的活动和精神面貌。王冕为其中人物之一，以元代画家王冕(1287—1359)为原型。他出身农家，终身隐居不仕，白天放牛，晚习书画，自号“饭牛翁”。

【导读】

近代以来，随着国家危机的日益加深，“兵战”、“商战”的步步败北，一些先进的时代人物对“学战”有了进一步的认识，开始深刻反思封建旧教育，并极力推进新教育。然而直到民国时期，接受新式教育的学子们依然与旧时代一样，只是一些热衷于舞文弄墨、钻营仕途的“高级游民”、“高级废物”。正如陶行知所指出：“新学办了三十年，依然换汤不换药，卖尽力气，不过是把‘老八股’变成‘洋八股’罢了。‘老八股’与民众生活无关。‘洋八股’依然与人民生活无关。”如果不彻底解决洋教育的这种弊病，教育就无法为社会和人生服务，为拯救民族危亡服务。为了使教育培养出“手脑并用”之人以谋国难的“出路”，陶行知借助 1932 年 8 月 30 日在上海沪江大学的演讲，真切而生动地提出了现时中国急切需要的“真教育”：“教育的目的在于解决问题。所以不能解决问题的，不是真教育，不能解决国难问题的，尤其不是真教育。我们一定有了真教育，才能对付国难。”

在文章的开头，陶行知指出“教育就是力的表现或变化。世界是力创造的，所以解决困难也必须拿力来才行”。然后详细论述如何用力来解决困难，即力的几个定律：“小的力敌不过大的力”，“散漫的敌不过有组织的力量”，“行动强于空谈”，“被动敌不过自动”，“用头脑不及手脑并用的力量大”。最后，为了让“手脑并用”的真教育思想深入人心。他通过教唱儿歌的形式，生动地阐明了若能手脑并用，必能产生惊人的力量，国难的出路就找到了。

教育就是为着解决问题的，只有能解决问题教育才是真教育。这就是陶行知对于教育目的简洁而明了的答案。今日提倡提高受教育者的整体素质，以此提高整个社会的整体素质。某种角度上讲，就是为了实现陶行知当年提出的教育意义和目的。因此，他的“手脑解放，手脑并用”的思想对今天实施素质教育来说，仍然具有解蔽祛病的医疗功效。

创造的教育①

【原文】

诸位同学：

我今天的讲题是《创造的教育》。

什么是创造的教育？先说明“创造”两个字的意义。我举两个例子来说吧。鲁滨孙漂流到荒岛上去，口渴了，白天他走到海边用手去捧水喝，到黑夜里就没有办法了。他偶而在灶的旁边，看见经火烧过的泥土，硬得如石子一样。他想到软的土经火烧了，就成坚固且硬的东西，于是他把土做成三个瓶子，放入火中去烧，烧碎了一个，其余的两个可以满满的盛着水。于是他口渴的问题完全解决了。我们把这件事分析起来，可以发现三点：他把手捧水喝，到黑夜发生了困难，是他的行动；发现泥土经过火烧变成坚固且硬的东西，也是他的行动；把泥土塑成了瓶，希望同烧过的土一样的坚固，是他的思想。结果，他瓶子盛水的计划成功了，是新价值的产生。由行动而发生思想，由思想产生新价值，这就是创造的过程。这个例子是“物质的创造”。再如《红楼梦》上刘姥姥游大观园，贾母请客，后来唤了二只船来，贾母同媳妇等人在前船先行，宝玉同姊妹们在后船后行。河内汆满着破残荷叶，宝玉的船划不快，追不上前船。宝玉心里非常忿怒，马上要铲光破荷叶。薛宝钗说：“现在仆人们很忙碌，等他们空了，再叫他们铲除吧！”林黛玉说：“我平生最不喜欢李义山的诗，只有一句还可以。”宝玉问她究竟是哪一句呢？黛玉说，“留得残荷听雨声”一句。宝玉一想，觉得破荷叶很有用处，就不再要铲荷叶了。这个例子中，船行到荷叶中去，是行动；破荷叶妨碍行船，是行动；林黛王提出李义山的诗句，是思想；宝玉心中厌恶的破荷叶，一变而为可爱的天然乐器，是产生了新的价值。这种新观念的成立，是“心理的创造”。

我现在再讲行动，关于教育上的行动。中国现在的教育是关门来干的，只有思想，没有行动的。教员们教死书，死教书，教书死；学生们读死书，死读书、读书死。所以那种教育是死的教育，不是行动的教育。我们知道王阳明先生是提倡“知行合一”说的，他说“知是行之始，行是知之成”。他的意思是先要脑袋里装满了学问，方才可能行动。所以大家都认为学校是求知的地方，社会是行动的地方，好像学校与社会是漠不相关的，以致造成一班只知而不行的书呆子。所以阳明先生的二句话，很可以代表中国数千年的传统教育的思想。现在我要把他的话翻半个筋斗。如果翻一个筋斗，岂非仍是还原吗，所以叫他翻半个筋斗，就是说：“行是知之始，知是行之成。”例如爱迪生发明电灯，不是从前的人告诉他的，是玩把戏而偶然发现的。小孩子不敢碰洋灯泡，是他弄火烫痛的经验；至于妈妈告诉他火是烫人的，不过使小孩子格外清楚一些。所以要有知识，是要从行动中去求来，不行动而求到的知识，是靠不住的。有人告诉你这是白的，那是黑的，你不行动，就不能知识哪个是真，哪个是假。有行动的勇敢，才有真知识的收获。书本子的东西，不过告诉你别人得来的知识。有许多人著书，东抄西袭，这种抄袭成章的知识，不是自己知识的贡献。你能行动，行动才生困难，想法解决了困难，才是真知识的获得。我现在介绍杜威先生思想的反省(Reflection of Thinking)中的五个步骤：(一)感觉困难；(二)审查困难所在；(三)设法去解决；(四)择一去尝试；(五)屡试屡验，得到结论。我的意思，要在“感觉困难”上边添一步：“行动”。因为惟其行动，到行不通的时候，方才觉得困难，困难而求解决，于是有新价值的产生。所以我说行动是老子，思想是儿子，创造是孙子。你要有孙子，非先有老子、儿子不可，这是一贯下来的。但是我们知道，单独的行动，也是不能创造的，如中国农夫耕作的方法，几千年来，间有小小的改良外，其余的都是墨守陈规，毫无创造。还有许多书呆子，书尽管读得多，也不能创造。所以要创造，非你在用脑的时候，同时用手去实验；用手的时候，同时用脑去想不可。手和脑在一块儿干，是创造教育的开始；手脑双全，是创造教育的目的。孟子说：“劳心者治人，劳力者治于人。”这是孟子当时的教育思想。时至今日，这种传统的思想已经起了一个极大的地震，渐渐的在那里崩溃了。我最近读了世界许多有名科学家的传记，觉得有发明的人，都是以头脑指挥他的行动，以行动的经验来充实他的头脑。中国的所谓学者，他们擅长的是高谈阔论，作空文章；而做劳工的人，又不读书，不肯用脑，所以一辈子在这种传统习尚下过生活，大科学家、大发明家哪里会产生？现在我们知道了，劳工教育啦，平民教育啦，都是时见时闻的。但是情势一变，“反动”、“嫌疑”等等名目都加上来，你就陷于四面碰壁的绝境。有许多教育界很有声望的、无阻无碍的人，他们又不愿去干，以致这种教育至今还尚在萌芽时代。

行动的教育，要从小的时候就干起。要解放小孩的自由，让他做有意思的活动，开展他们的天才。至于我们一辈，从小是受传统教育的熏陶，到现在觉悟起来，成为一个半路出家的和尚。和尚是半路出家，他往往会想他的家来。例如不吃鸦片的人，一见鸦片就生厌恶，但吃过鸦片的人，虽然戒了，至少对它有相当的感情。我们小的时候，有天赋的行动本能，不过一切工作都被仆人们代做去了，被慈善的妈妈代做去了。稍长一些，我们到小学校去读书，有阎罗王般的老师坐在上面，不许我们动一动。中学和大学的课程是呆呆的订死在那里，你要动亦不得动。到现在始费尽九牛二虎之力，挣扎着改变久受束缚的人生，还不能回复自然的行动本能。但是我们不要灰心，时机也并不算晚，佛兰克林四十几岁才发明了避电[②]针呢！不过行动的教育，应当从小就要干起，因为小孩子还没有斫丧他行动的本能，小小的孩子，就是将来小小的科学家。假使我们给小孩子自由行动，我相信千百孩子之中，一定有一个小孩是天才，是一个创造者、发明者。爱迪生小时候，是个很喜欢行动的小孩子。当时美国的教育，也同中国一样，小学教员是禁止小孩子活动的。爱迪生违反了教师的训条，就蒙到“坏蛋”的声名，不到三个月，爱迪生被“坏蛋”的空气逼走了。爱迪生的母亲不服气，她以为她的儿子并不是“坏蛋”，“蛋”并没有“坏”，她就教他先在地窖里研究化学，后来研究物理，结果成了一个闻名的科学家。所以爱迪生的成功，幸而有他的妈妈，否则老早就把他的天才牺牲了。牛顿生下来的时候，小到像小老鼠一只，体重只有三磅。看护妇去请医生的时候，很不高兴的说：“这样小老鼠一般大的东西，等到医生来，早已一命归天了。”岂料小老鼠一般的东西，就是以后闻名的科学家，还活到八十多岁呢。据说牛顿小的时候，并不聪明。可见小孩子的时代，很难看得出那一个是天才的儿童。

四月四号是世界儿童节，[③]中华慈幼协会[④]请我编了四支儿童歌：

(一)小盘古

我是小盘古，
我不怕吃苦。
我要开辟新天地，
看我手中双斧。

(二)小孙文

我是小孙文，
我有革命精神。
我要打倒帝国主义，
像个球儿打滚。

(三)小牛顿

我是小牛顿，
让人说我笨。
我要用我的头脑，
向大自然追问。

(四)小工人

我是小工人，
我有双手万能。
我要造富的社会，
不造富的个人。

我们要打倒传统的教育，同时要提倡创造的教育。他的办法是怎样呢？我们知道，传统的教育，他们一个教室容纳四五十人，试问教师的力量有多么大，能够完全去推动全级学生？所以就发生了教育方法上的错误。我们现在的办法是教师教大徒弟，大徒弟再去教小徒弟，先生在上了几堂课以后，鉴别了几个较有天才、聪明的大徒弟。以后教师就专门去教大徒弟，所以他的精神容易去推动他们，学问也容易灌输到他们头脑中去。大徒弟再把他所得到的，分别的去教那些小徒弟。学生们很活动的去找寻知识，解释困难，贡献他所求得的知识，先生不过站在旁边的地位略加指点而已。我们认为这种教育，是行动的教育。有行动才能得到知识，有知识才能创造，有创造才有热烈的兴趣。所以我们主张“行动”是中国教育的开始，“创造”是中国教育的完成。我曾经参观过一个学校，这个学校是小孩子办的。我问他们说：“你们是大小孩子教小小孩子吗？”有一个小孩子回答说：“是的，不过有许多时候小小孩子也教大小孩子呢。”我说：“你的话是对的，是真理，比我的意见更进一层。”现在中国传统教育下的智识阶级，根本就看不起小孩子，看不起农人、工人。但是试问他们的力量有多么大？倭奴侵占我们的东三省，你有力量赶走他吗？不可能！我们要启发小孩子，启发农人、工人，运用大多数人的力量，才能够去创造，才能救国雪耻。我来举一个例子，证明农人的力量并不弱。从前我办一个学校，[⑤]在校的旁边凿了一口井，专门供给学校用水的。有一年大旱，乡村中旁的井水都汲干了，所以乡民都集中到校旁井内来汲。后来这口井也涸竭了，于是我们校里，因为水的恐慌开了一个会。当时有人主张，把井收回自用。我不以为然。我说："我们的学校，是以社会作学校的，不应该把社会圈出于学校之外。假如这样，我们将来推广农事和民众教育就不容易办了。用水既是大众的事，还不如请大众共同来解决。"于是请各村庄每家派一个代表，男的、女的、小孩子在十三岁以上的都可以，没有多少时候，礼堂上已挤满了代表。我们教员们，自觉居于孔明的地位，三个臭皮匠合做一个诸葛亮的地位，所以黄龙宝座的主席，推了一个十三岁的小孩子。我们略略讲了几条会场规则之后，就正式开会。那一天的会，非常有精彩，有力量，当时发言最多且最好者，要推老太婆！好！我们来听听一个老太婆的宏论。她说人是要睡觉的，井也是要睡觉的；井不让它睡觉，一辈子就没有水吃。所以当时一致议决井要睡觉。自下午七时起至翌晨五时止，不得唤醒井，违者罚大洋一元，作修井之用。当这个老太婆发言未完，另有一个老太婆，也想立起来发言，就有第三个老太婆牵牵她的衣襟，制止她的发言，说："不是方才先生说过的吗？"你想他们非但能够自治，而且还能管理他人，所以当时会场发言的人非常多，秩序还是一丝不乱的。他们讨论了好久，还制成几条议案：第二条就是汲水的程序，先到者先汲，后到者后汲，违者罚大洋五角，作修井之用；第三条就是再开凿一井，把太平天国时留下淤塞的废井加以开凿，经费富者多捐，贫者少捐，茶店、豆腐店也多捐一些；其四，推举奉天刘君世厚为监察委员，掌理罚款，调解纠纷。结果，一个大钱都没有罚到，因为这是出于农人自动的议决，所以大家能遵守。你看农人的力量是多么大，他们的话多么的公正和有效，这种问题来的时候，岂是少数人所能干得了吗？不过他们的旁边，还是需有孔明在那里指示，否则恐怕到如今，井还没有开凿成功。所以创造的教育应该启发农人、工人、学生……，使他们得真的知识，才是真的创造。

其次我要讲的：现在中国的教育组织，是不能创造的。我们可以分两种来说：第一种是，学校是学校，社会是社会。他们认为学校是求知的地方，社会是行动的地方；他们说读书不忘救国，救国不忘读书。日本人的炮弹已经飞到他们面前，还是子曰子曰读他的书，这种教育是亡了中国还不够的。第二种，他们已经觉得学校是离不开社会的，所以他们主张"学校社会化"。他们想把社会的一切，都请到学校里来，所以学校里什么都有：公安局啦，卫生局啦，市政厅啦，什么都有。但是他们所做的与社会依旧是隔膜的。况且学校有多么大，能够包罗万象？他们的学校好像大的鸟笼，把鸟儿捉到笼里来养；又好像一只大缸，把鱼儿捉到缸里来养。结果鸟儿过不来鸟笼的生活，死了；鱼儿过不来鱼缸的生活，死了。所以这种似是而非的教育是不自然的、虚伪的和无力量的，也不是创造的教育。创造的教育是怎样的？就是"以社会为学校"、"学校和社会打成一片"，彼此之间，很难识别的。社会含有学校的意味，学校含有社会的意味。我们要把学校的围墙拆去，那么才可与社会沟通。这种围墙不是真的围墙，是各人心中的心墙。各人把他的感情、态度从以前传统教育那边改变过来，解放起来。实则这种教育，只要有决心去干，是很容易办到的。例如大夏大学的附近有许多村庄，庄上的人，都是散漫的，无教育的。假使我们把学校与村庄沟通，大学生都负责去创造新村，村上的人，都接受到知识，形成活泼的有力量有生命的村庄，再把全中国所有的村庄联合起来，构成一个有大生命的中国，民众的力量可以集中，国难也可共赴。这样做去，要普及教育，一年就可以成功。我们自近而后远，先小而后大，着手办去，把小孩子、农人、工人都培养起来，这才是创造教育的目的。中国现在的教育不是平等发展的，是畸形发展的，一方面有博士、硕士，一方面有一大群无知识的民众，迟滞的表示不出多大贡献。

现在我再要讲，创造的教育是以生活为教育，就是生活中才可求到教育。教育是从生活中得来的，虽然书也是求知之一种工具，但生活中随处是工具，都是教育。况且一个人有整个的生活，才可得整个的教育。举个例来说吧，有一个儿子，他是喜欢赌博的，他的母亲训斥他。不过他的母亲却悄悄地到邻舍去赌博了，他在窗内看见他的母亲赌博，于是也到别处去赌博了。这个孩子过的是赌博生活，受的是赌博教育，不期而然而成赌博的人生。某学校反对我"生活即教育"的主张，我去参观他们的学校，适逢吃饭的时候。他们的饭菜是有等级的，厨子巴结先生，先生的菜特别好，学生的菜，简直坏之不堪。他们请我在先生一桌吃饭，我愿意同学生一块儿吃。学生的饭菜坏到怎样呢？他们名为一碗肉，肉仅在碗面上有几小块，学生在未下箸的时候，目光炯炯地早已看准那最大的一块，一下箸，一碗饭还没有吃完，而菜已吃得精光了。这种饕餮的状态，无形中在饭堂里更造成了许多小军阀。这个学校，是不把吃饭问题归入教育范围之内的。有许多学校对于男女学生的恋爱，他们是讳莫如深，但恋爱问题往往在学校里闹遍。现在生活的教育是怎样呢？我们知道恋爱、吃饭等问题都是非常重要的，所以恋爱先生我怕你，请你进来；吃饭先生我怕你，请你进来，我们一起儿干吧！我们的教育非但要教，并且要学要做。教而不学，学而不做，叫做"三忘"。我们要能够做，做的最高境界就是创造。我们要能够学，学从生活中去学，只知学而不知做，就不是真的学。我们要能够教，教要教得其所，要有整个的教育，平等的行动的教育，不要像现在畸形的教育。有人说我的创造教育，不成其为学校，我做了一首诗："谁说非学校，就算非学校。依样画葫芦，简直太无聊。"

【注释】

①《创造的教育》是陶行知在上海大夏大学发表的演讲记录。记录者：华炜生。原载于1933年3月《教育建设》第5辑。

②此处实指佛兰克林发明了避雷针。

③每年四月四日系旧中国儿童节。1930年3月，中华慈幼协会呈请国民政府，要求将四月四日定为儿童节。是年5月获准，1931年4月4日即为首届儿童节。国际儿童节为每年6月1日，是国际妇女联合会于1949年11月在莫斯科举行的会议上确定的。新中国于该年12月规定，改以6月1日为儿童节。

④中华慈幼协会，专以幼童为对象的慈善团体。由朱其慧筹创。该会以完善幼儿保育为宗旨。

⑤指晓庄学校办的和平门中心小学(后改称学园)。

【导读】

陶行知一生致力于教育教学的改革与研究，第一个明确提出教育以培养学生创造力为宗旨，并在教育实践中给予印证，理论上不断进行研究，是我国创造教育的开拓者和奠基人。在他看来，创造是一个民族生生不息的活力，是一个民族文化中的精髓。早在1927年他就倡导创造教育，后来在《创造宣言》中阐述了自己对创造的看法："汗干了，血干了，热情干了，僵了，死了，死人才无意于创造。只要有一滴汗，一滴血，一滴热情，便是创造之神所爱往的行宫，就能开创造之花，结创造之果，繁殖创造之森林。"在本文中他鲜明地指出"行动是中国教育的开始，创造是中国教育的完成"。此后他又先后发表了《创造的儿童教育》、《创造的社会教育》等一系列文章，旨在"打倒传统的教育，同时要提倡创造的教育"。

在本篇中，陶行知围绕开展行动教育，打倒传统教育，从而完成创造教育的中心进行了阐述。一开始他就用鲁宾逊漂流到荒岛将泥土烧成瓶子解决口渴问题的故事而引出了创造的定义——“由行动而发生思想，由思想产生新价值，这就是创造的过程”。创造教育就是行动的教育。有行动才能得到知识，有知识才能创造，有创造才有热烈的兴趣。所以创造的过程是行——知——行的过程，要从小培养孩子的行动能力。接着他讲道“我们要打倒传统的教育，同时要提倡创造的教育。”打倒传统教育，开展创造的教育要从哪里入手呢？他从三个方面给出了答案：(一)依靠群众力量；(二)以社会为学校；(三)以生活为教育。

陶行知的创造教育思想，深刻地阐述了创新对国家和社会发展的重要意义，强调了创造的教育与个人和民族存亡的深切关系。今天，面对知识不断增长且更新周期加快，科学技术瞬息万变的21世纪，要是没有创造的思想，没有创造的教育，我们就不能培养出适应时代潮流发展所需要的人才。正如陶行知所言“处处是创造之地，天天是创造之时，人人是创造之人”，“创造之未完成之工作，让我们接过来，继续创造。”

生活教育①

【原文】

生活教育这个名词是被误解了。它所以被误解的缘故，是因为有一种似是而非的理论混在里面，令人看不清楚。这理论告诉我们说：学校里的教育太枯燥了，必得把社会里的生活搬一些进来，才有意思。随着这个理论而来的几个口号是：“学校社会化”，“教育生活化”，“学校即社会”，“教育即生活”。这好比一个笼子里面囚着几只小鸟，养鸟者顾念鸟儿寂寞，搬一两丫树枝进笼以便鸟儿跳得好玩，或者再捉几只生物来，给鸟儿做陪伴。小鸟是比较的舒服了。然而鸟笼毕竟还是鸟笼，决不是鸟的世界。所可怪的是养鸟者偏偏爱说鸟笼是鸟世界，而对于真正的鸟世界的树林反而一概抹煞，不加承认。假使笼里的鸟，习惯成自然，也随声附和的说，这笼便是我的世界；又假使笼外的鸟，都鄙弃树林，而羡慕笼中生活，甚至以不得其门而入为憾，那么，这些鸟才算是和人一样的荒唐了。

我们现在要肃清这种误解。生活教育是生活所原有，生活所自营，生活所必须的教育(Life education means an education of life, by life and for life)。教育的根本意义是生活之变化。生活无时不变，即生活无时不含有教育的意义。因此，我们可以说：“生活即教育。”到处是生活，即到处是教育；整个的社会是生活的场所，亦即教育之场所。因此，我们又可以说：“社会即学校。”在这个理论指导之下，我们承认：过什么生活，便是受什么教育；过好的生活，便是受好的教育；过坏的生活，便是受坏的教育；过有目的的生活，便是受有目的的教育；过糊里糊涂的生活，便是受糊里糊涂的教育；过有组织的生活，便是受有组织的教育；过一盘散沙的生活，便是受一盘散沙的教育；过有计划的生活，便是受有计划的教育；过乱七八糟的生活，便是受乱七八糟的教育。换个说法，过的是少爷生活，虽天天读劳动的书籍，不算是受着劳动教育；过的是迷信生活，虽天天听科学的演讲，不算是受着科学教育；过的是随地吐痰的生活，虽天天写卫生的笔记，不算是受着卫生的教育；过的是开倒车的生活，虽然天天谈革命的行动，不算是受着革命的教育。我们要想受什么教育，便须过什么生活。

生活教育与生俱来，与生同去。出世便是破蒙，进棺材才算毕业。在社会的伟大学校里，人人可以做我们的先生，人人可以做我们的同学，人人可以做我们的学生。随手抓来都是活书，都是学问，都是本领。

自有人类以来，社会即是学校，生活即是教育。士大夫之所以不承认他，是因为他们有特殊的学校给他们的子弟受特殊的教育。从大众的立场上看，社会是大众惟一的学校，生活是大众惟一的教育。大众必须正式承认他，并且运用他来增加自己的智识，增加自己的力量，增加自己的信仰。

生活教育是下层建筑。何以呢？我们有吃饭的生活，便有吃饭的教育；有穿衣的生活，便有穿衣的教育；有男女的生活，便有男女的教育。它与装饰品之传统教育根本不同。它不是摩登女郎之金钢钻戒指，而是冰天雪地下的穷人的窝窝头和破棉袄。

生活与生活磨擦才能起教育的作用。我们把自己放在社会的生活里，即社会的磁力线里转动，便能通出教育的电流，射出光，放出热，发出力。

【注释】

①本文最初发表于1934年2月16日《生活教育》杂志第1卷第1期。

【导读】

1934年2月，陶行知创办《生活教育》半月刊，主张"生活即教育"，"社会即学校"，"行是知之始"，把普及教育与社会生活、抗日救亡斗争的实际结合起来。也是从那时起，他正式改名"陶知行"为"陶行知"。这篇与刊物同名的文章是他为该刊的创刊号而写的。最初，陶行知受益于杜威的教育哲学。杜威指出："教育和社会生活的关系，正如营养和生殖和生理的生活的关系一样。"所以杜威实用主义教育理论的基本观点有"教育即生活"，"学校即社会"，"做中学"。随后陶行知带着杜威的教育理论回国，也想用它来推进中国教育改革，但中国现实的教育状况使陶行知明白"此路不通"。在实践杜威的"教育即生活"失败后，陶行知意识到要改变一种教育，其实就是要改变这种教育所赖以生存的生活基础。于是将杜威的教育理论"翻了半个跟头"，创立了以"生活即教育"、"社会即学校"、"教学做合一"为中心的生活教育理论。

在陶行知的众多教育名篇中，不止一次地出现了以"生活"、"教育"为题的文章。这些文章中无一不在倡导着我们应该以生活为出发点和目的来做教育，培养能为社会服务的真人才。他屡屡指出："我们真正的指南针只是实际生活。实际生活向我们供给无穷的问题，要求不断解决。我们朝着实际生活走，大致不至于迷路。人生需要什么，我们就教什么……怎样的生活，就要受怎样的教育。"这篇只有一千多字的《生活教育》，十分精要地论述了生活教育的实质与特点，文章虽短，影响与启示却十分深远。

从陶行知的"生活教育"理论中我们懂得，教育要坚持所教知识与生活实际相结合，培养学生的创造力。应该让儿童"回归自然"，让学生走进自然、走进社会主动地接受教育，"真教育是在大自然与大社会里办。"同时应该明白，教育的根本意义在于"生活之变化"，因此真正使人得益的教育，不仅处处从生活中得来，而且作为受教对象还必须终身时时接受教育——这也即我们今日提倡的终身教育思想。

杀人的会考与创造的考成[①]

【原文】

自从会考[②]的号令下了之后，中国传统教育界是展开了许多幕的滑稽的悲剧。

学生是学会考。教员是教人会考。学校是变了会考筹备处。会考所要的必须教。会考所不要的，不必教，甚而至于必不教。于是唱歌不教了，图画不教了，体操不教了，家事不教了，农艺不教了，工艺不教了，科学的实验不教了，所谓课内课外的活动都不教了，所要教的只是书，只是考的书，只是《会考指南》！教育等于读书；读书等于赶考。好玩吧，中国之传统教育！

拼命的赶啊！熄灯是从十时延到十一时了。你要想看压台戏当然是必须等到十一时以后。那时你可以在黄金世界[③]里看到卓别林的化身正在排演他们的拿手好戏。茅厕里开夜车是会把你的肚子笑痛。可是会考呆子会告诉你说："不闻臭中臭，难为人上人。"

赶了一考又一考。毕业考过了接着就是会考。会考过了接着就是升学考。一连三个考赶下来，是会把肉儿赶跑了，把血色赶跑了，甚至有些是把性命赶跑了。

不但如此，在学生们赶考的时候，同时是把家里的老牛赶跑了，把所要收复的东北赶跑了，把有意义的人生赶跑了，把一千万民众的教育赶跑了[④]。换句话说，是把中华民族的前途赶跑了。

奇怪得很！这样大规模的消灭民族生存力的教育行政不是出于信仰而是出于敷衍，不是出于理性而是出于武断。我所接谈过的主考官没有一个相信会考。他们是不信会考而举行会考。

就表面的成绩看，广东会考是几乎全体及格，广西会考是几乎全体不及格。广东对呢？广西对呢？谁知道？浙江会考，绍兴中学第一次是背榜，到了第二次竟一跳而为第一。绍兴中学第一次的整个成绩果真坏吗？第二次的整个成绩果真好吗？真成绩之好坏是这样的容易调换吗？谁敢说？

这把会考的大刀是不可以糊里糊涂的乱舞了。考官们所自毁毁人的生活力已经是太多了。我们现在的要求是：

停止那毁灭生活力之文字的会考；

发动那培养生活力之创造的考成。

创造的考成所要考成的是生活的实质，不是纸上的空谈。在下面所举的几个例子当中，我们可以知道创造的考成是一个什么东西。

（一）校内师生及周围人民的身体强健了多少？有何证据？

（二）校内师生及周围人民对于手脑并用已经达到什么程度？有多少是获得了继续不断的求知欲？有何证据？

（三）校内师生及周围人民对于改造物质及社会环境已经达到什么程度？有何证据？

甲、荒山栽了多少树？

乙、水井开了几口？

丙、公路造了几丈？

丁、种植改良了多少？

戊、副业增加了多少？

已、生活符号普及了多少？文盲扫除了多少？

庚、少爷小姐书呆子有多少是成了为大众服务的人？

辛、团结抵抗强暴的力量增加了多少？

【注释】

①本文最初发表于1934年6月1日《生活教育》第1卷第8期。

②会考　国民政府于1932年施行会考制度，规定中学毕业考试合格的学生，还须经过省、市统一命题的会考，会考合格后才能获得中学毕业证书，才能参加升学考。

③黄金世界　此处指粪便。

④原文此处有注：中学生赶考旅费，可供普及一千万民众教育之用。

【导读】

为了加强思想控制，维护其独裁统治，国民党政府采取了一系列措施对学校进行管理和控制，实行毕业生会考制度就是其中的一种手段。1932年国民政府教育部公布的《中小学生毕业会考暂行规程》规定："各省县市教育行政机关为整齐小学、初级中学、高级中学普通科学生毕业程度及增进教学效果起见，对于所属各中小学应届毕业经原校考查及格之学生举行会考。""会考非各科及格不能毕业。"这种强行实施毕业会考与总考制度，其用意和效用均十分复杂。它表面上是为整齐学生程度，增进教学效率，实际上是企图通过毕业会考来加重学生的课业负担，迫使学生埋头于书本，将精力花费在应付考试上，从而达到消除学生运动之目的。这种制度不仅受到青年学生的强烈反对，也遭到当时许多进步人士的尖锐讽刺和批判，如鲁迅即写过的《智识过剩》，陶行知这篇《杀人的会考与创造的考成》亦是这种文章之一。

此文开篇即一针见血地指出，"自从会考的号令下了之后，中国传统教育界是展开了许多幕的滑稽的悲剧"。接着便就会考导致教学内容僵化，危害学生身心健康，加重社会经济和学生家长负担及磨灭民族生命力，致使教育领域虚浮现象横生等弊病一一揭露，可谓淋漓尽致。作者呼吁应该停止这种杀人的考试，提倡"培养生命力之创造的考成"。创造的考成，注重学生实践能力的培养和形成，关注与人们生活、社会发展息息相关的方方面面，充分体现了陶行知生活教育思想的真谛。而这种生活教育，关注社会，关注人民，关注生活，是供给人生需要的教育，不是作假的教育。

时至今日，陶行知在70多年前的警告声在耳边回荡，我们依然能感觉到他的见解的生命力、洞察力与震撼力，因为他所批判的似乎正是今日之应试教育，而他所展望的也正是有识之士们所期待的素质教育！今天的教育工作者应该像陶行知那样从社会发展、国家命运、民族前途去考虑中国教育的发展，让孩子们从繁重的作业中走出来，从如车轮滚滚般的考试轮回中走出来，充分享受自己快乐的童年。让青年一代从僵死的考试制度中解脱出来，让创造的春风将生活的教育带入校园，为国家培养手脑双全的创新人才，这正是我们从事教育工作者的时代责任。

大众语文运动之路[①]

【原文】

胡愈之[②]先生所下之大众语之解释很好，我想提出两个字的修正。大众语是代表大众前进意识的话语，大众文是代表大众前进意识的文字。

大众语与大众文必须合一：在程度上合一，在需要上合一，在意识上合一。

大众语文适合大众的程度、需要和意识时，在大众本身所起的反应是高兴。所以大众语文是大众高兴说、高兴听、高兴写、高兴看的语言文字。这高兴的境界便是艺术的境界。

一个月前，我从一家电影公司里，借得一卷电影片子，送到乡下去公映。我们想在公映前几天教农人读说明书。这说明书虽是用白话文写的，但是乡下小先生不会教，农人也读不来。我只好重新写一篇说明书来教大家。这工作是不容易，我一连换了几次稿才勉强写成。据小先生说，我最后写成的说明书，还嫌太深。但比了电影公司的原稿是浅了十倍也不止。这个例子说明现在通行的白话文，只是把文言文的“之乎者也”换了“的吗啊呀”，夹了一些外国文法和一些少爷小姐新士大夫的意识造成的。这种白话文，写起来，大众看不懂，读起来，大众听不懂。我们可以看出在中国文学运动里是有一个大黑幕：白话文不与大众语合一。

大众是过着符号贫穷的生活，但是他们需要符号是铁打的事实。老太婆用结绳记账，农夫刻树皮抒情，野孩子写王八蛋骂人，民众学校学生用注音字母代替他所不会写的字。这种需要更可以用一个故事来说明。从前有一位妇人寄了一封信给她的丈夫，丈夫打开一看，纸上画的是：

丈夫看不懂。一位聪明人把他妻子所画的圈中秘密指点他说：

“欲寄相思无从寄，画几个圈儿替。单圈儿是我，双圈儿是你。圆圈儿是团圆，破圈儿是别离。还有说不尽的心思，把一路的圈儿圈到底。”

这些例子，指示出大众的生活中是有一个大缺憾。大众没有取得够用的思想的符号，情感的符号，行动的符号。总而言之，没有取得充分的生活的符号。大众的符号是和大饼一样的贫乏。剥削大众的大饼的人是同时独占了大众生活所需要的符号。

照这样看来，大众语文运动是有两条大路可走：

(一)智识分子参加大众生活，在大众语演进的基础上努力写作语文合一的大众文；

(二)将生活符号普及于大众，使大众自己创造出语文合一的大众文。

智识分子要想写大众文必须先学大众语，他必须拜大众做老师。不够！他必须钻进大众生活里去，与大众共生活，共甘苦。他必须是大众队伍里的一位战士。等到自己的生活与大众的生活打成一片，然后他才能领略大众生活之酸甜苦辣，然后他写大众便是写自己，写自己便是写大众。如果他不屑拜大众做老师，不屑在大众的队伍里做一个小兵，他决写不出好的大众文。

拿什么符号来向大众普及？汉字呢？注音字母呢？拼音文呢？我的建议是三管齐下：汉字要教；注音字母要教；用注音字母拼成大众文更要教。

汉字是士大夫的法宝。大众必须认得这法宝，才能看破士大夫的神秘。能教汉字的人有八千万。汉字的本身虽难学，但是能教这符号的人如此之多，是推广运动的一个大便利。我以为汉字只要认得就够了。帮助大众认识汉字的一个方法，便是注音字母。有了注音字母，大众可以自动去用字典，认生字，追求新知识。但是我们不能停顿在这里。我们必须立刻教导大众运用注音字母记录自己的思想、情感、行动。我们必须立刻教导大众运用字母写大众文。我们教汉字的目的，在使大众认识那被汉字包围的中国；我们教字母的目的，小而言之在帮助多识汉字，大而言之在用秋蝉脱壳之方法创造拼音字来代替汉字，以产生拼音的大众文。

我们做普及文字符号的工作时，应当连带提倡俗写简笔汉字，印写字体合一，国音字母正草合一，以节省学习之时间、精力。

中小学校及民众学校之学生，都该做起小先生来，每人至少教两个不识字的人。这样一来，我们便有一千多万有组织的分子，来负起普及符号之重任。再加上八千万识字民众之进一步之培养及总动员，数年之间，必可使大众取得他们生活所必需的符号。

大众得到符号，便能将自己的生活深刻的描写出来。大众的队伍里自有文艺的天才。他们自然而然的会产生出第一流的大众文。

我们把文字符号传给大众的时候，要做一番"滤清"的工作。我们要把时代落伍者的意识滤掉，要把麻醉的毒质滤掉，要把古典滤掉，要把洋文法滤掉。我们献给大众的符号，是要和没有微生物的清水一样。大众得了这种清水的符号，便能自由的、毫无成见的写出真正的大众文。

我想指出，大众语必以一种活语言为基础。中国四分之三的国人能懂的活的语言，便是滤过的北平话。北平话又最好听，好听人就愿意学。因此，北平话实有成为大众语之主要成份之资格。但大众语应当胆量大，凡与大众前进生活有亲切关系之各地土语，甚至于外国话，都可尽量吸收。我们也不必悬一抽象的主观的标准，勉强加以去取。让大众自己去选择好了。不合前进大众的口味的，必归天然淘汰，用不着我们过滤。

抱着前进意识之大众，要领导意识落后之大众，把自己的生活提高起来。把程度提高，把需要，把意识提高。这样，大众语便能继续不断的提高，大众文也就跟着它继续不断的提高了。

【注释】

①本篇原载1934年7月1日《生活教育》第1卷第10期。后在同年7月4日《申报·自由谈》重新发表时作者又增加了最后两段，现将这两段在篇末间隔一行排出。

②胡愈之　原名学愚。浙江上虞人。1919年创建上海世界语学会，次年参与发起成立文学研究会。

【导读】

20世纪30年代中期，"大众语运动"轰动一时，这是中国近代以来推行义务教育和扫除文盲运动的一个历史发展环节。其时引发"大众语"大讨论的直接诱因，是时任苏州中学校长的汪懋祖和国民党中央教育部官员吴研因就中小学是否要学习文言文而产生的争论。1934年5月，汪懋祖在南京《时代公论》周刊第110号发表《禁习文言与强令读经》一文，鼓吹文言提倡读经，并对湖南、广西的军阀何健、陈济棠尊孔读经大加赞扬。汪懋祖、许梦因和余景陶等支持文言与读经者发起"文言复兴运动"，即"中小学文言运动"。此论一出，即遭到来自胡愈之、陶行知、鲁迅等文化教育界人士的严厉批评。针对这一复兴文言、反对白话的逆流，1934 年 6 月上海文化界的一批左翼文人陈望道、胡愈之、傅东华、夏丏尊、乐嗣炳、叶圣陶、马宗融、陈子展、黎锦熙、曹聚仁、王人路、黎烈文等人聚会，商定采用“掀开屋顶以求开窗户”的策略来保护白话，决定使用“大众语”这个比“白话”还新的名称，发动“大众语运动”。这场在语言上的“阳春白雪”与“下里巴人”的争论在当年引起广泛关注，数月之内对此发表讨论的文章就有 500 余篇。陈望道、胡愈之、陶行知、叶圣陶等人讨论“大众语”的文章，便开始使用了“语文”、“大众语文”、“大众语文学”等词语。

本篇内容显示，陶行知支持大众语文态度明确。他积极倡导知识分子参与大众生活，将生活符号普及于大众，使大众自己创造出语文合一的大众文。值得注意的是，他所提倡所追求的大众语大众文的最高境界是“代表大众前进意识”的，是一种“艺术的境界”。这与以前打着大众化通俗化旗帜实际贩卖的是粗俗化和庸俗化的语言垃圾的行为有天壤之别。只有“大众高兴说、高兴听、高兴写、高兴看的语言文字”才是有生命力的。“不合前进大众的口味的，必归天然淘汰。”

陶行知这篇文章使人们清醒地认识到，语言文字是服务于大众的，要把大众的具体生活反应出来，所以知识分子必须要摒弃自己在语言文字上的精英意识，把自己当成大众中的一员，深入到民间去，拜人民为师，与大众共生活，共甘苦，向着大众无限靠拢，才能得到广大民众的认可，才能使自己的事业无限地发展下去。

教育的新生①

【原文】

宇宙是在动，世界是在动，人生是在动，教育怎能不动？并且是要动得不歇，一歇就灭！怎样动？向着哪儿动？

我们要想寻得教育之动向，首先就要认识传统教育与生活教育之对立。一方面是生活教育向传统教育进攻；又一方面是传统教育向生活教育应战。在这空前的战场上徘徊的、缓冲的、时左时右的是改良教育。教育的动向就在这战场的前线上去找。

传统教育者是为办教育而办教育，教育与生活分离。改良一下，我们就遇着“教育生活化”和“教育即生活”的口号。生活教育者承认“生活即教育”。好生活就是好教育，坏生活就是坏教育。前进的生活就是前进的教育。倒退的生活就是倒退的教育。生活里起了变化，才算是起了教育的变化。我们主张以生活改造生活，真正的教育作用是使生活与生活摩擦。

为教育而办教育，在组织方面便是为学校而办学校。学校与社会中间是造了一道高墙。改良者主张半开门，使“学校社会化”。他们把社会里的东西，拣选几样，缩小一下搬进学校里去，“学校即社会”就成了一句时髦的格言。这样，一只小鸟笼是扩大而成为兆丰花园里的大鸟笼。但它总归是一只鸟笼，不是鸟世界。生活教育者主张把墙拆去。我们承认“社会即学校”。这种学校是以青天为顶，大地为底，二十八宿为围墙，人人都是先生都是学生都是同学。不运用社会的力量，便是无能的教育；不了解社会的需求，便是盲目的教育。倘使我们认定社会就是一个伟大无比的学校；就会自然而然的去运用社会的力量，以应济社会的需求。

为学校而办学校，它的方法必是注重在教训。在教训的是先生，受教训的是学生。

改良一下，便成为教学——教学生学。先生教而不做，学生学而不做，有何用处？于是“教学做合一”之理论乃应运而起。事该怎样做便该怎样学，该怎样学便该怎样教。教而不做，不能算是教；学而不做，不能算是学。教与学都以做为中心，在做上教的是先生，在做上学的是学生。

教训藏在书里，先生是教死书，死教书，教书死；学生是读死书，死读书，读书死。改良家觉得不对，提倡半工半读，做的工与读的书无关，又多了一个死；做死工，死做工，做工死。工学团乃被迫而兴。工是做工，学是科学，团是集团。它的目的是“工以养生”，“学以明生”，“团以保生”。团不是一个机关，是力之凝结，力之集中，力之组织，力之共同发挥。

教死书，读死书便不许发问，这时期是没有问题。改良派嫌它呆板，便有讨论问题之提议。课堂是因为有了高谈阔论，觉得有些生气。但是坐而言不能起而行，有何益处？问题到了生活教育者的手里是必须解决了才放手。问题是在生活里发现，问题是在生活里研究，问题是在生活里解决。

没有问题是心力都不劳。书呆子不但不劳力而且不劳心。进一步是：教人劳心。改良的生产教育者是在提倡教少爷小姐生产，他们挂的招牌是教劳心者劳力。费了许多工具，玩了一会儿，得到一张文凭，少爷小姐们到底不去生产物品而去生产小孩。结果是加倍的消耗。生活教育者所主张的“在劳力上劳心”，是要贯彻到底，不得中途而废。

心力都不劳，是必须接受现成知识方可。先在学校里把现成的知识装满了，才进到社会里去行动。王阳明先生所说的“知是行之始，行是知之成。”便是这种教育的写照。他说的“即知即行”和“知行合一”是代表进一步的思想。生活教育者根本推翻这个理论。我们所提出的是：“行是知之始，知是行之成。”行动是老子，知识是儿子，创造是孙子。有行动之勇敢，才有真知的收获。

传授现成知识的结果是法古，黄金时代在已往。进一步是复兴的信念，可是要“复”则不能“兴”，要“兴”则不可“复”。比如地球运行是永远的前进，没有回头的可能。人只见春夏秋冬，周而复始，不知道它是跟着太阳以很大的速率向织女星飞跑，今年地球所走的路绝不是它去年所走的路。我们只能向前开辟创造，没有什么可复。时代的车轮是在我们手里，黄金时代是在前面，是在未来。努力创造啊！

现成的知识在最初是传家宝，连对女儿都要守秘密。后来，普通的知识是当作商品卖。有钱、有闲、有脸的乃能得到这知识。那有特殊利害的知识仍为有权者所独占。生活教育者就要打破这知识的私有，天下为公是要建筑在普及教育上。

知识既是传家宝，最初得到这些宝贝的必是世家，必是士大夫。所以士之子常为士，士之子问了一问为农的道理便被骂为小人。在这种情形之下，教育只是为少数人所享受。改良者不满意，要把教育献给平民，便从士大夫的观点干起多数人的教育。近年来所举办的平民教育、民众教育，很少能跳出这个圈套。生活教育者是要教大众依着大众自己的志愿去干，不给智识分子玩把戏。真正觉悟的知识分子也不应该再耍这套猴子戏，教大众联合起来自己干，才是真正的大众教育。

智识既是传家宝，那么最初传这法宝的必是长辈。大人教小人是天经地义。后来大孩子做了先生的助手，班长、导生都是大孩教小孩的例子。但是小先生[②]一出来，这些都天翻地覆了。我们亲眼看见：小孩不但教小孩，而且教大孩，教青年，教老人，教一切知识落伍的前辈。教小孩联合大众起来自己干，才是真正的儿童教育。小先生能解决普及女子初步教育的困难。小先生能叫中华民族返老还童。小先生实行“即知即传人”是粉碎了知识私有，以树起“天下为公”万古不拔的基础。

【注释】

①本篇原载1934年10月13日《新生》第1卷第36期。《新生》周刊系杜重远主编。1933年2月10日在上海创刊，至1935年6月22日第2卷第22期停刊。

②小先生　1934年1月28日陶行知在山海工学团主持召开“一·二八”两周年纪念会，同时举行“儿童自动工学团小先生普及教育队”授旗仪式和宣誓，“小先生制”正式诞生。

【导读】

在与传统教育的斗争中，一部分“改良者”提出了一些诸如“学校社会化”，“教育生活化”，“学校即社会”，“教育即生活”等理论，这些理论实际上只是对传统教育的一种改良，并未理解生活教育的实质，所以在这篇《教育的新生》中，陶行知阐述了传统教育、改良教育和生活教育的区别，特别将“改良派”的主张与生活教育者的理论进行了对比。

陶行知指出，要寻得教育的动向就要从传统教育与生活教育对立斗争的战场上获取。他从一个生活教育论者的视野出发，对改良派教育改革方法的弊端一一揭露，提出了使教育获得新生的可行途径：

（一）生活即教育，社会即学校。有什么样的生活就有什么样的教育，要变化教育首先要变化生活，以社会为学校，在生活实践中获取知识。

（二）教学做合一，在做上教，在做中学，行在知先。学生在做上学，先生在做上教，知识“在劳力上劳心”的过程中不断积累，而且坚持到底，必须把问题解决了才放手。

（三）让教育回归大众，提倡小先生制。这种全新的方式打破了传统教育僵化的知识传播形式，也冲破了封建教育束缚儿童的枷锁，使得教育有新的活力。

这篇文章揭露了当时传统教育的不少弊端，对改良派的改革方式进行了批判，更多的则是写出了一个生活教育者的教育理想与信念，今天读来仍觉得颇有价值：首先，现在的学校教育，特别是普通教育，学生所学的知识大多还局限于课本，虽然素质教育的口号喊了多年，但由于人才选拔方式没有根本改变，特别是高考的指挥棒效应使得教师根本不可能顾及每个学生个性特点的发展以及实践能力的形成，其结果是学校所学的知识到社会上根本不适用。“不运用社会的力量，便是无能的教育；不了解社会的需求，便是盲目的教育。”让教育回归生活，使学校融入社会，注重培养学生的行动能力进而发掘他们的创造能力，才是教育所应该追求的目标。其次，除了学校教育，在当前的时代背景下，全民教育、终身教育的浪潮势不可挡，但是有调查显示，农村学生在高校中所占的比例正在逐年降低，这一问题不仅暴露出农村教育的落后，也是由于高等教育成本的提高已经超出了农民承受能力所致。陶行知当时就提到要打破知识的私有，不把知识当做商品买卖，使大众都能接受教育。“天下为公是要建筑在普及教育上”。形成和坚持这样的理念乃是中国教育的希望所在。

小先生与民众教育[①]

【原文】

……

近来我对“民教”二个字有点感想。教育在从前甚至现在是被少数有钱人把它当做私有财产占住了，就如同占取金钱一样，非但把它占有，而且还要存在银行的铁柜里牢牢保护，不轻易传给别人。我以为“民众教育”的根本意义，就是教人把知识广散给大众，不是像占取金钱一样，把它封锁在少数人的脑袋里，把头弄得大大的。干民众教育，便是要把教育、知识变成空气一样，弥漫于宇宙，洗荡于乾坤，普及众生，人人有得呼吸。空气是不要钱买的，人人可以自由呼吸，教育也就不能以金钱做买卖，人人可以自由享受。把教育当作商品做买卖，只被少数有钱人霸占，使大多数人像坐牢一般受限在一个“愚者之群”的圈子里，这绝对不行，我们极力要否认。有了空气人才活，没有空气便活不成。空气是人人需要，人人不可少。教育也是人人需要，人人不可少。新鲜空气是有益于人的，教育也必不能仅是些泥灰污浊气，给人以害生。所以把教育、知识化作新鲜空气，普遍的广及于大众，人人可以按其需要，自由呼吸，因而增加大众以新的生命活力，我以为这便是民众教育最主要的意思。不过挂着民众教育的招牌，不见得就会把知识变成空气，必得要有办法才行。在我看来，这办法便只有运用小先生，小先生便能把知识变成空气。

小先生出世尚未到一年，而它的怀胎，却远在十数年以前。小先生最重要的几位接生婆，除我以外，你们的主任冯先生[②]也是一个。今春“一·二八”宝山普及教育动员令，便是冯先生发的(《生活教育》第一期画报，很希望大家一看)。每村小先生发令旗一面。普及教育，把知识变做空气！

小先生为什么能把知识变成空气一样的容易普遍呢？因为小先生便是小学生，他早上学了两个字，晚上便可以把这两个字拿去教人，此刻学了一件知识或一种技能，彼时即可以把这一件知识或一种技能去教别人，他不像大先生一样要领薪水。所以我们可以不化经费把教育普及出去。

有人说，小先生要有相当程度才行，我敢保证说，六岁小孩便可以做小先生，这是有着铁打的事实。当然，小先生所遇到的困难非常多，我现在正要写《小先生的八十一难》。《西游记》上唐僧取经，要经过九九八十一道难关，幸而有三个徒弟费了很大的力量把它一个个的解除了，有的是猪八戒帮助解除的，有的是沙僧帮助解除的，而帮助唐僧解难关最多的要算孙悟空。现在小先生普及教育，正犹如唐僧向西天去取佛经一样，要经过八十一道难关。我们做个猪八戒也好，做个沙僧也好，做孙悟空更好，总动员去帮助小先生解除一难又一难，把教育变成新鲜空气普及出去，以增加大众的新兴力量。

用小先生普及教育，还有四点比大先生好的地方：

第一，中国最难普及的是女子教育。乡下十七八岁大姑娘，或是二十几岁的大嫂子，一位年青的男先生去教，乡下人是看不惯，不欢迎你去教的，即有较开通，肯受教了，不多时，谣言来了，女学生不敢上学了，甚至把学堂封掉了，男先生失败了。女先生去教固然是很好，可是女先生太少了，而且女先生大都是些少奶奶、小姐，肯下乡的真是难得。有勇气下乡的怕蛇，怕鬼，怕小偷，又吓跑了。如果是男校长请女教员，那又有困难问题。夫妻学校最好，可是又太凤毛麟角，少之又少了。现在小先生来了，女子教育就如雪团见太阳，一见冰消，问题一笔解决。广东百侯中学有三百小先生，教二千多民众，其中女人就有一千五百人之多，由此可见小先生对普及女子教育问题解决之一斑。

第二，有人说，中华民族现在是衰老了。我推究其原因虽多，但有一个原因，便是被人教老了。六岁小孩子，大人就教他要“少年老成”，而这小孩子也就无形中涂上两个八字胡须，做个小老夫子了。我有一个大学毕业的学生，他到一个女子中学去当教员，可是年纪太轻了，很不为人敬重。后来教员不当，找了一件别的事做，便养成一嘴胡子来。本来是个美少年，一变而为美髯公，因此很受人敬重而做了许多年的事。所以中华民族衰老，便是社会教人变老，教小孩子做小老翁。用小先生教人便不同了，大人跟小孩学，无形中得到一种少年精神，个个变为老少年。本来大人者，不失其赤子之心者也，这样一来，朝气必格外勃勃。前天在上海西区小学开小先生会，有一位小先生教一个八十三岁老太婆。又有一位孩子，教其德国母亲认中国字。写的故事均非常生动有趣。南京有一个丁广生小先生，教他父亲。他父亲有一天用笔画一个乌龟，画一角菱角。小先生不懂，问他父亲什么缘故。他父亲告诉他说："我画着玩的，这意思是说：菱角怕乌龟，乌龟爱菱角。"后来丁广生便把这几个字写出来教他，父亲读得非常有趣。前天下午两点半钟，我未吃午饭，正想出去买两块烧饼充饥时，忽接西桥小先生来的信，我便坐在门外一个竹椅上拆开来看：有一位小先生教他六十二岁的祖母。他的祖母能读能认，不能写字，小先生便代祖母口里说的意思写信给我，精神非常好，我看得饭也忘记吃了。在这许多故事中，可以看出中华民族可以因小先生而转老还童，而得一种新兴的少年精神。

第三，刚才我已经说过，过去甚至现在，教育是被少数有钱人把它当为私有财产占有。小先生一出来，"即知即传人"，立即把这种观念撕得粉碎，要知识公有，不再私占。要把教育化为"春风风人，夏雨雨人"一样，人人有得到沾施的机会。"天下为公"的基础，第一步便要知识公有。这一点小先生是可以帮助我们，一个钱也不要化的做到。

第四，一般乡村小学要和学生家庭联络。很多困难，教师感觉孤立，学校感觉单调，利用小先生那便好了。小先生是一根根流动的电线，这一根根电线四方八面伸展到社会底层，构成一幅生活教育网、文化网，把学校与家庭构成一体，彼此可以来往，可以交通。它把社会所发生的问题，所遇到的困难，带回学校，再把学校里的知识技能带回社会去。这样一来，如有一位教师，三十位小学生，而这三十位小学生便是三十位小同志，教师不再孤立，学校也不再和社会隔膜，而能真实地通出教育的电流，碰出教育的火花，发出教育的力量。训练班诸位同学，现在最要紧的一件事，便是"怎样把小先生的办法得到？""怎样把学校教育与社会教育打成一片？"将来到一处办民众教育馆，最要紧的，便是要和当地的小学校联络，私塾联络，店铺里的能看报的掌柜联络，要发动他们都负起教人责任，即知即传人，共同普及教育。还有一点，办民众夜校，开学后学生只见少而不见多。我们也得要教学生去做先生教人。譬如有四十位学生，我们教他们每人回去教二个人，这样便一共有一百二十位学生了。这样成人做先生，我们不叫他"小先生"，叫他做"连环先生"或"传递先生"。因为他是要继续不断地循环着，学后去教人。最后我还有几句话要向诸位贡献。

我们现在办民众教育必得要承认：

农人最好的先生，不是我，也不是你，是农人自己队伍里最进步的农人！

工人最好的先生，不是我，也不是你，是工人自己队伍里最进步的工人！

小孩子最好的先生，不是我，也不是你，是小孩子自己队伍里最进步的小孩子！

我们现在最要紧的工作便是在：

帮助进步的农人格外进步，由他们"联合自动"，领导全体农人一同进步！

帮助进步的工人格外进步，由他们"联合自动"，领导全体工人一同进步！

帮助进步的小孩子格外进步，由他们"联合自动"，领导全体小孩子及时代落伍的成人一同进步！

【注释】

①本文是陶行知1934年在宝山县民众教育馆所主办的民众教育服务人员训练班开学典礼上的演

讲记录。记录者:张新夫、朱学兴。原载1934年12月1日《生活教育》第1卷第20期。

②冯先生:指冯国华,时任宝山县教育局局长,兼任宝山县民众教育馆主任。

【导读】

1930年4月,陶行知受到通缉,被迫临时避难日本。即便是在这样的条件下也没有放弃在中国普及教育的理想。自日本潜回上海后,他即先后创办了"山海工学团"、"晨更工学团"、"劳工幼儿团",首创并推行"小先生制",成立"中国普及教育助成会",开展"即知即传"的普及教育运动。

在这篇文章中,陶行知首先对民众教育进行了解读,然后就如何开展民众教育提出了一个行之有效的解决方法——运用小先生。文章的主要内容就是对小先生制在普及教育中的优点进行阐述,希望用充满生机的小先生制给中华民族的教育注入活力。他首先明确了民众教育与小先生的关系。什么样的教育才是真正的民众教育呢?如果知识被当做商品买卖,只被少数人掌握,那么这样的教育绝不是我们倡导的民众教育。"干民众教育,便是要把教育、知识变成空气一样,弥漫于宇宙,洗荡于乾坤,普及众生,人人有得呼吸。"怎样实施民众教育,把一直"被少数有钱人把它当做私有财产占住了"的教育变成空气呢?当前的办法只有运用小先生。因为小先生实行"即知即传人"的方式,使教育不受时间、场地、经费等因素的制约,随时随地都可以进行,有很大的灵活性。接着他详细论述了小先生在普及教育中的四大优势:(一)有利于女子教育;(二)有利于中华民族返老还童;(三)有利于知识公有;(四)有利于沟通家庭学校与社会。

在这篇演讲中,不难看出陶行知对普及大众教育的热切希望和对小先生寄予的厚望,其中寄托的教育理想也是今天普及教育和开展全民教育所追求的目标。他所提出的理念和方法值得今人借鉴:首先教育工作者应以"捧着一颗心来,不带半根草去"的赤子之忱,与劳苦大众休戚与共,为人民教育事业鞠躬尽瘁;第二,发挥群众自己教育自己的主动性,广泛利用教育资源。开展大众教育最行之有效的途径就是发动群众自身的力量,小先生制的本质与功效也即在此。第三,"人民创造大社会,社会变成大学堂",把社会变成一个大的课堂,使大众在生产建设的同时有一个终身学习的环境。

普及平民教育①

【原文】

假使一个农家有四个孩子,只能使其长子入学,余下三个孩子,一个要看牛,一个要耙狗矢,一个要在家里打杂,那个读书的儿子就会渐渐的手也懒了,脚也懒了,也会看不起务农了。种田的爸爸,养蚕的妈妈,打杂、看牛、耙狗矢的弟弟妹妹,也都不放在眼睛里,他把智识装满脑袋,一点也不肯分给别人,但是大家也不以为奇,因为做先生,是要得了师范毕业文凭才有资格。他初小毕业,欠人的债,已把他老子的背脊骨压得弯起来。等到他高小毕业,老子又卖了一条牛,他从小学考进初中、高中、师范的时候,他的老子是要从自耕农跌到佃农、雇农的队伍里去了。弟弟们有的短命死了,有的长得像茅草一样,他自己是在师范求学,弄不到教员做,毕业不啻是失业,只好老起面皮,做"守知奴"②。吃着没知识的人的饭,还嫌不卫生;受了人栽培,却还骂人愚笨。如此,这一家人的结果,不免要家破人亡。

但是，假使这个长子进的不是消费的传统学校，而是富有意义的工学团，那么，白天从工学团里学了生活所需要的知识和技能，晚上就可整个地教他父母、弟弟和妹妹。他对于学问，贩来就卖，用不着的便不要。他认得一个字，便有资格教这个字，同时认定这是他的责任。他把这个字又去教与别人。如果弟弟看牛没有回家，他尽可找到看牛的地方去教，不因时因地而懈怠自己应做的工作，假使父亲是个种棉花的农人，也可以把种棉花的智识告诉他。这样，办法虽然还嫌自私一点，但是他尽可把自己对家庭的办法，进一步立时贡献给社会。如此，他自己又与家庭、社会同时长进，学问没有止境，他的进步，他的家庭的进步、社会的进步，也都没有止境。他可以活到老，学到老；学到老，教到老，一直到进了棺材，才算毕业。

上面所说这两个例，一样是穷人走的路线，可是结果便天悬地隔、迥不相同。同时，这故事虽然是讲穷人走的两条路，同时也是穷国所走的两条路：第一条是灭亡的路，以前的中国，是马上加鞭在这条路上飞跑；第二条是生命之路，从今以后，中国必须悬崖勒马，朝着这条路上走回来才有希望。

现在，东北四省失去已经四年，咱们中国人是不是在慢慢设法再收回来且置不论，而日本人却在那里拼命地运用日语，消灭汉文。十年、二十年以后，老的人民死掉了，小的生出来，就便学得一口日腔日调，根本就不知道他是中国人，结果他们和日本闹得怪亲热。虽然失地收复，而大多数青年已非“王臣”，这才叫真正亡国。假使我们民众教育老早便普及了，国土虽失，文化不亡，收复自较容易。由此可见，普及民众教育更不容缓。不过，现今的中国处处闹穷，要等着有钱再努力，不知要等到何日。所以，我这样一个穷人，便想出以穷办法去办穷教育。我这个主意最初总以为是不会有好结果的，可是，事实上实验的结果，却使我得了无穷尽的安慰；就是从来连自己也不相信的东西，而今不但只是自信，并且下了决心，要把我的穷办法贯彻始终。

再，我所主张普及的，并不是少爷教育、小姐教育、政客教育，更不是书呆子教育。我主张普及的是自动工学团。何以叫“自动”呢？自动是大众自己干。“工”是工作，“学”是科学，“团”是团体。说得再明白一点，就是“工以养生，学以明生，团以保生”。以大众的工作，养活大众的生命；以大众的科学，明了大众的生命；以大众团体的力量，保护大众的生命。要一个个小工场、一个个小学校、一个个小社会，都能包含着生产和长进的意义，包含着平等互助、自卫卫人的意义，务必要使工厂、学校、社会打成一片，产生一个富有生活能力的新细胞。工学团的范围可大可小，几个人的家庭或店铺，几十个人的学校或庙宇，几百个人的村庄或监狱，几千个人的工厂，几万人的军队，都可造成一个富有意义的工学团，使社会即是学校、生活即是教育。

普及教育的工学团，所要树立的第一个信念，便是小孩能做先生。这话初听见似乎觉得有点近于滑稽，但是我现在可以举出几个例证，证明小孩除了能教小孩外，还能够教大人。先说关于小孩能教小孩的故事。在南京晓庄的农人，自己曾创办一个乡村小学，这里面的校长、教师、学生、工人，就都是由小孩自己担任，因为他们完全是自己教自己，故我做了一首诗送给他们。这诗是：

有个学校真奇怪，
大孩自动教小孩。
七十二行皆先生，
先生不在学如在。

又，淮安有一个小学[3]，曾经有七个小学生，组织一个儿童旅行团，跑到上海来，既没有教师指导，也没有父母照应，他们只是运用团体的力量制裁个人的行动。他们靠卖书卖讲演过活。到上海的那一天，袋里便只剩十块钱，可是等到离开上海的时候，取有六十多块。我便送他们两首诗：

（一）

一群小光棍，
数数是七根。
小的十二岁，
大的未结婚。

（二）

没有父母带，
先生也不在。
谁说小孩小，
划分新时代。

可见，小孩能力也算不小。

再说小孩能教大人的故事。依照传统观念来说，只有大人教小孩，哪有小孩能教大人？传统的教育学，没有一本不承认教育只是成人对小孩的训导，可是这许多学者，的确忽略了一半事实。譬如我开始提倡平民教育的时候，家母是五十七岁，当时曾发了宏愿，要读《平民千字课》[4]，舍妹和我都忙于推广工作，没有空闲教她。那时我的儿子小桃[5]才六岁，已读完第一册，我们就请他做小先生，教他祖母读书，不想这种大胆的尝试竟成功了。祖孙二人一面玩，一面读，兴高采烈，一个月就把第一册读完。后来我到张家口，便依据《千字课》上的生字，写了一封信寄给家母，她居然能看得懂。这是一个很好的例。还有，我上次曾为晓庄乡村小学写的一首诗，原稿的第二句是“大孩自动教小孩”。不想这班小朋友接到这首诗，就写一封信来谢我，但是提议把那个“大”字改为“小”字，并且质问我，大孩能自动，小孩就不能自动吗？我被他们这一问，问得没有话说，只好依他们改为“小”字，结果这班小朋友成了我一字之师。再如淮安那个小学的七个学生到上海以后，除了卖书，还到过大夏、沪江、光华等大学去演讲。我问一位大学中人，小孩们讲得如何，他说：“几乎把我们的饭碗打破。”这话虽嫌说得过火一点，可是小孩能教大人已经成了不可否认的事实。同时也可以说是人类进步的象征。

在好久以前，我已经有过这种感觉，但是没有抓住，直到近来，我人虽成了穷光蛋，却想对于普及国民教育有所贡献，居然又叫我想起这种穷办法。至于我个人体验的结果，便只是一个山海工学团。后来，又于附近，如红庙、孟家木桥、萧场、沈家楼等村庄各成立一个工学团，每处开办的经费是大洋四十元，经常费每月十元，老先生（即小先生的先生）只吃饭不拿钱。抱定宗旨：“来者不拒，不来者送上门去。”照这样号召，自然不愁没有学生，如是等到他们受得相当知识，便又去教人，结果原来只能教育三十个人的小学，假定每一个先生教两个人，便变成能使九十个人受教。这个办法如推广出去，那么全国以一千万人小学生来说，同时便有三千万人可以识字明理，这便是我认为是最经济不过的普及教育办法。

再照目前国势来说，已经到了危如垒（累）卵的时候。十年生聚，十年教训，已是缓不济急。我觉得如照我的办法去普及教育，可说是最迅速的了。我以为，全国人民不一定个个都要有高深学问。但却不可不知道普通常识和做人的道理。

小先生为想在他们的家长面前讨好，自然感觉到求学的兴趣，故平日我为鼓励他们，教他们唱两首歌：

（一）

我是小先生，
教人不害耕。
你没有工夫来，
我教你牛背上哼。

（二）

我是小先生，
热心好比火山喷。
生来不怕碰钉子，
碰着一根化一根。

同时，我又以为，现代的中国人，已经成了没有创造力的民族。几千年来的传统教育，便是斩杀小孩子创造力的刽子手。所以，我决定从消极方面反对专门引导儿童向享乐的路上走去，从积极方面创造出适合于幼儿的工具，以培植他们的创造力。我们要用科学的集团的力量，来支配每个儿童，使他们都有创造的机会与能力，更要保护他们的创造品之被掠夺，而使他们每个都有享受的权利与机会。故我对于儿童的培养，不只是文字、技术的训练，主要的任务还是在培植他们得到正确的人生观念与态度，用科学集团的力量，来解决他们本身现实生活的困难，取得本身现实生活的需要，满足本身现实生活的欲望，而促进人类更大的进展。

【注释】

①本篇系访谈记录，记录者：《大公报》记者。原载《大公报》1934 年 11 月 12、14 日。发表时，原来正题为《普及平民教育》，引题是“陶行知畅谈”，题下标出的访谈要点是：“使学能致用且能辗转传授，随处造成有意义的工学团。”记者在文前还写有说明文字：“乡村教育家陶知行氏最近从北方演讲回来，记者往访，询问他所主张普及国民教育的动机和方法。”

②守知奴　指把知识占为私有，不肯传授给广大百姓之人。陶行知指出：社会上有一种人叫做守财奴，守知奴即是他的弟弟。这种人当劝他每天花几分钟教几个不能上学的大众的苦孩子，他会说：“没有工夫。”但是，当人给优厚的薪水后，他会说有工夫了。自私、保守、重利，是这种人的共同特征。

③江苏淮安新安小学　1926 年 6 月，陶行知应淮安徽州同乡会要求，派晓庄学生李友梅、吴辅仁、蓝九盛前去创办。6 月 6 日开学，陶行知兼任校长，并作为晓庄师范学校的特约学校。

④《平民千字课》 1923 年中华平民教育促进会筹备会成立，陶行知和朱经农即编写了此书。该会成立后，作为推行平民教育的教材。主要对象是 12 岁以上不识字者，每天学习一小时，总共 96 天或 16 个星期，即可完成全书的学习任务。

⑤小桃　即陶行知的次子陶晓光。

【导读】

普及平民教育思想的提出与中国当时的时代背景分不开。20 世纪 30 年代的中国，外敌入侵，内战连连，国家深陷危难之中，人民衣食难保，正规的学校教育根本不可能在全国范围内得以创办。东北地区已经沦为日本帝国主义的殖民地，沦陷地区的奴化教育已经逐渐取代中国的传统教育。普及平民教育已是到了一种刻不容缓的地步，必须举全国之力来实施。普及什么样的平民教育，如何普及教育，这是其时陶行知重点关注的问题。穷国办教育必须采取穷办法。于是陶行知通过推广自动工学团来普及平民教育，实现中国旧教育的真正革新。自动工学团就是以大众的工作，养活大众的生命；以大众的科学，明了大众的生命；以大众团体的力量，保护大众的生命。这种工学团可以是一个小工场，一个小学校，一个小社会，里面包含着生产的意义，长进的意义，还有平等互助、自卫卫人的意义。这种教育组织形式相比传统的学校教育有着根本的不同：其一，传统教育里，学校与社会是相互脱离的；工学团则主张社会即学校，将教育与生产实践密切结合，以大众的社会环境教育大众，实现平民教育的普及。其二，传统学校教育与生活是分离的；工学团则主张生活即教育。其三，传统教育中师生地位不可动摇；工学团则主张"闻道有先后"、"即知即传人"，能者教人。再者，传统教育里，教师教而不做，学生学而不做；工学团则主张教学做合一，教师在做上教，学生在做上学。

普及教育的工学团就是普及了平民教育，根本目的就在于把知识扩散给广大人民群众，把知识从守知奴的手中彻底解放出来，使阳光普照大地，人人都可以享受。

在此文中，陶行知认准穷国普及教育最重要的钥匙，是借助"小先生"这种教育力量来完成普及教育之使命。当然，这种教育的普及，仅在于一个较浅的层面解决问题："全国人民不一定都要有高深学问，但却不可不知道普通常识和做人的道理。"今天我们重新温习陶行知的这篇文字，关键是借取其中解决问题的方法和精神，以此来化解近日教育的种种难题，培养整个民族的创造力。

生活教育之特质[①]

【原文】

你如果看过《狸猫换太子》那出戏，一定还认得那里面有一件最有趣的事情，就是出现了两个包龙图[②]：一个是真的，还有一个是假的。我们仔细想想，是越想越觉得有趣味了。世界上无论什么事，都好像是有两个包龙图。就拿教育来说罢，你立刻可以看出两种不同的教育：一种叫做传统教育[③]；另一种叫做生活教育。又拿生活教育来说吧，你又可以发现两种不同的说法：一种主张"教育即生活"；另一种是主张"生活即教育"。我现在想把生活教育的特质指出来，目的不但要使大家知道生活教育与传统教育之不同，并且要使大家知道把假的生活教育和真的生活教育分别出来。

（一）生活的　生活教育第一个特点是生活的。传统的学校要收学费，要有闲空功夫去学，要有名人阔老介绍才能进去。有钱，有闲，有面子，才有书念，那么无钱，无闲，无面子的人又怎么办呢？听天由命吗？等待黄金时代从天空落下来吗？不！我们要从生活的斗争里钻出真理来。我们钻进去越深，越觉得生活的变化便是教育的变化。生活与生活一磨擦便立刻起教育的作用。磨擦者与被磨擦者都起了变化，便都受了教育。有人说：这是"生活"与"教育"的对立，便是"生活"与"教育"的磨擦。我以为教育只是生活反映出来的影子，不能有磨擦的作用。比如一块石头从山上滚下来，碰着一块石头，就立刻发出火花，倘若它只碰着一块石头的影子，那是不会发出火花的。说得正确些，是受过某种教育的生活与没有受过某种教育的生活，磨擦起来，便发出生活的火花，即教育的火花，发出生活的变化，即教育的变化。

（二）行动的　生活与生活磨擦，便包含了行动的主导地位。如果行动不在生活中取得主导的地位，那么，传统教育者就可以拿“读书的生活便是读书的教育”来做他们掩护的盾牌了。行动既是主导的生活，那么，只有“为行动而读书，在行动上读书”才可说得通。我们还得追本推源的问：书是从哪里来的？书里的真知识从哪里来的？我们是毫不迟疑地回答说：“行是知之始”，“即行即知”，书和书中的知识都是著书人从行动中得来的。我要声明著书人和注书人抄书人是有分别。人类和个人的知识的妈妈都是行动。行动产生理论，发展理论。行动所产生发展的理论，还是为的要指导行动，引着整个生活冲入更高的境界。为了争取生活之满足与存在，这行动必需是有理论、有组织、有计划的战斗的行动。

（三）大众的　少爷小姐有的是钱，大可以为读书而读书，这叫做小众教育。大众只可以在生活里找教育，为生活而教育。当大众没有解放之前，生活斗争是大众唯一的教育。并且孤立的去干生活教育是不可能的，大众要联合起来才有生活可过；即要联合起来，才有教育可受。从真正的生活教育看来，大众都是先生，大众都是同学，大众都是学生。教学做合一，即知即传是大众的生活法，即是大众的教育法。总说一句，生活教育是大众的教育，大众自己办的教育，大众为生活解放而办的教育。

（四）前进的　有人说，生活既是教育，那么，自古以来便有生活，即有教育，又何必要我们去办教育呢？他这句话，分析是对的，断语是错的。我们承认自古以来便有生活即有教育。但同在一社会里，有的人是过着前进的生活，有的人过着落后的生活。我们要用前进的生活来引导落后的生活，要大家一起来过前进的生活，受前进的教育。前进的意识要通过生活才算是教人真正的向前去。

（五）世界的课堂既不许生活进去，又收不下广大的大众，又不许人动一动，又只许人向后退不许人向前进，那么，我们只好承认社会是我们唯一的学校了。马路、弄堂、乡村、工厂、店铺、监牢、战场，凡是生活的场所，都是我们教育自己的场所。那么，我们所失掉的是鸟笼，而所得的倒是伟大无比的森林了。为着要过有意义的生活，我们的生活力是必然的冲开校门，冲开村门，冲开城门，冲开国门，冲开无论什么自私自利的人所造的铁门。所以，整个中华民国和整个世界，才是我们真正的学校咧。

（六）有历史联系的这里应该从两方面来说。第一，人类从几千年生活斗争中所得到，而留下来的宝贵的历史教训，我们必须用选择的态度来接受。但是我们要留心，千万不可为读历史而读历史。我们必须把历史的教训，和个人或集团的生活联系起来。历史教训必须通过现生活，从现生活中滤下来，才有指导生活的作用。这样经生活滤过的历史教训，可以使我们的生活倍上加倍的丰富起来。倘使一个人停留在自我或少数同伴的生活上，而拒绝广大人类的历史教训，那便是懒惰不长进，跌在狭义的经验论的泥沟里，甘心情愿的做一只小泥鳅。第二，中国已经到了生死关头，争取大众解放的生活教育，自有它应负的历史的使命。为着要争取大众解放，它必须要争取中华民族的解放；为着要争取中华民族的解放，它必须教育大众联合起来解决国难。因此，推进大众文化以保卫中华民国领土主权之完整，而争取中华民族之自由平等，是成了每一个生活教育同志当前所不可推却的天职了。

【注释】

①本篇原载1936年3月16日《生活教育》第3卷第2期。

②包龙图　指包拯(999～1062)，北宋时期著名清官，以廉洁著称，执法严峻，不畏权贵，因其曾为龙图阁直学士，故有包龙图之称。其事迹长期流传民间，过去小说、戏曲多取为题材，《狸猫换太子》系以其

秉公执法严正断案的"故事"为题材的戏曲之一。

③传统教育　指脱离生活实际，只重书本知识的应试教育。陶行知指出，这种教育是将教育等于读书；读书等于赶考。所以会考所要的必须教，会考所不要的不必教，甚而至于必不教。

【导读】

陶行知认为传统教育是一种吃人的教育，不仅教学生吃自己，而且教学生吃别人：教学生读死书、死读书、读书死，儿童的天性受到极大的压抑，儿童的主观能动性得不到发挥，最终这种教育培养出来的是书呆子、守知奴；它还教导他们去吃别人，缺乏生产劳动技能，只能依靠他人而活。生活教育在本质上则同传统教育恰恰相反。生活教育是以生活为中心，教会儿童生活，在生活中接受教育。与传统教育相比，生活教育不以金钱为目标，而是教学生做人，教学生求真，充分调动儿童的主观能动性，发挥人的潜能，教人用活书、活用书、用书活。

在这篇文章中，陶行知着重探讨了生活教育的特质问题。在批判传统教育的基础上，为了教人们区分真假"生活教育"，他将生活教育的特质概括为以下六点：生活教育首先是生活的，要求教育与生活联为一体，随生活的变化而变化；生活教育是行动的，这种行动必须是有理论、有组织、有计划的、战斗的行动；生活教育是大众的，即大众办的教育，大众为解放生活而办的教育；生活教育是前进的，通过教育引导人们过前进的生活，教人真正的向前走；生活教育是世界的，是将整个社会、整个国家乃至整个世界作为真正的学校；生活教育是有历史联系的，既要将历史教训从现生活中滤下来用以指导生活，又要为争取大众解放而承负历史的使命。

在陶行知的生活教育理论中，教育的根本意义是生活之变化，生活无时不变，即生活无时不含教育的意义。这种教育理论，其实揭示我们今天的教育不可一成不变，将人们要学到的知识和本领"凝固"在以文字为载体的书本中，而是要随着历史的发展、社会的进步、环境的变迁、人民大众的需求而不断地变化发展、创新完善。

儿童节对全国教师谈话[①]

【原文】

儿童的教师应该怎样干？我拿这个问题问过自己，问过朋友，问过好多小学教师。现在中华民国已经到了生死关头，我们做教师的人应当怎样做才能帮助解决国难而不致加重国难？我常以这个问题问人，现在人也常以这个问题问我了。这里是我的答复：

第一，追求真理。小孩是长进得很快，教师必须不断的长进，才能教小孩。一个不长进的人是不配教人，不能教人，也不高兴教人。小孩快赶上你了！你快要落伍了！"后生可畏"不是一句客气话，而是一位教师受了小孩蓬蓬勃勃的长进的压迫之后，对于自己及一切教师所提出来的警告。只有不断的追求真理才能免掉这样的恐怖。也只有免掉这种恐怖才能教小孩，否则便要因为怕小孩而摧残小孩了。如果我把"小孩"调换为"青年"，那么，情形是格外的严重了。我得声明，真理离开行动好一比是交际花手上的金钢钻戒指。我们所要追求的是行动的真理，真理的行动(Truth in Action)。这种真理不是坐在沙发上衔着雪茄烟所能喷得出来的。行动的真理必须在真理的行动中才能追求得到。你不钻进老虎洞，怎能捉得小老虎？

第二，讲真话。让真理赤裸裸的出来和小孩子见面。不要给他穿上天使的衣服，也不要给他戴上魔鬼的假面具。你不可以为着饭碗、为着美人、为着生命，而把“真理”监禁起来或者把他枪毙掉。教师只能说真话。说假话便是骗子，怎么能做教师呢？

第三，驳假话。说假话的人太多了。教师要有勇气站起来驳假话。真理是太阳，歪曲的理论是黑云。教师要吹一口气把这些黑云吹掉，那真理的太阳就自然而然的给人看见了。

第四，跟学生学。你要教你的学生教你怎样去教他。如果你不肯向你的学生虚心请教，你便不知道他的环境，不知道他的能力，不知道他的需要；那么，你就有天大的本事也不能教导他。他要吃白米饭，你倒老是弄些面条给他吃，事情是会两不讨好。不但为着学生而且为着你自己，你也得跟你的学生学。你只须承认小孩有教你的能力，你不久就会发现小孩能教你的事情多着咧。只须你甘心情愿跟你的学生做学生，他们便能把你的“思想的青春”留住；他们能为你保险，使你永远不落伍。

第五，教你的学生做先生。你跟学生学，是教学生做你的先生。如果停止在这里，结果怕要弄到师生合做守知奴[②]，于大众毫无关系。你必得进一步教你的学生去教别人。你必须教你的学生把真理公开给大众。你得教你的学生拿着真理的火把指点大众前进。

第六，和学生、大众站在一条战线上。教师不和学生站在一条战线上便不成为教师。这是怎样说呢？因为他要到西方去，你却教他往东走；反过来，他要到东方去，你却教他往西走。这种牛头不对马嘴的教育怎能行得通呢？有些教师不恤使用强迫手段要学生朝着教师指定的路线走，结果是造成师生对垒，变成势不两立。在势不两立的局面下还能叫学生接受他的指导吗？不但如此，先生学生虽是打成一片，如果他们联合行动的目标与大众所希望的不符，还只是小众的勾结，将为时代所不容。因此做教师的人必须和学生、大众站在一条战线上为真理作战，才算是前进的教育。现在中国第一件大事是保障中华民国领土主权之完整，与争取中华民族劳苦大众之自由平等。教师和学生、大众都要针对着这个大目标，才能站在一条战线上来。教师和学生、大众站在一条战线上来奋斗，才算是实行着真正解决国难的教育。你若把你的生命放在学生的生命里，把你和你的学生的生命放在大众的生命里，这才算是尽了教师的天职。

我们如果能把上面这六点做到，便不愧为现代的教师了。这样的教师，我相信，对于民族解放、大众解放、人类解放是有贡献了。

【注释】

①本篇原载1936年4月1日《生活教育》第3卷第3期。后来收入陶行知自编的《中国大众教育问题》一书时，题目改为《怎样做大众的教师》，并删去了“儿童的教师应该怎样干？我拿这个问题……问过好多小学教师”这文章开头的第一句，还在“第一，追求真理”部分中，把“小孩”两字均改为“大众”。

②守知奴，指把知识占为私有，不肯传授给广大百姓之人。陶行知指出：社会上有一种人叫做守财奴，守知奴即是他的弟弟。这种人当劝他每天花几分钟教几个不能上学的大众的苦孩子，他会说：“没有工夫”。但是，当人给优厚的薪水后，他会说有工夫了。自私、保守、重利，是这种人的共同特征。

【导读】

就在中华民族到了生死存亡的攸关时刻，整个民族为了救亡图存都必须行动起来。学生也应担当起教师的责任为大众解放而谋出路，然而，真正的教师在干些什么，怎样才能帮助解决国难而不是加重国难？如何才能发挥国难中教师的职责成为真正的现代教师？针对这些不可回避的问题，陶行知在《儿童节对全国教师谈话》中明确给出了解答。

这就是要想做一名现代教师，为解决国难做贡献，必须做到六点：追求真理，讲真话，驳假话，跟学生学，教你的学生做先生，和学生、大众站在一条战线上。只有这样才能也才是对民族、大众和人类解放做了贡献。

学高为师，身正为范。古往今来，对教师的比喻甚多，如园丁、蜡烛等等，所有这些无不表现在教师自身的道德高尚、学识渊博、治学严谨、公平正义、作风端正、为人师表、终身学习。而陶行知更看重教师对真理的追求和坚守。在他看来，真理离不开行动，行动也离不开真理。“我们所要追求的是行动的真理，真理的行动(Truth in Action)。”教师作为知识分子的一部分，绝对不能像守知奴那样，必须让真理下放，让知识下放，敢于讲真话。讲真话不仅要看教师的能力，更要看教师是否有讲真话的勇气，并敢于驳斥假话，在大是大非面前坚定自己的立场，这才是真正考验一位教师能否做一位现代教师的标准。“真理是太阳，歪曲的理论是黑云。教师要吹一口气把这些黑云吹掉，那真理的太阳就自然而然的给人看见了。”同时，教师还应该认真、虚心的学习，拜自己的学生做“小先生”，以利自己进一步传授教人的技能。

陶行知所言的教师必须做到以上六点，才不愧为现代教师。这种教师，在民族危亡关头，可以用自身的教育来解除国家危难，对于民族解放、大众解放、人类解放能作出贡献。那么当今之世，这种称职的现代教师也就可以引导青少年一代来建设国家，对于民族富强、大众幸福、人类进步作出新的贡献来。

文化解放[①]

【原文】

一、什么是文化？

文化是什么？初看起来是一个很容易答复的问题，但是仔细想一下，却有些困难。我们看到一本书，大家都可以承认它是属于文化方面的东西，但是遇着一把“石斧”的时候，我们的意见就要分歧了。有的人承认它是古代文化的遗产；有的人就不免要把它划进别的部门里面去。如果我们承认它是文化的遗产，那么一切生产工具都可以包括在文化的范围里面去了。石斧既是属于文化，那么，锄头，乃至机器都可以算是文化了。这样一来，文化范围可就扩大了。除了大自然之外，凡是人类所创造的一切都是文化了。凡是可以用来生产、战斗、交通、享乐、治理、思想的工具以及这些工具所引起的变化都可以当作文化看待了。这是一个顶宽的看法，也是一种顶简单的看法。照这样看法，文化是与大自然相对起来。世界上的一切可以分成两大类：一类是没有加上人工的，叫做自然；另一类是人工所创造的，叫做文化。但是在这个广大的定义之下，研究讨论的工作是不易进行。因此我们要从这广大的事物里抽出一部分来，特别叫它为“文化”。这部分便是记录思想、传达思想、发展思想、改变思想的符号、工具和行动。照这样看法，在文化里面是包含了书籍、报纸、戏剧、电影、学校教育、社会教育、民众运动、高深学术研究等等。在本质方面看，文化工作是反映着人类经济政治的思想。这个定义是与一般人普通所想的接近。

二、对谁解放？

大众是文化的创造者。最初连语言文字都是从劳动中产生出来的。从哼呀哼呀的呼声里发现了语言，这是不可否认的事实。在树皮上面游猎的路线是文字起源之一。石斧、石刀、种地、造房子不是什么圣人发明的，乃是许多劳苦大众一点一点的积起来的贡献。近代工人对于发明上千千万万的贡献都给科学家偷了去写在自己的帐上。文化是大众所创造的。文化是被小众所独占。现在应该将文化从小众的手里解放出来。创造文化的大众应该享受创造的结果。文化是无疑的要对大众解放，使整个文化成为大众的文化。现在的文化解放运动可以说是大众文化运动。

三、认识上的解放

文化有什么功用，我们必得把它认识清楚，才能谈它的解放。有些人把文化当作装饰品看待，以为大众用不着这个东西。我承认现在所谓"文化"当中有一部分是好比金刚钻戒指。但是有一部分是思想斗争的武器，这武器必定要解放出来，给大众抓住，然后民族大众的解放才有很快的发展。其次，有些人以为大众文化是要等到大众政治实现以后才有可能。我承认大众文化的普及是要等到整个政治变成大众的政治。但是大众的政治决不是凭空从天上掉下来的，它是要靠着大众继续不断的奋斗才能实现。这奋斗是要运用文化的武器以转变大众的思想才能保证胜利。另外，特别从事文化工作的人，太夸大文化的工作者或把文化看作是一个孤立的东西。他们相信文化万能，或者是为文化而文化。这样会叫文化工作脱离了现实而变成一个没有作用的东西。殊不知文化所要记录、传达、发展、改变的思想乃是人类生活中心的思想，即是政治经济的思想。文化脱离了政治经济便成了不可思议。我们认识了文化是政治经济斗争的武器就没有这个毛病了。最后，还有一种人以为文化的工作是纯粹的头脑工作。他们把它看成一个静的东西，可以静坐而得，静坐而传。他们忽略了行动与思想的关系。他们没有认识文化运动作用。我们如果认识文化是民族大众解放的斗争的武器，这个静止文化的错解也就消灭了。我们对于文化的功用至少要有这点认识然后才能把它从错误歪曲的观念里解放出来。也唯有把文化从错误歪曲的观念里解放出来，文化才能发生真正的作用。

四、工具的解放

中国的思想符号主要的是汉字。读书人要化一两千块钱，学它十年二十年，才可以读点古书。平常的人化它百把块钱一两年只是一撇一直的像稻草一样吃到肚里去不能消化，俗语叫做不通，读书没有读通。这难写难认的汉字只好留给那少数有钱有闲的少爷小姐去学，无钱无闲的大众和苦孩子必得另找出路。这出路就是近年提倡的易写易认的新文字。大众只须一个月每天费一小时就会写新文字的信，看新文字的报，读新文字的书，那是多么便利啊！大众文字的解放是大众文化的解放的钥匙。

五、方法的解放

传达文化之方法，依我看来，有三点最要解放。第一点，灌注的教授法最要不得。他把接受文化的人当作天津鸭儿填，民族大众解放运动最需要的不是灌注的演讲而是对于时事之讨论。这种相互之自由讨论，如果有前进书籍杂志作参考最能启发人的思想。学生和大众应该普遍的从灌注的教授法里解放出来，跑到这种自由讨论的空场上呼吸些新鲜空气，晒一晒太阳光。第二点，是知识封锁也要不得。从前的观念是学问自己受用，学校变成守知奴的制造厂。我们应该把自己从这知识私有卑鄙习惯里解放出来，我们对于真理应该即知即传，不肯教人的人不配受教育。从前写文章的人，是写得愈深愈觉得很得意。现在呢，连白话文都得解放成大众文，使得大众易于了解。这的确对于传播文化是有很大的作用。觉悟的知识分子都得把自己的作风解放出来使得大众易懂。第三点，要不得的是教而不做，学而不做。我们要在行动上来推进大众文化。我们要从静的方法解放出来,使大众加入真理的行动以追求行动的真理。

六、组织上的解放

文化的组织是被小众捏得死死的。学校里的训育管理变成官僚化。学生只是被治而失去了自治。我们要把文化从模范监牢里解放出来,使它跑进大社会里去。社会即学校。文化的场所多着哩。茶馆、酒楼、戏院、破庙、茅棚、灶披、晒台,甚至于茅厕,在今日都成了大众的课堂。整个民族解放运动成了大众课程。平常的课程如果是和民族解放运动配合起来,就不得不起质的变化。例如算学吧,那是看作一门纯粹的学科,然而把整个中国失掉的领土富源算一算,便立刻从平常的课程跳入非常的课程里面来了。在新的组织里,教师、学生和大众是站在一条民族自救的大路上,从前教师与学生间、学生与大众间的围墙都要打通,这样大众的文化才能充分传达、发展。

七、时间的解放

有些传统的学校,名为认真,实际是再坏无比。他们把无所谓的功课排得满满的,把时间挤得滴水不漏,使得学生对于民族前途和别的大问题一点也不能想,并且周考、月考、学期考、毕业考、会考弄得大家忙个不了,再也没有一点空闲去传达文化唤起大众。说得不客气些,这就是汉奸教育、奴化教育、亡国教育。另一方面,大众一天做十二小时工,甚至有的要做十六小时的工,他们是没有空闲接受文化。时间是文化战的最大关键。我们必须争取时间来推进大众文化。时间解放是大众文化解放的焦点。

八、新文化创造的解放

新文化之创造是社会进步之特征,同时,也是帮助社会更进一步的一种推动力。新兴的文化多少总是于大众有益的文化。所以新文化的创造是受着前进者之呼唤,同时是遭着落伍者之妒忌。前进的书籍、杂志、戏剧、电影,种种是在热烈的欢迎里遇着最惨酷的虐待。明明是一套最好的电影,他会给你东剪一条,西剪一条,剪得使你失去了原来的生命。好比人家生了一个小孩,假如管户口册的人要批评你这孩子哪里生得对,哪里生得不对,你一定是要觉得他做得太过分了;又假如他不但是随嘴乱说,并且手里还拿了一把剪子,看到孩子耳朵长得太长,便毫不客气的剪掉一点,看到孩子鼻子长得太高又毫不客气的剪掉一点,你该觉得这是个什么人啊!你能忍心坐在旁边让他剪吗?这样的刽子手是等在文化界的门口,一看见新的作品出来就给他几剪。从这把剪子的虎口里把新文化解放出来,是整个文化界不可推诿的责任。

九、怎样取得文化解放

中国从前有一样东西叫做裹脚布,把姑娘的脚紧紧的裹,裹得肉烂骨头断,裹成一只三寸金莲,好嫁一个好人家。我想和这裹脚布相配的还有一样东西,叫做裹头布,把中国的小孩、青年、大众的头脑壳,紧紧的裹,裹得呆头呆脑,裹成一个三寸金头,好做一个文化奴隶。这裹头布便是加在大众头上的一切文化的压迫。不愿做文化奴隶的人联合起来,争取大众文化之解放!前进的知识分子在推进大众文化上固然能起重要的作用,但是大众文化运动决不能由少数知识分子代办。大众文化是大众的文化,是大众自己推动的文化,是大众为自己谋幸福除痛苦而推动的文化。大众文化的解放是要大众运用集体的力量来争取的。它决不是小众可以送来的礼物。并且民族解放、大众解放、文化解放是一个分不开的运动。必得要联起来看,联起来想,联起来干,才会看得清楚,想得透彻,干得成功。

【注释】

①本篇原载1936年6月14日《生活日报》星期增刊第1卷第2期。后由作者收入自编的《中国大众教育问题》一书。

【导读】

19世纪末20世纪初,中国已经陷入了空前的内忧外患的窘境。在文化思想方面,随着民族危机的逐渐加深,中国急需一场文化解放运动来解放大众的文化,使大众也可以享受小众才可以享受的文化。陶行知的这篇文字即是在这种历史背景下问世的。

在文中,陶行知先将文化进行了广义和狭义的分析和解释。为了研究讨论的方便,他将"文化"限定在一个较为狭义的区域,即指记录思想、传达思想、发展思想、改变思想的符号、工具和行动,其中包含了书籍、报纸、戏剧、电影、学校教育、社会教育、民众运动、高深学术研究等。在他看来,是大众创造了这些文化,大众才是文化的真正缔造者。从最初语言文字的出现到劳动工具的产生,无一不积累着大众劳动生活的结晶,人类任何一项伟大的发明都是劳苦大众的功劳。文化是大众创造的,理应由大众享受创造的结果,但是在人类历史上,长期以来文化却是被小众所独占着。文化的解放,就是要使文化从小众的手里解放到大众的手里,使整个文化成为大众的文化。这种文化解放运动是大众运用自己的力量争取来的解放,绝不是小众的馈赠,"大众文化运动决不能由少数知识分子代办"!所以,文化解放要求大众在以下几个方面有所突破:认识上的解放、工具的解放、方法的解放、组织上的解放、时间的解放、新文化创造的解放。文化解放与普及教育紧密相联系。文化的解放,意味着知识的下移、科学的下嫁,意味着受教育者范围和对象的扩大。同时,大众文化的解放与民族解放、大众解放是一个分不开的运动,紧密结合,密切联系,要想取得大众文化解放运动的彻底胜利,必须要将三者统一起来看。

陶行知在文中提及的文化解放,即将文化解放给大众,其实也就是阐明我们的教育究竟为谁服务的问题。其中提到的六个方面的解放直到今天仍有值得人们努力实现的积极意义。其中一些观点,诸如将文化从小众手中解放给大众,把握大众文字这把解放的钥匙,重视行动与思想的关系,在行动上推进大众文化等等,于我们今天实现教育现代化的全民教育目标有着重大的借鉴价值。

大众教育问题①

——在中山大学法学院的演讲

【原文】

一、为什么需要大众教育?

简单说来,因为大众失了教育,所以需要大众教育。中国的教育,只有少数人,有钱的人,有闲的人,有面子的人,才得受教育。这少数人的教育,可以说是小众教育。而掌握国家大权的人,也就是这些小众。掌握国家的大权,照理要保护国家,但事实上东北丢了,热河丢了,冀东丢了,华北丢了,土地一块一块的丢了,丢了二十二个江苏那么大了,而福建也动摇了。②想把国家大事依靠此种人,说来只有"靠不住"三个字,也只有书呆子才想靠他们,现在只有大众才能救国。

我们要大众起来救国，但是大众识字的只有十分之二，他们不知道国家的危险，吃了苦不知道苦从哪里来；受了灾难，也不知道怎么有这许许多多的灾难。他们只晓得吃苦受灾是命运不好，说咱们的老命不行，这是我们祖宗的风水弄错了。

他们受了痛苦，不会去追求痛苦的原因；受了灾难，不会去根究灾难是谁给予的。民族国家的危险，正需要大众来挽救，他们有力量救国，而没有人去启发，没有人去领导。他们不知道困难的根本原因，在于日本帝国主义的侵略；他们不知道犯难的线索在什么地方；他们不知道痛苦的根本原因在什么地方。我们要教大众知道他们所受层出不穷的痛苦，不在于命运不好，也不在于风水弄错，而在于日本帝国主义的侵略；我们要教大众会运用他们的力量，我们要教大众怎样去推翻日本帝国主义，这才是大众教育。我们要提倡大众教育，推行大众教育。因为小众拿政权在手里，带兵百万，仍是不能救国；救国的问题，只得由大众来解决。我们要使大众知道，国难的根本原因在于日本帝国主义的侵略，而想出挽救的办法来。

大众教育和小众教育有什么区别？

第一，大众教育是大众的，不是小众的；

第二，大众教育是大众自己办的，不是小众代办的；

第三，大众教育是大众谋大众的幸福，大众除大众的痛苦，不是小众谋小众的幸福，小众除小众的痛苦。

二、什么是大众教育？

大众教育的定义是："大众教育是大众自己的教育，大众自己办教育，为大众谋幸福的教育(Mass education means education of the mass, by the mass and for the mass)。"

在此，我们要仔细分别大众教育和所谓平民教育、民众教育不同之点。大人先生所倡办的平民教育或民众教育，一点儿也无补于事的，我们只要把大众教育的定义弄清楚，自然会明白平民教育或民众教育乃是小众的，小众代办的，为小众谋幸福的。这是大众教育和平民教育或民众教育根本的区别，除此之外，还有许多不同之处。

分析说来，第一，大众教育要对大众说老实话，不要含混，不要欺骗。平民教育或民众教育，便不这样。比如说，我看见某平民课本，开宗明义说："人人有衣穿，人人有饭吃，人人有工做。"这是欺人之言。你说"人人有饭吃"，昨晚隔邻张三全家挨饿了；你说"人人有工做"，李四自从工厂辞退回家，没有工做已经许久了。这里说什么"人人有饭吃"？说什么"人人有工做"？这不是明明白白的骗子吗？我们办大众教育，要说老实话，不要欺骗才行。再如，大众教育也是要农村建设的。不错，农村建设要有组织，也要有礼貌，不过这只是农村建设的一端。要有组织就先要有目的。比如中山大学是一种组织，此种组织，已经有了目的。因此，才不会今天组织了，明天就散伙了。农村建设也是一样道理，既然要建设，就应该有一个中心，没有一个中心，不但要落空，而且会吃亏的。举一个例来说：农村建设之中，有一个叫做"公路建设"的口号。好了，要开公路，于是乎清丈土地，圈定土地，填筑土地；公路造成了，汽车来了，洋货也源源输入了。我曾做一首诗："圈去农人地，农人哭啼啼，造成汽车路，汽车大王笑嘻嘻。"帝国主义的政治、经济、文化的侵略，也深入农村，于是乎农村更加破产。办这样的教育，要来建设农村，真是要南辕北辙！我们办大众教育，要有深远的计划才行。

第二，大众教育也是要生产建设的，一般人提出生产教育，我并不反对；但他们以生产教育做唯一的目的，我就要反对了。比方说，生产主义者，他们以为一亩小麦，要是多收两斗，照这个比率计算起来，全国小麦的生产不是洋洋可观吗？他们以为一亩棉花要是多收五十斤，照这个比率计算起来，全国棉花的生产不也是洋洋可观吗？生产，生产，生产主义的平民教育，就是鼓励农民去增加棉花的生产。日本帝国主义的计划，不是也在华北鼓励农民增加棉花的生产吗？棉花种的越多，帝国主义也越欢迎，棉花原料也越不愁没有地方供给。单教人去生产而不去计较后来的得失，正是帝国主义的口吻。我以为，大众教育教大众生产之外，还要教大众觉悟的生产(mass conscious of mass production)，才不会偏在后头；这样教人生产，才靠得住。

我们要教人，不但要教人知其然，而且要教人知其所以然。这一回上海的普及教育[3]，也只教人知其然，自然是不够的。此次我到广东来，在船上，我就想出几条原则来，教人怎样去知其所以然。这(几)条原则是要大众觉悟的。

(一)知道事情是这样；(二)知道事情为什么这样；(三)知道事情怎样就这样；(四)知道事情怎样会成这样；(五)知道事情为什么由这样变那样；(六)知道事情怎样由那样变成这样；(七)把一切的事情和别的事情联合起来看；(八)在行动之中追求一切的真理，把真理来指导提高一切的行动。

我们要彻底理解一个事情，要知其然，知其所以然，那么就要依照这八个原则，不然，我们只知其然，教人知其然，这是愚民政策。

举例来说，我们知道生物学、社会学都有发展性，这是学过生物学和社会学的人周知的事。民族解放运动也有发展性，第一，知道中国是如此的一个半殖民地；第二，知道中国为什么会沦为半殖民地；第三，知道中国怎样沦为半殖民地；第四，知道中国怎样会成为独立平等的国家；第五，知道中国为什么要由半殖民地进为独立平等的国家；第六，知道中国怎样就由半殖民地进为独立平等的国家；第七，中国民族解放运动要和资本主义国家人民反抗帝国主义运动，社会主义反抗帝国主义运动，弱小民族反抗帝国主义运动，联合起来，考虑得失，要否大家连成一条共同战线；第八，中国民族解放运动，要从实际行动得到经验，以行动做主要的领导。

大众教育，也要照这个程序和民族解放运动联系起来，务使大众个个做民族解放运动的战士，就这样去教大众读书，才不会陷入“读死书，死读书”的泥坑之中。大众解放，中国才解放，中国要解放，就得求大众的解放。如果不是这样，中国是没得救的。

这是大众教育。

分析下来，还有许多话可说。

大众教育是针对现实，小众教育是逃避现实。小众教育像古庙的和尚，古庙的修道，他们不愿意跟现实接触的。华北的情形，最易看出来，日本的飞机，盘旋于古城之上，于是学者搬家，古物搬家，仪器搬家，只有古城搬不了家，这是逃走教育。高等教育尤甚，迁校啦，迁图书馆啦，逃走，逃走，搬走了事！否则做汉奸，投降！只有我们的大众搬不了家，不能逃走，只得死守古城。因为他们即使想逃走，没有地方给他们逃走，没有旅费给他们逃走。而我们大众的教育也就没有跑掉，已经跑掉的不是大众的教育。真正的大众教育要和现实打成一片，现实也是大众的教育，永远跑不掉的。

再如，定县也挂起大众教育的招牌，所谓平民教育或民众教育，可是大人先生教育逃走了。国难没有来，他们还在那里；国难的消息传到领袖的耳朵，领袖、专家就想逃走。他们也知道要逃走，师出无名是不可以的，于是想来想去，想出县单位的试验提高到省单位的试验的法子。这样一来，领袖们、专家们便逃到广西了，逃到四川去了，而用不着顾虑舆论的指责了。他们还在报上发表声明，说这一回的搬家不过是由县单位试验，提高到省单位试验。真的由县单位提到省单位，是事业的扩充，我很喜欢能够这样的。河北省是定县的所在地，也是国防的最前线，危险万分，在这里才真正是试验单位，才真正做救国的工作，为什么不提到河北省做省单位试验而提到广西去，提到四川去，还不是逃走吗？几百万元给他们花掉了，几千农民给他们抛弃了！大众不能逃避现实，他们要保护自己的生命、自己的田庄、自己的财产，教育要居于领导地位才对，而现在定县的教育领袖跑了，这是绝大错误！真的大众教育要从现实中找出题材，针对着现实。这也可说是大众教育和小众教育不同的地方。

三、怎样去干大众教育

（一）社会即学校。办大众教育第一个难关，没有房子怎么办？办大众教育当然不能希望有这样考究的房子，店铺、家庭、茶馆、蓬户、庙宇、晒台、茅厕坑、监牢、坟墓，都是教育场所。上海的日本工厂，压迫中国工人，无微不至，工人的谈话，也在禁止之列。但是工人救国的会谈，也不因此而终止，他们装大便，到茅厕坑，你能说茅厕坑不是学校吗？如果你犯了罪，如爱国罪之类，给宪兵、警察抓到监牢去，在监牢学会了许多东西，难道监牢不是学校吗？你到黄花岗七十二烈士墓[④]去，你的见识，你的回思，你的感慨，算是上了一课。我到上海无名英雄墓去，[⑤]也上了一课，坟墓不是我们最好的课堂吗？

我们若愁没有房子开学校，对有钱、有空房子的人商借一间半间房子办学校。哼，免开尊口！社会就是学校，我们在亭子间[⑥]、工厂、码头、田头、茶馆、庙宇，处处都可以受教育。先生来了，我们读书吧。穷人慷慨，他们的牛棚、蓬户，无妨借来做课堂，即使没有，山上、树林不也是绝好的学校吗？我们办大众教育，只要明白社会即学校的道理，处处都走得通。

（二）即知即传。有了地方开学校，没有先生还是不行。先生不是没有，月薪三百块，穷人哪里负担得起？三十块钱不行，二毛钱，还是不行。然则先生哪里来呢？我的办法："即知即传"。知道一条真理，负责传遍天下；知道两天真理，负责传遍天下；我传你，你传他，他传他，传到码头、工厂去，传到农村去。一人教十人、二十人、三十人，做个传道者。比如从前办小学，只知道教学生，其实小孩也可以做先生的，所以现在办小学，要教小孩子做学生，也要教小孩子做先生。

小孩子做小先生，古已有之。私塾先生有了学生代课、代管理，他便可安心去打麻将，睡午觉，临走只要吩咐一声："你们好好地读书，不要闹，不然，我回来就要打屁股了。"就没有事了。这正像资本家的剥削制度，在小孩身上揩油。

小孩子做小先生，确是一个很有效果的办法。中国有九千万小孩子，如果大众教育起了作用，我们就有不领薪水、不自私自利的小先生九千万人。这样一来，先生教书也进步了，因为要教孩子去做先生，做先生不能不知得多，不能不知得透，也不能不知得新；不多、不透、不新，学生就不高兴，也不能传人。现在我们有一千一百万小学生，训练起来，也即有一千一百万小先生。现在只差八千万。[⑦]小先生教大众，先进的大众也做先生。如此继续不断由学生而先生，先生的问题就解决了。

（三）新文字。有学校，有先生，没有工具，还是不行。我们办大众教育，要利用新文字工具。什么叫新文字，原来是拼音字，即是"拉丁化"文字。"拉丁化"我们不敢说了，为的怕人家误会。所以叫上海话新文字也行，叫广东话新文字也行。怕人家误会的原因有二：第一、乡下人不说外国话，你要叫他们学"拉丁化"，他们只听到"拉丁化"三个字就不愿学了。第二、"拉丁化"是从俄国来的。俄国来的东西都是赤化，他们就怕学了赤化了。其实俄国输入的东西，未必完全赤，上海某文豪，就把"拉丁化"有赤化的危险来责难，我说："你的汽车所用的汽油，不是俄国光华公司的吗？如果从俄国来的东西就是赤化，那么你的汽车所用的汽油，也就是赤化。”某文豪哑然失笑，给我问倒了。原来新文字是从海参崴的华侨传入来的。海参崴华侨的知识分子，用新文字推行华侨的识字教育，收效卓著，因此就有人介绍到中国来。一般人对于华侨，只晓得华侨的衰头，[8]旁的东西，一律拒绝，难道这是公平的吗？可以销俄国的汽油，难道不能推销旅俄华侨的新文字吗？

我们要了解新文字的好处，我们得先知道国语罗马字的不行。旁的不说，只要知道国语罗马字的二个难关：第一、国语罗马字用北平话做标准音，中国的方言复杂万分，国语一时很难推行，换句话说，国语在短时间内不易希望普及。你看乡下人一辈子不出门一步，一辈子不上北平，一辈子没有和国语相接触，所以即使学会，也没有什么用处，倒不如规规矩矩去学汉字。像我学北平标准语，学了五年，还是二不像。所以用国语罗马字做普及教育的工具简直是幻想。第二，国语罗马字要分平、上、去、入四声，在字的上下左右加点，标明是平声，还是上声、去声、入声，弄得天昏地黑。我们学来，已经感到很困难，何况一般大众呢？

新文字没有这两个难关。广州有广州话新文字，上海有上海话新文字。新文字全不勉强广州人定要去学别种方言。广州人自从一岁以后，已经学会了广州方言，只要学会拼音，就可以阅读新文字、理解新文字，它是文字上的大解放。新文字用连词的办法，不作平、上、去、入四声，它不会把新文字弄错。“吊”(diao lan dung)字：da dao 一词，“打倒”、“打稻”、“大刀”，三个意思不同，若是把一句话连起来就行，打倒(da dao)走狗，农人打稻子(da dao zi)、关公的大刀(da dao)，决不会弄错的了。

新文字不但没有国语罗马字的两个难关，而且有易字的好处。大众聪明的，一天学会；笨的，一月也学会；我们念过 ABCDE 的，很快就学会。大家说广东话，学广东话新文字，只须两个钟头。我们要做先生的人。要教学生；学生又要做先生，再去教学生，所以我们更要赶快学会。现在，广州话新文字方案共有四种，将来由专家审定，采取一种方案做广州新文字的标准，凡说广州话的大众，如广州、香港、中山、澳门等地方，都可以用来做工具。上海的大众，采用上海话新文字做读书识字的工具，大家都可以读书阅报，明白道理，运用力量来救国了。大众有了识字的工具，初级教科书一分钱，铅笔一分钱，拍纸簿一分钱，中高级教科书一分钱，高级教科书一分钱，大众花了五分钱就可以读书阅报，运用大众的力量来救国。

新文字的来历上面已经说过，新文字运用的发展，我也得提一提。大家知道在上海救国有罪的，所以有些爱国志士，为逃避检查者的耳目，他们就利用这种新文字。那班检查者，横看不是英文，直看也莫名其妙，常常掩饰过去。又有些青年男女，利用新文字写情书，也无非怕人检查，结果也很有效。我们提倡新文字，倒不是此意，简单说来，只要大众用来做救国的工具。

（四）救国的实际行动。[9]我们认定教大众救国的知识，起来做救国的实际行动就得了。

上面四项的主张，已经包括大众教育的主要部分。我们有了理论，有了计划，有了组织，我们起来做救国的实际行动。大家必定已经知道，天津人民自治运动的“喜剧”，其实都是二毛钱白面的力量推动出来，而天津市长，也居然接见这班东西，这是汉奸教育，二毛钱的汉奸教育。[10]我们的大众教育只要五分钱，培养一个民族解放战士，不说二毛钱，就是二百块钱，二万块钱也收买不去，彻底干，达到中华民族解放，中国自由平等才肯罢手，这才有意思。

【注释】

①本文系陶行知1936年5月1日应中山大学法学院之请在中大大礼堂所作的演讲稿，由陈孝禅记录整理。原载1936年5月8日《民国日报·教育周刊》。

②"福建已动摇了"，系指1933年11月，李济深、蒋光鼐、蔡廷楷等公开反对蒋介石统治，在福建组织"中华共和国人民革命政府"一事。亦指1935年12月19日，蒋介石派福建省主席陈仪偕厦门市长王固盘赴台，"庆祝"日本占领台湾四十周年大典的可耻事件。

③指1935年7月开始的上海市识字教育运动。当时组成以上海市长吴铁城和上海市教育局长潘公展为正、副委员长的"识字教育委员会"，计划以600字为最低标准，对16～30岁的青壮年男女实行强迫教育，拟以一年时间消灭全市青壮年文盲。

④黄花岗七十二烈士墓，在广州省东山区先烈路，是安葬黄花岗起义牺牲的烈士墓园，也是辛亥革命的重要史迹。

⑤指上海宝山县庙行的"一·二八"无名英雄墓。1936年1月28日，上海各界举行"一·二八"四周年纪念会。陶行知与近万名参加者在会后参加了游行，并徒步45里来到无名英雄墓前，悼念死难烈士。

⑥亭子间，都市旧洋楼中的狭小房间，位于房子后部楼梯的中侧，居住者多为城市贫民。

⑦此处记录疑有脱漏。参阅陶行知的其他留世文字可知，似应为"全国识字的大众是有八千万"(这是他当时所作的估计)，而他们都有担任"传递先生"的资格和责任。

⑧"袁头"，是袁世凯篡夺民国大总统宝座后发行铸有自己头像的银币，老百姓一般称这种银币为"袁大头"。此处意指只知要华侨的钱财。

⑨此节标题系由编者参考此篇讲稿记录者陈孝禅所记叙的讲演提纲所拟加。陈孝禅记曰："1936年5月1日下午三时半，陶行知开始讲演……他在黑板上写有四项提纲：一、社会即学校；二、即知即传；三、新文字；四、救国的实际行动。"

⑩指1935年11月25日，日本策动天津地方的汉奸并利用小恩小惠来笼络贪图便宜之人，向国民政府天津当局"请愿"要求"自治"的事件。

【导读】

国家存亡顷刻之间，必须联合大众起来反抗日本帝国主义的侵略，然而大众的知识文化水平很难领悟到这一点，这就要解决大众的教育问题。正是这一时代主题和历史背景，激励着陶行知东奔西走不顾疲劳，到处作唤醒民众团结起来抗日救国的教育演讲。在这次演讲的前一天，陶行知即举行了一场《粉碎日本大陆政策》的演讲，面对1000多人的听众，他对日本帝国主义企图吞并我国的丑恶嘴脸进行彻底的揭露，引起了强烈反响，台下掌声口号声此起彼伏。随之在次日，他又借中山大学的礼堂从教育的角度作了这场题为《大众教育问题》的讲演，向听众阐明如何通过开展大众教育来抗日救亡。

在这此演讲中，陶行知主要回答了三个问题：为什么要大众教育？大众教育是什么？大众教育怎样办？国难当头，"我们要一种正确的教育来引导大众去冲破命定的迷信，揭开麻醉的面具，找出灾难的线索，感觉本身力量的伟大，以粉碎敌人之侵略阴谋，把一个垂危的祖国变成一个自由平等的乐土"。这种正确的教育便是中华民族渴盼已久的大众教育。大众教育是大众自己的教育，是大众自己办的教育，是为大众谋福利除痛苦的教育，最终目的是争取中国民族大众之解放。要想真正办好中国大众教育，必须依据社会即学校，即知即传这两条原则，运用拼音新文字及其他有效工具，引导和组织大众来争取中华民族的大众解放。一句话，大众教育不是小众的问题，是联合广大人民群众去解决国难的问题。

陶行知关于中国大众教育问题的演讲是在深刻反思中国大众教育问题的基础之上，

针砭时弊，批评指出当传统教育的弊害，对中国大众教育问题提出了可贵的解决方案，为在黑暗中寻觅革新教育的曙光指明了道路。虽然一些思想在当时很难实施，受到当时政治思潮的压迫，但这些思想的前进性不言而喻，不仅在动乱的旧中国绽放出异样的火花，而且其中所阐明的教育理念，提出办理为人民群众谋求幸福的八项原则，以及依靠大众自身的力量来实现自身的教育上的解放等思想认识，对于我们今天如何真实地完成义务教育、实施全面教育，以及从事种种教育普及运动来说，都有启示作用。

告生活教育社同志书

——为生活教育运动十二周年纪念而作[①]

【原文】

我所敬爱的同志们！

三月十五日[②]是一个值得纪念的日子。每年到了这个日子，大家都有许多意见想交换……

我们在这大时代中遇着了，而且是继续不断的共同奋斗，这是多么幸福啊！有些人却不是这样看法。去年八月中归船到印度，一位留学的女太太对我说："这次我们回到中国是和出国的时候大不同了。学校没有了，工厂没有了，家庭没有了，亲戚朋友都流离失所了，先生也不免有些伤感吧？"我说："在国内我们可能看见的也许比你所说的要惨十倍一百倍，但是我毫无伤感。它的确是一个大不同的中国了。有拳头了，站起来了。不错，它是在大量的流血。但是如同一位母亲生孩子一样，流血的结果是新生命之产生。我们在中国所看到的血，不再是自相残杀的血，而是和日本帝国主义拚命的血。在这伟大的血的洪流里将要浮出来一个伟大的自由平等的中华民国。"记得"五三"惨案纪念日在晓庄寅会[③]里我曾说过："晓庄所办教育如果不能帮助中国把日本帝国主义打出去，便算是失败。"我们自始就认定大时代之来到，而且这大时代是要靠中国人和一切反侵略的战友的血汗创造出来的……

在这个值得纪念的日子，我的脑袋里浮出来一个最鲜明的印象是：一群青年丢掉了文凭的眷恋，从学府里跑到乡下去，和农人共生活。光阴过得很快。这已经是十二年前的"罗曼斯"[④]了。这一群青年所带去的不是文化的赈济品，而是一颗虚心要探寻真正适合中国向前进取的教育。

当这些青年和农人接触之后，双方都有了惊奇的发现。青年们在学府里受教已久，手无缚鸡之力，只拿得动一支笔儿写几行字。他们下乡不多时，便发现自己也有手，可以做工，可以种田，可以实验，可以使枪杆。农人呢，在"民可使由之，不可使知之"的空气中生活了几千百年，久已被裹头布[⑤]裹得不能思想。他们和青年知识分子接触之下，禁不住要喊出来："我们也有头脑啊！"青年发现了自己有双手，才是能坐而言也能起而行。农人发现自己有头脑，才能由了解革命信仰革命并发挥出力量以争取中国之自由平等。这种双手与头脑的重新发现是极重要的收获，应当在纪念的时候特别指出。

我们在这十二年当中干了些什么事？三件事，还没有做完。一是反洋化教育，二是反传统教育，三是在半殖民地半封建的国家建立争取自由平等之教育理论与方法。

（一）反洋化教育的用意并不是反对外来的知识　我们对于外洋输入的真知识是竭

诚的欢迎。但是办学校一定要盖洋楼、说洋话、用洋书才算是真正的学校，那可不敢赞同。有些洋化教育家没有抽水的洋马桶是几乎拉不出屎。尤其是没有工业的生产而他们要工业的享受和花费。中国是个穷国，哪能禁得起这样的浪费。在这一方面浪费，在另一方面的教育便没有钱办了，结果是成了少数人的教育。

（二）反传统教育也不是反对固有的优点　我们对于中国固有之美德是竭诚的拥护。但是“满朝朱紫贵，尽是读书人”的升官教育，以及“为教为而教书，为读书而读书”的超然教育，我们都是反对的。至于一般老百姓“出钱给人读死书，自己一个大字也不识”的现象尤其不能缄默。

（三）建立争取自由平等的教育原理方法　我们之所以反对洋化教育和传统教育，是要开辟出一条大路，让这半殖民地争取自由平等的教育可以出来。三民主义是我们的工作的最高指导。从一个半殖民地半封建的国家变成一个自由、平等的民有、民治、民享的国家，是要军事、政治、经济、教育几方面配合得好才能达到目的。教育方面必定要具备几种条件才能负起这样伟大的使命。(1)教育必须是战斗的。教育不是玩具，不是装饰品，不是升官发财的媒介。教育是一种武器，是民族、人类解放的武器。(2)教育必须是生活的。一切教育必须通过生活才有效。抗战建国的生活才算是抗战建国的教育。(3)教育必须是科学的。这种教育是没有地方能抄袭得来的。我们必须运用科学的方法，根据客观情形继续不断的把它研究出来，而且，这种教育的内容也必须包含并着重自然科学与社会科学，否则不能前进。(4)教育必须是大众的。把一个半殖民地半封建的国家变成一个独立国，绝不是少数人所能办得成功。我们必须教育大众一同起来负担这个伟大的使命。但是希望老百姓都得到这教育必须有三个条件：一要省钱，使无钱的老百姓可以受到教育；二要省时间，使没有空闲的老百姓也能求学；三要通俗，使没有受过教育的老百姓也能了解而感到兴趣。这样一来，若不运用“即知即传”的原则，便不能达到老百姓都受教育的目的。而且老百姓所受的教育是要集体的施行，集体才是力量；个别的教，还是一盘散沙，不能发挥出充分的力量。(5)教育必须是有计划的。我们要有一个动的计划，使人力、财力都有一个缓急轻重的总分配。从半殖民地半封建到自由平等之境要有一个继续展开的教育计划，逐步的引导我们前进。

在这十二年当中，应客观环境的需要，我们是发动了四个教育运动：即乡村教育、普及教育、国难教育、战时教育。这四个运动只是一个运动的四个阶段。这一个运动便是生活教育运动，也可以说是从半殖民地半封建渡到自由平等的国家的教育运动。

现在要问：我们今后应该做什么？怎样做？

（一）继续已往的工作　伟大的抗日战争已经把洋化教育、传统教育弄得站不住脚。新的教师在茅草棚和山洞里没有黑板粉笔也能办教育。这是多么可喜的现象啊！但是教死书、死教书、教书死的教书匠，和读死书、死读书、读书死的蛀书虫还是很多；守知奴也没有完全变化过来；文化买办还在恋栈；学校内外的洋八股、老八股、文八股、武八股、宣传八股还没有肃清；文化痞块是长在都市；乡下是害了文化贫血症；缺课的要拚命的补，补课之后就得吃补药；穷苦的天才是被埋没；到现在还有人反对战时需要的战时教育，他们是藏在百年大计、基本学术的盾牌之下，时常发出违背民族生存之歪曲言论。我们要争取抗战的胜利、建国的成功，是必须把这些毛病改正过来。我们对于这些病症是不应该消极的批评，而是要积极的帮助改正。

（二）负起当前的任务　我们当前的任务是展开全面教育以配合全面抗战而争取全面的最后胜利。我们要把教育展开到前方，展开到边疆，展开到敌后方，展开到华侨的所在地，展开到全世界凡是有敌人斗争的地方去。别人不愿意去而应该去的地方，我们都得分道扬镳的去……我们不应该把别人的力量小看了，连老太太、孩子们都是同阵的战士。我们也不应该把自己的力量小看了，当一个小学教员不仅是三四十个学生的导师，倘使培养学生能即知即传，就很容易的影响到三四百人。他的地位的重要是好比一个作战的连长或营长。当一个小学校长，不仅是一两百学生的导师，而是一两百户、一两千人的导师。他的地位的重要是好比一个作战的团长。当一个县教育局长，不仅是几百个学校、万把学生的导师，而是一个几十万民众的导师。他的地位是好比一个集团军总司令，甚至是一个战区的司令长官。但是倘使你小看了自己的岗位，小看了别人的力量，小看了生活教育的即知即传、工学团等等原理，你便成了一只孤鸦，一个光棍，由渺小而悲观、徘徊、妥协，敌人一来是不堪设想。有许多人是把大事小做了。最重要的是我们要认清我们任务之重大。此外随身要带的还有两样东西：一是针线，二是灯笼。一件衣服破过了，是可以越破越撕，越撕越破，到后来是可以撕成粉碎。唯一的办法是遇着破绽便立刻用针线把它缝好。当这民族的生死关头，是不容有丝毫的裂痕，一遇破裂就把我们的针线拿出来。灯笼是照着人认清路线向前走，不只是照着自己而且是照着同行的人向前走，走入自由平等之境。

（三）加强我们的力量　为着要继续已往的工作和负起当前的任务，我们必须增加自己的力量，否则是不能胜任的。第一，学术便是力量。我们要提高学术的研究。晓庄研究所⑥之建立便是希望对于抗战建国的重要而被忽略的问题，加以研究，以求解决而帮助增加抗战建国之力量。此外，我希望我们每一个同志都要抓着一个问题，继续不断、百折不回的去研究它，不得到解决不止；同时，对于中国，对于敌国，对于世界也要努力取得正确的认识。我们所教的小孩的集团也要时时刻刻的求进。第二，组织便是力量。生活教育社已经成立，这是一个喜讯。季平⑦同志说得好，生活教育社是一个教育界的大家庭。它是教育思想者的团体，又是教育运动者之团体，又是教育工作者之团体，又是培养教师的团体，又是一般人学习生活和智能的团体，又是一个共同生活体。他又说：它是应该大众化的，大家共同生活；它应该是工厂化的，大家分工合作；它应该是学校化的，大家互教共学。我对这些话都同意，只是培养教师的团体要改为教师进修的团体，并且互教共学之下要加即知即传。传统学校化是不够的，我们必须即知即传才能跳出自己的小篱笆。其实，整个生活教育社应该是一个大的工学团，办教育是我们的工；研究问题是我们的学；共同过有组织的生活是我们的团。我们既要根据三民主义教导民众小孩，那么，我们自己的组织就必须民主化。不但总社要民主化的组织，而且分社、共学服务团的组织都得民主化。第三，行动便是力量。我们要在抗战建国的行动上发挥我们的力量而且增加我们的力量。战时生活便是战时教育，我们要以行动的战时生活来增加我们的力量……

增加我们的力量是为着要争取最后之胜利。让我们大家把整个生命贡献出来，帮助打倒日本帝国主义并创造我们的独立平等幸福的中华民国。

【注释】

①本文为生活教育社十二周年纪念会而作。1939 年 3 月 15 日下午二时，纪念会在重庆社交会堂召开，陶行知作了这场报告。原文载于 1939 年 3 月 25 日《战时教育》第 4 卷第 3 期。

②3 月 15 日是晓庄学校的立校纪念日，也是生活教育运动的纪念日。

③晓庄学校每天清晨 5～6 时（寅时）举行集会，故称寅会。寅会由师生轮流主持，轮流作简短讲话。会后举行体育操练。

④罗曼斯(Romance)　意译浪漫，富有诗意、充满幻想等意思。

⑤裹头布　即包头布。

⑥晓庄研究所　陶行知海外宣传抗战归国后为继续发展生活教育事业的三愿之一，就是建立晓庄研究所，后因当局阻挠，未能正式办成。

⑦季平　刘季平，晓庄学校学生，中共党地下组织负责人。其时为《战时教育》杂志负责人之一。

【导读】

1939 年，抗日战争全面爆发的第二年，整个中华民族处于水深火热之中，全民投入到打倒日本帝国主义的浪潮中，并为创造一个独立平等的强大民族而奋力战斗着。陶行知怀着教育救国的忠心，坚持着教育服务大众的思想，把知识作为一种武器，通过教育这条纽带，把战斗的决心，把对解放、自由的向往深入到了每一个有敌人的角落。为了团结同志，唤起民众一道共赴国难、英勇抗日，他借生活教育运动的纪念大会作了这场具有战斗号角作用的报告。

在报告中，陶行知根据当时中国的国情深入分析了当前我们所面临的政治、经济、军事等各方面的形势，并由此引出了教育在当时应该担负的重大责任。随后他总结了自己过去十二年里在反洋化教育、反传统教育以及如何在半殖民地半封建的国家建立争取自由平等之教育理论方法这三件事上的得与失，系统论证了反洋化教育不是反对外来知识、反传统教育也不是反对固有优点的观点。同时，在建立争取自由平等的教育原理方法上，关于教育能否肩负起拯救民族的使命，陶行知提出了具体的五个条件。这就是教育必须是战斗的，是生活的，是科学的，是大众的，是计划的。最后，他希望同志们继续以往的工作，负起当前的任务，更要加强自身的力量，以帮助打倒日本帝国主义，并创造独立平等幸福的中华民国。

不同的历史时代赋予我们不同的历史任务，对我们的教育也提出不同的要求。只要有人类存在，教育就永远是一个与人类息息相关的主旋律。教育不是一场革命，但它胜似一场革命，无论在哪个时期，它的历史使命感始终都在召唤着陶行知这样的同志，为着中华民族的崛起而作出“把整个生命献出来”的努力！

育才学校教育纲要草案①

【原文】

一、育才学校之性质及其内容

(1)育才学校根据中华民国教育宗旨及抗战建国需要，用生活教育之原理一方法，培养难童中之优秀儿童，使成为抗战建国之人才。

(2)育才学校办的是建国教育，但同时是抗战教育。有人离开抗战教育而提出建国教育，挂建国教育之名，行平时教育之实。我们的看法不同，今天的建国教育必须是抗战教育，而今天真正把握中国抗战全面需要的抗战教育，必须是建国教育。育才学校从某些人的眼光看来，是“建国教育”(因为他们以为它只是培养未来的人才)；但我们认为这并不保证它就是建国教育。保证它是建国教育的是在于它同时就是抗战教育。今天育才学校的儿童必须过战时生活，必须为抗战服务，必须在抗战洪炉中锻炼。否则，我们便没有理由希望他们成为未来的建国人才。育才学校的教育，不是挂名的建国教育，而是抗战与建国的统一教育，抗战建国教育。

(3)育才学校办的是人才教育，分音乐、戏剧、绘画、文学、社会、自然等组。但和传统的人才教育办法，有所不同。传统的人才教育，一般地是先准备普通的基本教育，然后受专门的高等教育。我们的办法是不作这样严格的时间上的划分，我们选拔具有特殊才能的儿童，在开始时便同时注意其一般基础教育与特殊基础教育。前者所以使儿童获得一般知能及优良的生活习惯与态度；后者所以给予具特殊才能之儿童以特殊营养，以使其特殊才能得以发展而不致枯萎，并培养其获得专门知能之基础。表面上看来，这是一般基础教育与专科基础教育之过早的区分，但根据我们的办法，这是及早防止一般基础学习及专科基础学习之裂痕。我们要及早培养儿童对于世界和人生一元的看法。倘若幼年的达尔文对于生物浓厚的爱好是发展伟大的进化论者达尔文的条件之一，那末今天提早发展儿童之个别优异倾向，实在有其理由。倘若中国近年来文化工作之脱离广泛社会实际生活，和技术专家之缺少正确的认识可以作为殷鉴，那末今天便在一般基础教育与特殊教育中予以统一，防止那样的分裂倾向，实在有其必要。

(4)育才学校办的是知情意合一的教育。中国数十年的新教育是知识贩卖的教育，有心人曾慨然提倡感情教育、知情意并重的教育。这种主张，基本上是不错的，但遗憾的是没认清知识教育与感情教育并不对立，同时知情意三者并非从割裂的调练中可以获取。书本教育也许可以使儿童迅速获得许多知识，神经质的教师也许可以使儿童迅速地获得丰富的感情，专制的训练也许可以使一个人获得独断的意志，但我们何所取于这样的知识，何所取于这样的感情，何所取于这样的意志？知情意的教育是整个的，统一的。知的教育不是灌输儿童死的知识，而是同时引起儿童的社会兴趣与行动的意志。情育不是培养儿童脆弱的感情，而是调节并启发儿童应有的感情，主要的是追求真理的感情；在感情之调节与启发中使儿童了解其意义与方法，便同时是知的教育；使养成追求真理的感情并能努力与奉行，便同时是意志教育。意志教育不是发扬个人盲目的意志，而是培养合于社会及历史发展的意志。合理的意志之培养和正确的知识教育不能分开，坚强的意志之获得和一定情况下的情绪激发与冷淡无从割裂。现在我们要求在统一的教育中培养儿童的知情意，启发其自觉，使其人格获得完备的发展。

(5)育才学校办的是智仁勇合一的教育。智仁勇三者是中国重要的精神遗产，过去它被认为“天下之达德”；今天依然不失为个人完满发展之重要的指标。尤其是目前抗战建国时期，我们需要智仁勇兼修的个人，不智而仁是懦夫之仁；不智而勇是匹夫之勇；不仁而智是狡黠之智；不仁而勇是小器之勇；不勇而智是清谈之智；不勇而仁是口头之仁。中国童子军[②]以智仁勇为其训练之目标，是非常有意义的。育才学校不仅是以智仁勇为其局部训练之目标，而是通过全部生活与课程以达到智仁勇之鹄的。我们要求每一个学生个性上滋润着智慧的心，了解社会与大众的热诚，服务社会与大众自我牺牲的精神。

(6)育才学校是一个具有试验性质的学校。第一，抗战以来，中国破天荒产生了儿童公育的事业，而育才学校是其中特殊的一种。我们希望将具有特殊才能的儿童之公育，予以充分的试验。第二，育才学校以生活教育原理与方法作为一种指导方针，我很希望将这一指导方针予以充分试验，我们深信这种试验会给予生活教育理论一些新的发展。

(7)育才学校全盘教育基础建筑在集体生活上。这里不是一个旧的教育场所，而是一个新的生活场所。这里不是一个旧的教育场所，而是一个新的生活场所。这里的问题，不仅在于给儿童以什么样的教育，同时更在于如何使儿童接受那样的教育；这里的问题，不仅在于我们应有一个教育理想与计划，而在于如何通过集体生活达到那样一个理想与计划。所谓集体生活是全盘教育的基础有三个意义：

第一，集体生活是儿童之自我向社会化道路发展的重要推动力；为儿童心理正常发展所必需。一个不能获得这种正常发展的儿童，可能终其身只是一个悲剧。第二，集体生活可以逐渐培养一个人的集体精神。这是克服个人主义、英雄主义及悲观懦性思想的有效药剂，中华民族正处于历史上空前未有的抗战建国关头，这种集体精神应溶化在每个人的血液里。第三，集体生活是用众人的力量集体地创造合理的生活、进步的生活和丰富的生活；以这种丰富、进步而又合理的生活之血液来滋养儿童，以集体生活之不断的自新创造的过程来教育儿童。具体言之，集体生活之作用是在使儿童团结起来做追求真理的小学生，团结起来做即知即传的小先生，团结起来做手脑并用的小工人，团结起来做反抗侵略的小战士。

(8)育才学校的集体生活必须保持合理、进步与丰富，而欲保持它的合理、进步与丰富，则有两个重要的条件：(一)与社会发展的联系，与整个世界的沟通。(二)在集体之下，发展民主，看重个性。

(9)育才学校的集体生活包含着如下几种生活：(一)劳动生活；(二)健康生活；(三)政治生活；(四)文化生活。在传统教育中有所谓劳动教育而忽略劳动生活，有所谓健康教育而忽略健康生活，有所谓政治教育而忽略政治生活，在各种各样的课堂中，讲授文化生活而忽略真正的文化生活。育才学校的生活与教育是统一的，它认定劳动生活即是劳动教育，用劳动生活来教育，给劳动生活以教育；它认定健康生活即是健康教育，用健康生活来教育，给健康生活以教育；它认定政治生活即是政治教育，用政治生活来教育，给政治生活以教育；它认定文化教育，用文化生活来教育，给文化生活以教育。

(10)育才学校的集体生活虽然在性质上分为劳动生活、健康生活、政治生活和文化生活，但在生活之集体性这一点上，决定了我们的劳动生活、文化生活往往同时就是政治生活。质言之，劳动生活、健康生活、文化生活之解释、动员、组织的过程都是政治生活，也都是政治教育。因此育才学校的集体生活，在其总的意义上说来便是一种政治生活。也就是说育才学校的政治教育笼罩着整个集体生活。

(11)育才学校的生活是有计划的，此种有计划的集体生活之集体性决定了全部的集体生活，同时就是政治生活。同样地育才学校的集体之教育性决定了全部的集体生活，同时就是文化生活。质言之，劳动生活、健康生活、政治生活在集体讨论与检查中所有语言文字表达能力之锻炼以及思考推理之应用等等，便同时是文化生活。劳动生活、健康生活、政治生活对于学生精神和品格上之陶冶及锻炼，便同时是文化教育。因此，育才学校的集体生活在其总的意义说来，同时又是文化教育。

(12)育才学校之集体生活在其总的意义上说来，一方面是政治教育，另一方面又是文化教育。此二者与集体生活是互为影响的。集体生活愈丰富，则政治教育愈充实；政治教育愈充实，则集体生活之政治认识的水平愈提高。同样地，集体生活愈丰富，则文化教育愈充实；文化教育愈充实，则集体生活之文化水平愈提高。

(13)育才学校之政治教育、文化教育在集体生活有其总的意义，要求我们确定这两方面的指导方针：(一)今天吾人正处在历史上空前未有的民族解放战争中，纵贯在整个抗战中之最根本问题是全国精诚团结，服从三民主义之领导，这是全国人民的共同要求，毫无疑义地育才学校之政治教育应以精诚团结，服从抗战，实行三民主义为最高原则。(二)人类历史上的文化遗产浩如瀚海，欲浩如瀚海之文化遗产全部为儿童所接受，匪特不可能，抑且与教育原理不相合。因此，育才学校今日而言文化教育，就其内容而言，必须确定以下诸点:(一)压缩地反应人类历史上重要而有代表性的文化遗产。(二)着眼哲学科学(社会与自然)与艺术之历史的发展及其在社会实践的意义。(三)着重人类进化史及中国历史的认识。

(14)最后,育才学校一般基础教育之是否可以获得成功,特种基础教育是否可以获得较多的学习时间,都要看儿童们是否能迅速地获得文化之工具来决定,这是一个教育上基本建设的问题。一个儿童不能够用适当语言文字清楚地表现他的思想,我们可以说,这个儿童所受的是不完备的教育。所谓文化的工具的教育,包含着这样几项:(一)语言,(二)文字,(三)图画,(四)数学,(五)逻辑。广义地说来,这五项东西同是表达思想的工具。只有这种工具获得了才可以求高深的学问,才可以治繁复的事。传统教育也是非常看重这种工具的,但它有两个根本缺点:第一,偏狭。将读、写、算看做最重要的工具;第二,错误。一味在读、写、算本身上来学习读、写、算。今天我们提出文化的工具教育,并且强调其重要,绝不是将它置于一般基础教育之上,终日来学习语言文字数学逻辑。倘若这样的话,这正是犯了三R(The three R's)[3]教育的错误。我们认为工具教育,应该从丰富的集体生活中来吸取培养它自己的血液,用语言文字图画来表达集体生活,用集体生活中统计的事项来作写计算的材料,用集体生活中之事实、论争发展儿童客观的逻辑,代替儿童之虚幻逻辑。

然而,在另一方面也有一种错误的倾向:那就是设计教学法者,根本忽视工具教育之特性。他们将语文和算术的学习不断联结于各个不甚关联的单元活动上,充满了牵强附会和人工造作。依照我们的办法,一方面是用这些工具来表达集体生活事项,一方面又将语文之优秀作品以及计数活动之练习给组成一种文化生活,从事学习,儿童获得这种文化的生产工具以后,他便能自动地吸收广泛的知识。

二、育才学校生活、学习与工作制度

(1)育才学校的生活、学习、工作基本上是打成一片的,其中一般活动皆属于一骨干组织的集团生活之组织下。这一个组织统一了生活与学习的组织,统一了集体生活与日常社会服务组织。这一组织系统概略如下:(一)设育才学校儿童生活团;(二)音乐、戏剧、文学、社会、绘画、自然、工艺、农艺等组各编为一中队,中队下设若干分队;(三)各组同一般教育水准之儿童编为一学级,使共受普通教育;(四)各组之各不同分队的儿童按年龄大小与工作经验之配合,混合组成若干社会服务队,专司附近村落社会服务(详细情形,可参考育才学校公约草案)。

(2)学习活动中之一般学习包含(在)一般生活组织中。

(3)工作与服务之一般的组织亦包含在一般生活组织中,但育才学校为了在抗战洪炉中锻炼儿童,同时为了抗战工作之需要,得相机随时组织战时工作队;倘若在一般生活组织中,有较为固定的生活、工作与学习已经使儿童获得较为刻板的习惯,那末战时工作队便是有意打破这种刻板的习惯,予儿童以一种应有的训练。

(4)以上各项组织尽了纵横交错之作用,使全校儿童能彼此相接触,但在这各组织中,分队是平日生活、工作、学习的基本组织。

(5)育才学校主张教训合一,同时育才学校坚决地反对体罚。体罚是权威制度的残余,在时代的意义上说它已成为死去的东西;它非但不足以使儿童改善行为,相反地,它是将儿童挤下黑暗的深渊。育才教师最大的责任便是引起儿童对于纪律自觉地需要,自觉地遵守;引起儿童对于学习自觉地需要,自动地追求。

(6)育才学校集体生活之组织的原则是民主集中制。民主集中制的运用,一方面可以健全当前的集体生活,另一方面是要培养儿童参与未来民主政治之基础。

(7)育才学校着重分队晚会,凡集体生活中之问题,时事及当天指导员所教的东西务需予以充分的讨论,这除了增加儿童对于学科了解而外,同时更增进了儿童语言表达的能力。

(8)育才学校着重自我批评。自我批评是发展民主的有效手段,自我批评是促进自觉性启发的利器。

(9)育才学校着重总结能力之培养。总结需要包含学习中各种问题,自我批评及讨论中不相同的意见等,这一方面是扩大了儿童的能力,一方面是练习了逻辑。

(10)育才学校要养成儿童之自我教育精神。除跟教师学外,还跟伙伴学,跟民众学,走向图书馆去学,走向社会与自然界去学。他可以热烈地参加集团生活,但同时又可以冷静地思考问题。

为了加强养成儿童之自我教育精神,育才学校每日给予儿童相当时间,作为自由思索与自由活动的机会。

(11)育才学校之总的教育过程为:(一)以儿童为行动的主体,在教师之知的领导下,所进行的行与知之不断联锁的过程;(二)以儿童为行动的主体,同时以儿童自身之知为领导,所发展之行与知不断联锁的过程;(三)育才教育目的之一便是从第一种过程慢慢地发展至第二种过程。

(12)育才学校之一般"教学做"的过程,有三种形式:(一)以工作或问题为中心的教学做过程;(二)以事物之历史发展为中心的教学做过程;(三)各学科各系统的学习与研究的教学做过程。这三个过程,育才学校参合互用。

(13)育才学校教师与学生基本上是在集体生活上共学,不但是学生受先生的教育,先生也在受学生的教育。这里我们要反对两种不正确的倾向:一种是将教与学的界限完全泯除,否定了教师领导作用的错误倾向;另一种是只管教,不问学生兴趣,不注意学生所提出的问题之错误倾向。前一种倾向必然是无计划,随着生活打滚;后一种倾向必然是盲目地灌输学生给弄成填鸭。

优秀的教育工作者一方面是他根据客观情形订出教育计划,但另一方面是知道如何通过生活与实践,实现这个计划,并且在某种情形下知道修改他的计划,同时发展他的计划。

【注释】

①本文撰于1939年6月。原文出自1943年4月延安新教育学会编印的《行知教育论文选集》。

②中国童子军　最先由武昌文华书院创办于1912年,南京国民政府成立后设中国童子军总会,并在小学和初中设童子军课程,推行童子军管理。

③"三R"　英文Read、Recite和Review的缩写形式,意为阅读、背诵和温习。"三R教育",即为通过阅读、背诵和温习这种死板的教学形式来进行教育。

【导读】

抗日战争时期,为了更好地培养抗战建国的人才,同时使那些具有一定学习天赋的难童得到合适的学校教育,在极其艰苦恶劣的条件下,陶行知在重庆办起了"育才"这所战时著名的难童学校,并在1939年6月间拟定了《育才学校教育纲要草案》,作为育才学校的发展纲领。陶行知通过《育才学校教育纲要草案》的形式,对育才学校的性质、内容、学生的学习与生活、教师的工作与生活等各方面都进行了明确的规定和阐述。它不仅是对学校自身生存提出了方向，更是对全校师生在思想上、行动上进行的指引，旨在通过这种宏观大局上的指导而产生更有力量的行动，从而争取教育的成功和获得革命的最终胜利。

《育才学校教育纲要草案》分为两大部分。首先，陶行知对育才学校的性质及内容做出了详细而明确的论述。他从14个方面回答了学校性质究竟是什么，学校应该教什么内容来满足当时社会的需要等问题。他认为，育才学校要“根据中华民国教育宗旨及抗战建国需要”，来培养“难童中之优秀儿童”，让他们成为“抗战建国”的人才。也就是说，育才办的是建国教育，也是抗战的教育，更是人才的教育，这三者统一于学校的整个教育之中。通过把一般学习与专业知识的学习相结合，通过知情意与智仁勇在精神教育上的合一，在劳动的、健康的、文化的政治生活中培养学生的集体精神，实现儿童逐步向小学生、小先生甚至是小战士的蜕变。其次，陶行知对育才学校的生活、学习、工作制度进行了全面而细致的规定。在集体生活中，学习活动是存在于一切活动组织之中的，它们并没有明显的界限，应该打成一片。在具体的组织上，根据民主集中制的原则，可以以某个骨干为主成立多个集团生活组织，在这个组织下设立儿童生活团，然后根据专业不同再各自变成一个中队，再根据这个组的儿童的一般教育水平划分年级来接受一般的普通教育，同时，组织之间是相互联系的。而作为一名优秀的老师，如何进行组织和管理，如何使受教育者学习好、生活好，却是他们面临的最大责任。

昨天已成为历史，育才，已不再是一个学校的代号，但陶行知为育才师生制订的这种真知人才全面发展的培养方案，则在数千年来重知轻能的中国教育土地上有如一股清冽的山泉，饮者可以清醒头脑，可以增长精神。这股泉水至今还焕发着生命的活力，它从某种程度已经是一种使命，一种呼唤，尤其在提倡素质教育的今天，人们可以从这份草案中明白人才的“素质”究竟该如何培养，如何提高。更为关键的是，我们必须认识到，“不仅在于给儿童以什么样的教育，同时更在于如何使儿童接受那样的教育”。

我的民众教育观①

【原文】

民众教育是什么？民众教育是民众的教育，民众自己办的教育，为民众的最高利益而办的教育。换句话说：民众教育是给民众以教育，由民众来教育，为民众而教育。给民众以教育是用教育来动员民众。无论是征兵、征工、募捐、募寒衣，及一切需要民众做的事，强迫不如说服，命令不如志愿，被动不如自动。说服是教育的方法，志愿是教育的成果，自动是教育所启发的力量。所以教育是动员民众最可靠、最有效的武器。由民众来教育是用民众来动员教育。中国对教育是动员了四五十年，到如今中国教育还没有普遍的动起来。这是什么缘故呢？先生少，学生多。小众的力量不够大，推不动大众的教育。但是民众接受了知识即刻传递给别人，那就容易推动了。前进的民众来教育落后的民众，一起起来动员教育，那末教育就不能不普遍的动起来了。为民众而教育是为民众最高的利益而教育。民众最高的利益是什么呢？中国民众最高的利益，不消说得，是打倒日本帝国主义，建立一个自由平等幸福的中华民国，并和全世界反侵略之战友共同来创造一个合理公道互助的世界。所以由民众动员教育，用教育来动员民众，以争取这最高之利益和最后之胜利，才可算是真正的民众教育。

民众教育之发展大概有三个阶段：第一阶段是要民众。第二阶段是要教育民众。第三阶段是民众要教育。要民众是民众教育之基本条件。否则民众且不要，何况乎民众教育。可是单凭我们的主观或是小众的利益而办的民众教育，民众不一定接受，一直等到我们发现民众所以不接受这样"教育"的缘故，并且改变我们的方针、内容、方法，使所办民众教育适合民众的口味，然后民众才要教育。也要等候它办到民众未得它之先是如饥如渴的想念，既得它之后是向前向上的奋发，那时候民众教育才算是办得有几分谱子了。

中国已往的民众教育是害了三种病。一是偏枯病。它或是由于有意的放弃，或是由于无意的忽略以致大部分的民众是不知、不能、不可、不敢跑进民众教育的圈里来。例如老年人、女人、工人、农人、流浪儿，绝大多数是被摈于民众教育之外。我没有篇幅给我一一举例，只谈一谈老年人吧。假使我国的老太太都能有机会受一点像岫岩县的赵老太太、修仁县的曾大娘、歇马乡的刘太太的教育，那末对于她们的从军的儿子是有多么大的鼓励啊！假使有一点真的教育配献给她们，那末，经过她们的广播，又是有何等扩大的影响啊！然而一般民众教育者则忽视老人之重要，而口口声声的说，我们要赶快培养青年民众，老人家快要进棺材了，有什么用呢？因此，民众教育对于老人则害了偏枯症，同样，它对于妇女、农人、工人、流浪儿都害了偏枯的症候。二是守株待兔病。民众教育者是坐在民众教育馆里等待民众来：来一个，教一个；来两个，教一双；很少自动的到老百姓的队伍里去找学生。那愿意把教育送上门去的更是凤毛麟角了。民众教育还有一个特有的病，那就是尾巴病。民众教育在已往是成了教育之尾巴，排列是尾巴，经费是尾巴尖。社会既以尾巴看待民众教育，民众教育亦不知不觉的以尾巴自居。反过来说，民众教育抬头，也可见民众之抬头。

前几天，蒋委员长巡视湘北遇见民众教育馆，必去观看，可见民众教育之被最高当局重视。

民众教育是一件大事，不可小看，更不可小做。大县一二百万人。小县也一二十万人。一位民众教育馆长假使用民众来动员教育并用教育来动员民众，他和他的同志便能影响而唤起少则一二十万多则一二百万民众，个个知道为中华民国奋斗，愿意为中华民国奋斗，能够为中华民国奋斗，则中华民国自然会活到万万年了。大家要想民众教育抬头，要想中华民国抬头，是必得认清民众教育是一件大事并且要把它当做一件大事来实践。

民众教育馆的舘字引起了我的注意。舘字从官从舍；官舍是官住的地方，好像是一个衙门。民众教育舘有变成一个衙门的危险，但要想把民众教育当作一件大事做，切不可以在衙门里做老爷。官舍还有一个意思，就是看管房子。办民众教育倘变成只看管民教馆的房子，那也嫌不够。我有意把舘字换个馆子。民众教育馆好一比是一个民众餐馆，前者管民众的文化粮食，后者管民众的身体粮食。民众餐馆要想生意好必须价廉物美招待周到不需久候，民众教育馆要想做得开，在几方面都要跟民众餐馆学学才好。但是馆子也有毛病，官食可作老爷吃饭讲。倘使办民众教育的老爷只顾着自己的饭碗，而不把精神粮食输送给老百姓，那便是大事小做了。

【注释】

①此文原载 1939 年 12 月 25 日《战时教育》第 5 卷第 4 期。

【导读】

陶行知为教育普及和国民素质的提高奋斗了一生。他用生活教育理论指导着自己的教育实践，把劳苦大众、贫民子女的利益始终摆在首位，从当时当地的历史条件出发，把教育救国的观点诠释到了极致。这篇《我的民众教育观》字里行间流露着一种亲切，始终围绕着“民众”与“教育”的关系展开，字字句句都在力图传达自己的“民众教育”理念，表明自己欲借“民众”教育民众办、办好教育为“民众”的民众教育，而使中国千千万万个民众觉醒起来、觉悟起来，为着建立一个自由平等幸福的国家和创造一个合理公道互助的世界，贡献出自身的力量和才智。

该文开门见山即提出“民众教育是什么?”接着说明了民众教育发展的三个阶段，再根据以往的民众教育经验总结出三个不足，最后谈到了民众教育馆的历史功能与作用。在文章的结尾处，他借拆字法——他惯常运用的解释概念、名词或定义的方法，从分析“舘”字入手，用一种幽默诙谐的语调特别指出民众教育馆该如何在民众教育中扮演好自身的角色，从而更好地发挥其在民众教育中的作用。在陶行知看来，民众教育就是对民众进行的教育，是人民大众为了自己的利益而自己办的教育。在当时的社会条件下，教育是动员民众的一种“最可靠，最有效的武器”。民众是民众教育的基本，没有民众，民众教育就无从谈起。同时，也要有教育，只有对民众进行了教育才能称呼为民众教育。所以，当“教育”与“民众”紧密相结合的时候，民众教育才有成功的可能。当然，要想民众教育办得“有几分谱子”，还得以客观现实和民众利益为出发点，办适合民众口味的教育，这样才能唤起民众的需要，才能让民众教育走得更远。陶行知很形象地指出，过去的民众教育，害了“偏枯病”、“守株待兔病”以及“尾巴病”。在他看来，民众教育馆不是官府，而是像饭馆一样给人提供精神食粮的地方；民众教育馆的先生不是在里面享福的老爷，也不是在里面看管空房子，而是要学会招揽生意，把民众都吸纳到自己的馆里来做客。只有让先生多起来，让民众都有精神的粮食，这“馆子”才算是走上了一条真正正确的发展大道。

在艰难困苦的岁月中，陶行知用“民众教育”开辟抗战救国的道路，最终完成国家独立和民族解放的历史任务。在今天，我们要使社会教育工作真正能够适应新时期社会主义建设的需要，陶行知的“人民教育人民办，办好教育为人民”的理念、原则和方法值到参照仿行。

每天四问[①]

【原文】

今天是本校[②]三周纪念，我有一些意见提出来和大家谈谈，作为先生、同学和工友们的参考。

本校从去年的二周纪念到今年的三周纪念，能在这样艰难困苦中支持了一年，几乎是一个奇迹。这一个奇迹，不是一个人的力量所能够做得出来的，而是全体先生、同学、工友共同坚持，共同进步，共同创造，以及社会关心我们人士的尽力赞助所得来的。

本校在这一年中，好像是我们先生、同学、工友二百人坐在一只船上，放在嘉陵江中漂流，大的漏洞危险虽然没有，但是小的漏洞是出了一些，这些小漏洞也可以变成大漏洞，使我们的船沉没下去的！然而我们的船没有因为这些小漏洞沉没，竟因为我们这些同船的人，一见有小漏洞，即想尽方法用力去堵塞，有时用手去堵，有时用脚去堵，甚至有时用头用全身的力量去堵：终于把这只船上这些小漏洞堵塞住，而平稳地渡过这一年，达到了目的地，这是一个奇迹，一个共同努力共同创造的奇迹。

……

现在我提出四个问题，叫做"每天四问"：

第一问：我的身体有没有进步？

第二问：我的学问有没有进步？

第三问：我的工作有没有进步？

第四问：我的道德有没有进步？

第一问："我的身体有没有进步？"

首先，我们每天应该要问的，是"自己的身体有没有进步？有，进步了多少？"为什么要这样问？因为"健康第一"。没有了身体，一切都完了！不禁使我想到了去年二周(年)纪念前九日邹秉权[③]同学之死！与今年三周(年)纪念前九日魏国光同学之死！二人之死的日子是恰恰一周年，不过时间上相差八九个钟点罢了。因这两位同学的死，使我联想到，我们必须继续建立"健康堡垒"。要建立健康堡垒，必须注意几点：

(一)"科学的观察与诊断"。……科学是教我们仔细观察与分析，譬如邹秉权、魏国光两同学之死，尤其是魏国光同学这一次的死，不能不说是我们先生、同学的科学的观察力不够。魏国光同学患的是"蛔虫"症候，他在学校寝室内吐过蛔虫，有同房的同学见到没有报告，先生也没有仔细查看，到了医院又在痰盂中吐过蛔虫，又没有留心注意到，这就是科学重证据的"敏感"，而成为一种不科学的"钝感"了！而医生又复大意，则在这种钝感之下据之而误断为"盲肠炎"。虽然他腹痛的部位是盲肠炎的部位，但既称为"炎"，就必得发"热"；今既无热，就可以断定不是盲肠炎了。何以需要开刀割治?！其实魏国光同学的病症是蛔虫积结在肠胃内作怪，不能下达，而向上冲吐了出来！如果，把这吐过蛔虫的证据提出来，医生一定不致遽断为盲肠炎，而开刀，而发炎，而致命！因为魏国光同学之死，我们必须提高"科学的警惕性"。以后遇病，必要拿出科学上铁一般的证据来，才不致有错误的诊断，而损害了身体。否则，都有追踪邹秉权、魏国光两同学之死的危险！所以提高科学的警觉性，是保卫生命的起码条件。最重要还是要用科学的卫生方法，好好的调节自己的身体，不使生病！科学能教我们好好的生活，生存！我们今后应该多提高科学的知能，向着科学努力，努力建立科学的健康堡垒，以保证我们大家的健康和生命。

(二)"饮食的调节与改进"。……我这次去重庆，因事到南岸，会到杨耿光(杰)[④]先生，杨先生是我们这一年来，经济助力最多最出力的一位热心赞助者。顺便谈到儿童和青年的营养问题，杨先生提到德国对于儿童和青年的营养问题，是无微不至的。德国有一位大学教授，对于自己儿子的营养，说过这样一段话："我为什么有这样好的身体，可以担任这样繁重的事情？就是我的父母把我从小起的营养就调节配备得好，所以身体建筑得像钢骨水泥做的一样。身体建筑最好的材料是牛肉，所以我决定每天要给我的儿子吃半斤牛肉，一直到二十五岁，就能够把他的身体建筑成为钢骨水泥做成的一样，可以和我一样担任繁重的大事了。"纳粹德国政府，对于全国儿童及青年身体健康的营养，是无微不至，我们今天关于营养的问题提到德国，并不是要像纳粹德国一样，把儿童和青年的身体培养得坚实强健，然后逼送他们到前线上去当侵略者的炮灰！但是这种注重新生一代的儿童和青年营养问题的办法，是值得注意的。苏联是社会主义的国家，对于儿童和青年的营养问题，也是无微不至的，所以它在一切建设上，在抵抗侵略上，到处都表现着活跃的民族青春的活力。其他许多国家政令中亦多注意到儿童和青年的营养问题。我们在今天提出营养问题来，就是为着现在和将来人人能够出任艰巨。悬此为的，以备改进我们的膳食，为国家民族而珍重着每一个人的身体的健康。

（三）“预防疲劳的休息”。……“饱食终日，无所用心”，固然不对，但是过分的用功，过分的紧张劳苦工作，也于一个人身体的健康有妨害。妨害着脑力的贫弱，妨害着体力的匮乏，甚至于大病，不但耽误了学习和工作，而且减损及于全生命的期限！所以我在去年早已提出“预防疲劳的休息”问题，今天重新提出，希望大家时时提示警觉，预防疲劳，不致使身体过分疲劳。天天能在兴致勃勃中工作学习，健康必然在愉快中进步了。至于已经有人过分疲劳了，要快快作“恢复疲劳的休息”。适当的休息，是健身的主要秘诀之一，万不可忽略。忽略健康的人，就是等于在与自己的生命开玩笑。

（四）“用卫生教育代替医生”。……卫生的首要在预防疾病。卫生教育就在于教人预防疾病，减少疾病。卫生教育做得好，虽不能说可以做到百分之百不生病的效果，但至少是可以减少百分之九十的病痛。其余在预防意料之外而发生的只有百分之十的病痛，可是已经是占着很少成分，足以见出卫生教育效力之大了。以现在学校的经济状况说来，是难以支出两三千块钱来请一个医生。我们的学校是穷学校，中国的村庄是穷村庄。我们学校是二百人，若以五口之家计算，是等于一个四十户人家的村庄。若以这个比例来计算，全中国约有一百万个村庄，每村需要请一个医生，便需要有一百万个医生。现在中国的人力和经济力都不允许这样做，不能够这样做，所以我们学校也就决定不这样做，决定不请医生。我们要以决心推进卫生教育的效力来代替医生，以保证健康的胜利。以卫生教育代替医生，在两月前，我已有信来学校，提出十几条具体事实来，希望照行，现在想来，还是不够，需要补充。待补充之后，提交校务会议商决进行。但是今天在此先提出来告诉大家，希望大家多多准备意见，贡献意见。在建立“科学的健康堡垒”上多尽一份力量，便是在卫生教育施行上多一份力量，卫生教育胜利上多一份保证。大家都成为建立“科学的健康堡垒”的主要的成员之一，健将之一，共同来保证“健康第一”的胜利。

第二问：“我的学问有没有进步？”

其次，我们每天应该问的，是“自己的学问有没有进步？有，进步了多少？”为什么要这样问？因为“学问是一切前进的活力的源泉”。学问怎样能够进步？重要在有方法研究。

现在我想到有五个字，可以帮助我们学问易于进步。哪五个字呢？

第一个，是“一”字。一是“专一”的一。荀子说：“好一则博。”这句话是很有精义的。因为有了一个专一的问题做中心，从事研究，便可旁搜广引，自然而然的广博起来了。我看世界名人学者对于治学的解释，尚少如此精约的，治学必须“专一”的“一”，这是天经地义的了。“专一”在英文为 Concentration，我们对于一件事物能够专心一意的研究下去，必然能够有一旦豁然贯通之时。所以我希望有能力研究的先生和同学，必须择定一个题目从事研究，即使是一个很小的问题，也可以研究出很深刻很渊博的大道理来。于人于己都可得到切实的益处，而且可能有大的贡献。

第二个，是“集”字。集是“搜集”的集。集照篆字的写法，是这样“[篆字：集]”，好像许多钩钩一样。我们研究学问有了中心题目，便要多多搜集材料，像“集”的篆写一样，用许多钩钩到处去钩,上下古今,左右中外的钩,前前后后,四面八方的钩,钩集在一起来,好细细研究。集字在英文为 Co1lection,我们有了丰富的材料,便可以源源本本的彻头彻尾的来研究它一个明明白白,才能够真正理解这个问题的症结所在,才能够“迎刃而解”,才能够收得“水到渠成”的效力。所以我希望大家对于每一个问题,都必须多多搜集材料,以便精深的精益求精的研究。在研究上发生力量,在研究上加强创造力量,集体创造,共同创造,在创造上建立起我们事业的新生命,树立起我们事业的新生机,稳定我们事业的新基础。

第三个,是“钻”字。钻是钻进去的钻,就是深入的意思,钻是要费很大的力量,才能够钻得进去,深入到里面去,看得清清楚楚,取得了最宝贵的宝贝。做学问虽不能像钻东西那么钻,但是能够用最好的方法,也可以很快钻进去。我在 x 国,参观一个金矿,他们开采的机器,是运用大气的压力来发生动力的。我见到他们开采的速度,是比现代所称的“电化”的电力,还不知要增加若干倍咧。我们做学问也是一样,如果我们能够在学术气氛中的大气压力下,发生动力去钻,一定能够深入到里面去,探获学问的根源奥妙与诀窍,而必有很好的收获。“钻”字在英文为 Penetration,所以我希望大家对于一个问题拿定了,便要尽力向里面钻,钻出一大套道理来,使我们学术气氛有着飞跃的进步。

第四个,是“剖”字。剖是“解剖”的剖,就是“分析”的意思。有些材料钻进去还不够,必须解剖出来看它的真伪,是有用的还是有毒素的?以便取舍,清化运用。“剖”字在英文为 Analyzation,所以我希望大家对于每一个问题搜集得来的材料,除了钻进深入之外,必须更加着意做一番解剖的工夫,分析入微,如同在解剖刀下,在显微镜下,看得明明白白,分析得清清楚楚,真的有用的没有毒素的就拿来运用;如果是假的有毒素的就舍去抛掉不用。如此,鉴别材料,慎选材料,自然因应适宜了。

第五个,是“韧”字。韧是坚韧,即是鲁迅先生所主张的“韧性战斗”的韧。做学问是一种长期的战斗工作,所以必须有韧性战斗的精神,才能够在长期战斗中,战胜许许多多困难,化除种种障碍,开辟出一条新的道路,走入新的境界。“韧”字在英文中尚难找得一个适当的字来翻译,勉强可以译为 Toughness,所以我希望大家在做学问上,要用韧性战斗的精神,历久不衰的,始终不懈的坚持下去,终可达到“柳暗花明又一村”的境界。

我想我们每一个人,能把“一”“集”“钻”“剖”“韧”五个字做到了,在做学问上一定有豁然贯通之日,于己于人于社会都有贡献。

第三问:“我的工作有没有进步?”

再次,我们每天要问,是“自己担任的工作有没有进步?有,进步了多少?”为什么要这样问?因为工作的好坏影响我们的生活、学习都是很大的。我对于工作也提出几点意见。以供大家参考。

第一点最要紧的,是要“站岗位”。各人所负的责任不同,各人有各人的岗位,各人应该站在各人自己的岗位上,守牢自己的岗位,在本岗位上努力,把本岗位的职务做得好,这是尽责任的第一步。我最近在想,人人应该有“站岗位”的教育。站牢在自己的工作岗位上,教育自己知责任,明责任,负责任——教育着自己进步。

第二点最要紧的,是要“敏捷正确”。人常说,做事要“敏捷”,这是对的。但我觉得做事只是做到敏捷还不够,敏捷是敏捷了,因敏捷而做错了怎么办?所以敏捷之下必须加上“正确”二字,工作敏捷而正确才有效力。一件工作在别入做起来需要四小时,你只要二小时或三小时就做好了,而且做得很正确,这才算是工作的效力。工作怎样能够做得敏捷正确呢?这就要靠熟练与精细。粗心大意,是最易弄错弄坏事情的。做事要像做算术的演算草一样，要演得快演得正确。

第三点最要紧的，是要“做好为止”。有些人做事，有起头无煞尾，做东丢西，做西丢东，忙过不了，不是一事无成，就是半途而废。我们做事要按照计划，依限完成，就必须毅力坚持，一直到做好为止。

第四问：“我的道德有没有进步？”

最后，我们每天要问的，是“自己的道德有没有进步？有，进步了多少？”为什么要这样问？因为道德是做人的根本。根本一坏，纵然你有一些学问和本领，也无甚用处。否则，没有道德的人，学问和本领愈大，就能为非作恶愈大，所以我在不久以前，就提出“人格防”来，要我们大家“建筑人格长城”。建筑人格长城的基础，就是道德。现在分“公德”和“私德”两方面来说。

先说“公德”。一个集体能不能稳固，是否可以兴盛起来？就要看每一个集体的组成分子，能不能顾到公德，卫护公德，来衡量它。如果一个集体的组成分子，人人以公德为前提，注意着每一个行动，则这一个集体，必然是日益稳固，日益兴盛起来。否则，多数人只顾个人私利，不顾集体利益，则这个集体的基础必然动摇，并且一定是要衰败下去！要不然，就只有把这些不顾公德的分子清除出这个集体；这个集体才有转向新生机的希望。所以我们在每一个行动上，都要问一问是否妨碍了公德？是否有助于公德？妨碍公德的，没有做的即打定决心不做，已经开始做的，立刻停止不做。若是有助于公德的，大家齐心全力来助他成功。

再说“私德”。私德不讲究的人，每每就是成为妨害公德的人，所以一个人私德更是要紧，私德更是公德的根本，私德最重要的是“廉洁”。一切坏心术坏行为，都由不廉洁而起。所以我在讲“建筑人格长城”的时候，提到了杨震的“四知”[⑤]，甘地[⑥]的漏夜“还金”，华盛顿[⑦]的勇敢承认错误，和冯焕章[⑧]先生所讲的平老静“还金镯”的故事，这些，都是我们大家私德上的好榜样。我们每个人都可以效法这些榜样，把自己的私德建立起来，建筑起“人格长城”来。由私德的健全，而扩大公德的效用，来为集体谋利益，则我们的学校必然的到了四周年，是有一种高贵的品德成绩表现出来。

我今天所讲的“每天四问”，提供大家作为进德修业的参考。如果灵活运用的行到做到，明年今日四周年纪念的时候，必然可以见出每一个人身体健康上有着大的进步，学问进修上有着大的进步，工作效能上有着大的进步，道德品格上有着大的进步，显出“水到渠成”的进步，而有着大大的进步。

【注释】

①本文是陶行知1942年7月20日在育才学校三周年纪念晚会上的演讲词。当时助手方与严在台下默记，后交与陶校长，直到学校七周年校庆后五天，陶校长病逝，方与严在整理陶校长的房间时又看见了这篇文稿，于是才有了这篇文稿的面世。后收入1951年4月教育书店版《育才学校》中。

②指育才学校，1939年创立于重庆，是一所难童学校，收养在战争中流离失所的苦难儿童。第一批学生四十余人。宗旨是培育人才幼苗，使儿童成为“抗战建国之人才”。皖南事变后，由于国民党当局的经济封锁和政治迫害，学校一度陷入困境。但在中共和各界进步人士的支持下，陶行知带领师生生产自救，自力更生渡过了难关。抗战胜利后，学校主体迁往上海，即今上海市行知中学，留在重庆部分发展为今重庆市育才中学。

③邹秉权　及后文的魏国光，均为育才小学的小学生。

④杨耿光(1888—1949)　名杰，字耿光，云南大理人，毕业于日本陆军大学，后参加同盟会。1916年参加讨袁“护国”之役。解放战争时，参加反内战活动。1949年被邀为中国人民政治协商会议第一届

全体会议代表。未及参加会议，在香港遭国民党特务暗杀。

⑤杨震的“四知” 杨震，东汉时高官，博学而廉。一次，他路过昌邑县，县令是杨震过去推荐的荆州秀才王密。王密当晚怀揣着十斤黄金送给杨震。杨震说：“作为老朋友，我是了解你的，可你怎么不了解我呢？”王密说：“现在已是晚上，没人会知道我送你金。”杨震说：“天知，地知，我知，你知，怎么能说没有人知道呢？”王密惭愧地出来退了。“杨震四知”现在用来比喻人的所做所为终究是逃不过监督的，干了违背天地良心的事情也许暂时会瞒过其他人，但终究逃脱不了自己内心良知的谴责。

⑥甘地 即莫罕达斯·卡拉姆昌德·甘地(Mohandas Karamchand Gandhi，1869— 1948)，尊称圣雄甘地，是印度民族主义运动和国大党领袖。他既是印度的国父，也是印度最伟大的政治领袖。

⑦华盛顿(1732—1799) 美国第一任总统，美利坚合众国奠基人。

⑧冯焕章 即冯玉祥(1882—1948)。安徽巢县人，行伍出身。曾任国民党政府军事委员会副委员长。“九一八”事变后积极主张抗日，反对蒋介石的不抵抗政策和法西斯独裁统治。1946 年出国考场水利。1948 年 9 月响应中国共产党号召，回国参与政治协商会议筹备工作，途中，在黑海因轮船失火而遇难。

【导读】

关于为收养和教育战时难童而创办的育才学校，陶行知曾说过这样一段话：“我们在普及教育运动实践中，常常发现老百姓中有许多穷苦孩子有特殊才能，因为没有得到培养的机会而枯萎了。这是一件非常可惜的事情。这个民族的损失，人类的憾事，时时在我的心中，提醒我中国有这样一个缺陷要补足。”1939 年 7 月 20 日育才学校借重庆北温泉小学开学，8 月全校迁往合川草街子古圣寺。当时正是抗战时期，政治形势紧张，经济非常困难，由于学生主要是一些难童，学校对学生不收学费和生活费，因而经费异常困绌，其办理艰难可想而知。但是在陶先生的不懈坚持及广大师生和社会有识之士的共同努力下，学校克服了重重困难，取得了很大的成绩。为了团结全校师生一致堵塞“漏洞”，使学校在困难中继续坚持下去，陶行知借学校三周年纪念的机会作了这篇精彩的演讲。据其时的记录者方与严所言：这个“每天四问”，“是我们每天做人做事的警钟，也是一切有血性有志气有正义感的人做人做事的宝筏，能把我们的人生渡上更高境界的宝筏！”可见这场演讲对育才师生的震撼作用和教育功效！

在文中，陶行知由庆贺学校三周年纪念转而提出“四问”，就是每天要反躬自问身体、学问、工作和道德上有没有进步，进步了多少。之所以发此四问，他解释为：健康是一个人的生命之本，学问是一个人前进活力的源泉，工作是实现人生价值的关键，道德是做人做事的根本。

对于第一问的回答，陶行知认为保持健康就要做到四点：1. 学会科学的观察与诊断，2. 调节与改进饮食，3. 预防疲劳，保证休息，4. 用卫生教育代替医生。对于第二问，陶行知告知人们如何取得学习进步的方法，即“专一”、“搜集”、“钻研”、“剖析”、“坚韧”。关于工作的第三问，陶行知向听众建议：首先要对工作认真负责，其次要保证工作效力，最后就是要坚持到底，持之以恒。至于最后关于“道德进步”这一问，陶行知从公德和私德两个方面提出了要求。“人人独善其身者，谓之私德；人人相善其群者，谓之公德。”而私德更为公德的根本，尤为主要的是“廉洁”！

身为一个学校的创办者和奠基人，在百忙之中，尤其在极度困难的时期，如何关心全校师生的进步和成长，提高他们克服困难的信心和力量，实现自己教育事业和培育人才的理想和目标，陶行知的所作所为是一个最好的榜样！关于育才学校，其时就有人问陶行知“你何必背着石头过河呢？”陶先生说：“我背的不是石头，是爱人。”正是这种爱满天下之心，对学生的爱，对学校的爱，对教育事业的爱，对劳动人民的爱，对中华民族的爱，才使他在灾难的旧中国千难万苦中成就自己一桩桩事业！本着这种爱，他要求每日以四问鼓励、鞭策自己，不断进步，学做“真人”。对照陶行知，于今日那些一门心思抓学生考试成绩、学校升学名次的学校校长和教师来说，真是一种不可企及又必须企及的“境界”！

创造的儿童教育①

【原文】

创造的儿童教育，不是说教育可以创造儿童。儿童的创造力是千千万万祖先，至少经过五十万年与环境适应斗争所获得而传下来之才能之精华。发挥或阻碍，加强或削弱，培养或摧残这创造力的是环境。教育是要在儿童自身的基础上，过滤并运用环境的影响，以培养加强发挥这创造力，使他长得更有力量，以贡献于民族与人类。教育不能创造什么，但他能启发解放儿童创造力以从事于创造之工作。

我们晓得特别是中国小孩，是在苦海中成长。我们应该把儿童苦海创造成一个儿童乐园。这个乐园不是由成人创造出来交给小孩子，也不是要小孩子自己单身匹马去创造，我们造一个乐园交给小孩子，也许不久就会变为苦海；单由小孩子自己去创造，也许就创造出一个苦海。所以应该成人加入小孩子的队伍里去，陪着小孩子一起创造。

一、把我们摆在儿童队伍里，成为孩子当中的一员

我们加入到儿童队伍里去成为一员，不是敷衍的，不是假冒的，而是要真诚的，在情感方面和小孩子站在一条战线上。我曾经写过一首小诗，描写过我们在小孩队中应有和不应有的态度。

儿童园内无老翁，
老翁个个变儿童，
变儿童，
莫学孙悟空！
他在狮驮洞，
也曾变过小钻风，
小钻风，
脸儿模样般般像，
拖着一条尾巴两股红。

我们要加入儿童队伍里，第一步要做到不失其赤子之心。做成小孩子队伍里的一分子。

二、认识小孩子有力量

我们加入儿童生活中，便发现小孩子有力量；不但有力量，而且有创造力。我们要钻进小孩子队伍里才能有这个新认识与新发现。

从前当晓庄学校停办的时候，晓庄的教师和师范生不能回晓庄小学任职，私塾先生又被小孩拒绝，农人不好勉强聘请，不得已，小孩自己组织起来，推举同学做校长当教员，自己教，自己学，自己办，并自称自动学校。这是中国破天荒的创造。我听见了这个消息以后，就写了一首诗去恭贺他们：

有个学校真奇怪：
大孩自动教小孩。

七十二行皆先生，

先生不在学如在。

写好之后，交给几位小学生，请他们指教，他们说尽善尽美，于是用快信寄去。

第三天，他们回一封信，向我道谢之外，说这首诗有一个字要改。大孩教小孩，难道小孩不能教大孩吗？大孩能够自动，难道小孩不能自动吗？而且大孩教小孩有什么奇怪呀？这一串炸弹把个大字炸得粉碎，我马上把他改为“小孩自动教大孩”，这样一来，是更好了。黄泥腿的农村小孩改留学生的诗，又是破天荒的证明，证明小孩有创造力。

又有一次我到南通州去推广“小先生”，写了一篇一分钟演讲词，内中有一段：“读了书，不教人，甚么人？不是人。”我讲过后有一个小孩子马上来说，陶先生，你的演讲最好把“不是人”改为“木头人”，“木头人”比“不是人”更好了。因为“不是人”三个字不具体，桌子不是人，椅子也不是人，而“木头人”是给了我们一个具体的印象。这也证明小孩子有创造力。我们要真正承认小孩子有创造力，才可以不被成见所蒙蔽。小孩子多少都有其创造的能力。

三、解放儿童的创造力

我们发现了儿童有创造力，认识了儿童有创造力，就须进一步把儿童的创造力解放出来。

（一）解放小孩子的头脑。儿童的创造力被固有的迷信、成见、曲解、幻想层层裹头布包缠了起来。我们要发展儿童的创造力，先要把儿童的头脑从迷信、成见、曲解、幻想中解放出来。迷信要不得，成见要不得，曲解要不得，幻想更要不得，幻想是反对现实的。这种种要不得的包头布，要把他一块一块撕下来，如同中国女子勇敢的撕下了裹脚布一样。

自从有了裹脚布，从前中国妇女是被人今天裹、明天裹、今年裹、明年裹，骨髓裹断，肉裹烂，裹成一双三寸金莲。

自从有了裹头布，中国的儿童，青年成人也是被人今天裹、明天裹、今年裹、明年裹，似乎非把个个人都裹成一个三寸金头不可。如果中华民族不想以三寸金头出现于国际舞台，唱三花脸，就要把裹头布一齐解开，使中华民族的创造力可以突围而出。三民主义开宗明义就说：大凡人类对于一件事，研究其中的道理，首先发生思想，思想贯通，以后才生信仰，有了信仰，才生力量。思想贯通，便等于头脑解放。唯独从头脑里解放出来的创造力，才能打退日本鬼，建立新中国。

（二）解放小孩子的双手。人类自从腰骨竖起，前脚变成一双可以自由活动的手，进步便一天千里，超越一切动物。自从这个划时代的解放以后，人类乃能创造工具武器文字，并用以从事于更高之创造。假使人类把双手束缚起来，就不能执行头脑的命令。我们要在头脑指挥之下用手使用机器制造，使用武器打仗，使用仪器从事发明。中国对于小孩子一直是不许动手，动手要打手心，往往因此摧残了儿童的创造力。一个朋友的太太，因为小孩子把她的一个新买来的金表拆坏了，在大怒之下，把小孩子结结实实打了一顿。后来她到我家里来说：“今天我做了一件极痛快的事，我的小孩子把金表拆坏了，我给了他一顿打。”我对她说恐怕中国的爱迪生被你枪毙掉了。我和她仔细一谈，她方恍然大悟，她的小孩子这种行动原是有出息的可能，就向我们请教补救的办法。我说：“你可以把孩子和金表一块送到钟表铺，请钟表师傅修理，他要多少钱，你就给多少钱，但附带的条件是要你的小孩子在旁边看他如何修理。这样修表铺成了课堂，修表匠成了先生，令郎成了速成学生，修理费成了学费，你的孩子好奇心就可得到满足，或者他还可以学会修理咧。"小孩子的双手是要这样解放出来。中国在这方面最为落后，直到现在才开始讨论解放双手。在爱迪生时代，美国学校的先生也是非常的顽固，因为爱迪生喜欢玩化学药品，不到三个月就把他开除！幸而他有一位贤明的母亲，了解他，把家里的地下室让给他做实验。爱迪生得到了母亲的了解，才一步步的把自己造成发明之王。那时美国小学的先生不免也阻碍学生的创造力的发展。我们希望护育员或先生跟爱迪生的母亲学，让小孩子有动手的机会。

（三）解放小孩子的嘴。小孩子有问题要准许他们问。从问题的解答里，可以增进他们的知识。孔子入太庙，每事问。我从前写过一首诗，是发挥这个道理："发明千千万，起点是一问。禽兽不如人，过在不会问。智者问得巧，愚者问得笨。人力胜天工，只在每事问。"但中国一般习惯是不许多说话，小孩子得到言论自由，特别是问的自由，才能充分发挥他的创造力。

（四）解放小孩子的空间。从前的学校完全是一只鸟笼，改良的学校是放大的鸟笼。要把小孩子从鸟笼中解放出来，放大的鸟笼比鸟笼大些，有一棵树，有假山，有猴子陪着玩，但仍然是个放大的模范鸟笼，不是鸟的家乡，不是鸟的世界。鸟的世界是森林，是海阔天空。现在鸟笼式的学校，培养小孩用的是干腌菜的教科书。我们小孩子的精神营养非常贫乏，这还不如填鸭，填鸭用的还是滋养料让鸭儿长得肥胖的。我们要解放小孩子的空间，让他们去接触大自然中的花草、树木、青山、绿水、日月、星辰以及大社会中之士、农、工、商、三教九流，自由的对宇宙发问，与万物为友，并且向中外古今三百六十行学习。创造需要广博的基础。解放了空间，才能搜集丰富的资料，扩大认识的眼界，以发挥其内在之创造力。

（五）解放儿童的时间。现在一般学校把儿童的时间排得太紧。一个茶杯要有空位方可盛水。现在中学校有月考、学期考、毕业考、会考、升学考，一连考几个学校。有的只好在鬼门关去看榜。连小学的儿童都要受着双重夹攻。日间由先生督课，晚上由家长督课，为的都是准备赶考，拚命赶考，还有多少时间去接受大自然和大社会的宝贵知识呢？赶考和赶路一样。赶路的人把路旁风景赶掉了，把一路应该做的有意义的事赶掉了。除非请医生，救人，路是不宜赶的。考试没有这样的重要，更不宜赶。赶考首先赶走了脸上的血色，赶走了健康，赶走了对父母之关怀，赶走了对民族人类的责任，甚至于连抗战之本身责任都赶走了。最要不得的，还是赶考把时间赶跑了。我个人反对过分的考试制度的存在。一般学校把儿童全部时间占据，使儿童失去学习人生的机会，养成无意创造的倾向，到成人时，即有时间，也不知道怎样下手去发挥他的创造力了。创造的儿童教育，首先要为儿童争取时间之解放。

四、培养创造力

把小孩子的头脑、双手、嘴、空间、时间都解放出来，我们就要对小孩子的创造力予以适当之培养。

（一）需要充分的营养。小孩的体力与心理都需要适当的营养。有了适当的营养，才能发生高度的创造力，否则创造力就会被削弱，甚而至于夭折。

（二）需要建立下层的良好习惯，以解放上层的性能，俾能从事于高级的思虑追求。否则必定要困于日用破碎，而不能够向上飞跃。

（三）需要因材施教。松树和牡丹花所需要的肥料不同，你用松树的肥料培养牡丹，牡丹会瘦死；反之，你用牡丹的肥料培养松树，松树受不了，会被烧死。培养儿童的创造力要同园丁一样，首先要认识他们，发现他们的特点，而予以适宜之肥料、水分、太阳光，并须除害虫，这样，他们才能欣欣向荣，否则不能免于枯萎。

最后，我要提醒大家注意创造力最能发挥的条件是民主。当然在不民主的环境下，创造力也有表现。那仅是限于少数，而且不能充分发挥其天才。但如果要大量开发创造力，大量开发人矿中之创造力，只有民主才能办到，只有民主的目的，民主的方法才能完成这样的大事……民主应用在教育上有三个最要点：

(一)教育机会均等，即是教育为公，文化为公。我们要求贫富的机会均等，男女的机会均等，老幼的机会均等，各民族各阶层的机会均等。

(二)宽容和了解。教育者要像爱迪生母亲那样宽容爱迪生，在爱迪生被开除回家的时候，把地下室让给他去做实验。我们要像利波老板宽容法拉第[②]，法拉第在利波的铺子里作徒弟，订书订得最慢，但是利波了解他是一面订书一面读书，终于让法拉第在电学上造成辉煌的功绩。

(三)在民主生活中学民主。专制生活中可以培养奴才和奴隶，但不能培养人民做主人。民主生活并非乱杂得没有纪律。民主要有自觉的纪律，人民只可以在民主的自觉纪律中学习做主人翁。在民主动员号召之下，每一个人之创造力都得到机会出头，而且每一个人的创造力都能充分解放出来。只有民主才能解放最大多数人的创造力，并且使最大多数人之创造力发挥到最高峰。

【注释】

①本篇原载于1944年12月16日重庆《大公报》。

②法拉第(Michael Faraday，1791～1867)，英国物理学家、化学家。

【导读】

《创造的儿童教育》是陶行知通过长期与儿童的交往，深切体会到儿童那种难能可贵的创造天赋和才能后，结合当时的教育实际有感而作。这篇文章虽然是以“创造的儿童教育”命名，但它通俗、简洁的文字中却隐含着深刻的涵义，他在文章中不仅解释了什么是创造的儿童教育，也说明了要进行创造的儿童教育的原因，最后还重点罗列了进行创造的儿童教育的途径和方法。

创造的儿童教育是一种什么样的教育呢？陶行知在开篇作出这样解释：“创造的儿童教育，不是说教育可以创造儿童。”确实，教育本身不能创造什么，但它可以“启发解放儿童创造力以从事于创造工作”。同时，陶行知也认为，儿童只有在一个乐园，而不是苦海中成长，才能形成一定的创造才能。如果说进行创造的儿童教育首先是为了建设一个创新的国家，那么儿童本身所具有的创造能力就是陶行知进行创造的儿童教育的直接动力，在文中也明确提出了“认识小孩子有力量”的观点。创造的儿童教育该如何来进行是他这篇文章的核心，文章从“解放创造力”和“培养创造力”两个方面阐释了作者的论点。陶行知认为，我们首先要把小孩子的头脑、双手、嘴巴、空间、时间都解放出来，然后“对小孩子的创造力予以适当的培养”。他强调，在“五大解放”中要注意每一个细节。在培养方法上，学生健康的身心和优秀的习惯是创造力形成的前提，教师教学的改进和民主环境的创设是创造力培养的重要环节。

“创造”二字，近些年来一直是个高频词汇，各行各业都在提倡“创造”。因为“创新是一个民族进步的灵魂，是一个国家兴旺发达的不竭动力”。创造力，一个有着悠远历史的永恒话题，从儿童期就要开始着力培养他们这方面的能力，这不仅是陶行知教育思想留下的宝贵经验财富，更是这个时代和社会赋予我们的教育使命。在“少年强，则国强”的思想指引下，这篇《创造的儿童教育》在今天更凸显出十分重要的启示意义和借鉴价值。创造力如何从娃娃抓起，怎样培养创新型人才，将一直催促着一代又一代教育工作者去思考、去努力！

创造的社会教育[①]

【原文】

“创造”与“改造”或“翻造”不同。

大清帝国的教育与中国民国的教育的区别：大清时代，人才即奴才教育，国民教育即奴隶教育。今天，时代不同了，因此，我们办理教育——社会教育，要用新的眼光和新的精神。这就是说，今天我们的“大学之道”，不是“在明明德，在新(亲)民，在止于至善”；而且：“在明大德，在亲大众，在止于大众之幸福。”

所谓“大德”，就是“大公无私”。

所谓“亲民”者也，只是过去知识分子的优越感，好像是给老百姓洗把澡，洗后又远远地离开了他们。文化天使哪里会有工夫常常来替老百姓洗澡呢？(哄堂大笑！)因此，我们是主张“亲大众”的，要文化天使思凡，思凡后即下凡。换言之，即要“文化、精神、学术下凡”。

要亲大众，必须实行文化下凡四部曲：一、钻进老百姓的队伍中去，与老百姓站在一条战线上，同甘苦，共患难；二、熟悉老百姓，要说出老百姓心中所要说的话；三、教老百姓；四、与老百姓共同创造。

“大众之幸福”，包括“福、禄、寿、喜”四个字。一、“福”——老百姓需要和平、安全、乐业，不让少数人专有福气。二、“禄”——吃得饱，穿得暖，不啼饥号寒。三、“寿”——卫生，健康……。四、“喜”——要和科学、学术等等结婚，皆大欢喜。一切均是自愿的，不是压迫的；也不是“埋头苦干”，要是埋着头，一干就干得不高兴，而是挺着胸膛，高高兴兴、快快乐乐地做去。

要“止于大众之幸福”，就必须解放老百姓的创造力。创造力是我们千千万万的祖宗在至少五十万年以来与环境不断奋斗的结果。“北京人”[②]在周口店的发现者是一位工人，可惜却做了“无名英雄”。因此，我们要解放老百姓的创造力。要：

一、解放老百姓的双手。所谓思想、语言、文字等等，都是由双手劳动、工作而发展起来的。

二、解放老百姓的双眼。不要戴有色眼镜，近视的可配上远视的镜子(鼓掌)。

三、解放老百姓的嘴。防民之口，甚于防川(大鼓掌)。所谓“舆论”者，就是大众的意见，抬滑竿的(舆者)意见。

四、解放老百姓的头脑。内在的要除去听天由命、迷信、成见和幻想等等；外在的要除去那些“裹脚布”、“缠头布”(鼓掌)。我自入川以来，看到裹头布甚为流行。拿布来裹头固然要不得，可是还不打紧；而非布的(非物质的)裹头布呢，大概是传自意大利或者是日耳曼的(鼓掌，哄堂大笑)[③]，却一天紧过一天，如果人人都是“三寸金头”立在国际之间，似乎是太不体面的事吧(大鼓掌)！

五、解放我们的空间。我国年来在各地设了许多民众教育馆，就“馆”字解释，将民众教育——社会教育关在一间房子里,不是"官舍",便是"舍"中做了一个"官"而已。如果将"舘"字写成"馆",那也不过成了所谓"文化食堂"、"精神食堂"而已。我们办教育,应该力争做到让所有的老百姓都能各教所知,各学所好,各尽其能,为社会服务而将教育送到大自然、大社会、大森林中去。

六、解放我们的时间。赶考和赶路是同样要不得的。我们应该慢慢地走,然后才能吸收沿途中所接触的事物,所欣赏的风景。不致像学生赶考一样,结果是面黄肌瘦,腰驼背曲,恢复了我们老祖宗五十万年前伛偻状况的老这样子,四肢伏地。

真正的创造的社会教育,是要培养老百姓的创造力。由于时间关系,已无法详讲,只是四点供参考:一、在普及教育中提高老百姓的水准;二、……[④];三、因材施教;四、要有深刻的讲解。

最后,还应着重指出:专制时代的创造是顺乎皇帝的意旨的,是仅限于少数人的。而今天,民主时代的创造,是给每个人以同等的创造的机会,是动员整个民族力量以创造民众的福禄寿喜的。民主的程度愈高,则创造愈开放、愈好。

【注释】

①本篇系演讲记录。记录者:邹大彤。演讲地点:四川璧山县国立社会教育学院。

②又称北京猿人,科学命名为"北京直立人",又称"中国猿人北京种"。其化石遗存于1927年在中国北京市西南的周口店龙骨山发现。

③此句意指:传自意大利墨索里尼或德国希特勒的法西斯专制。

④原记录者在此注有:"笔者遗漏"。

【导读】

陶行知坚信,创造的火花可以照亮整个教育的原野,可以点燃整个国家和民族的希望与未来。继《创造的儿童教育》后,陶行知于1945年1月28日在四川璧山县国立社会教育学院又作出了题为《创造的社会教育》的演讲。从儿童教育到社会教育,他无时无刻不在用"仿我者死,创我者生"的人生信条支撑着自己对中国教育道路的不懈探索,为中国的独立和人民的自由而努力奋斗。创造的社会教育是陶行知多年来教育经验的总结,是其早年萌生的教育救国的种子,在中国教育的现实土壤中经过长时间的精心照料和悉心培育后结出的一颗硕果。

此文的鲜明特点,体现在承认民众的创造力、以解放民众的创造力为手段以及创造力是为群众所有这三方面。社会教育的实施不仅是"社会即学校"的佐证,也是对人的发展的一个促进,更是推动社会进步的一个重要举措。陶行知认为,除了在社会教育中教给民众基本的道德、卫生、生活常识、体育、识字等知识以外,还可以建立图书馆、博物馆、电影院、无线电设备等相关的社会教育设施来满足群众日益增长的精神文化需要,可以通过民众读物和文艺活动等来充实社会教育的内容。社会教育是创造的,不仅说明社会教育不是翻新和改造的教育,更是一种新型的教育。它不仅要变革以往的社会教育,更要实现文化下凡,以亲民众。社会教育的方法除了从"六大解放"做起,还要学会启发诱导,要改填鸭式教学为自动自愿的教学,在知识的消化上要从简单到复杂,培养老百姓的自学能力,使他们形成自己的知识体系。在教材上,要改一贯的枯燥为有味,要把琐碎的知识组织成系统,力求图文的多样性和丰富性。总之,创造的社会教育就是动员整个民族力量以创造大众之幸福。

在今天,终生教育已经成为一种时代的强音。如何借助社会教育来实现这一伟大的教育目标,自然是每一位教育工作者都应思考和力求解决的问题。作为一种自身民族固有的经验或理想，陶行知的思想值得我们借取。因为，创造的火花从未熄灭，它不仅点亮了过去的教育之光，更照亮了今天教育耕耘者前行的道路。

实施民主教育的提纲[①]

【原文】

今天只是提出一些问题作为日后讨论的提纲，希望大家予以修正补充和指教。

一、旧民主与新民主

旧民主，是少数资产阶级作主，为少数人服务。新民主，是人民大众作主，为人民大众服务。

二、创造的民主与庸俗的民主

庸俗的民主是形式主义、平均主义，只是在形式上做到如投票等等。创造的民主是动员全体的创造力，使每个人的创造力得到均等的机会，充分的发挥，并且发挥到最高峰，所以创造的民主必然与我以前所讲的民主的创造有关联。民主的创造，是要使多数人的创造力能够发挥。在专制时代，少数人也能创造，但多数人的创造的天才被埋没，或因穷困忙碌而不能发挥，即使发挥也会受千磨万折，受到极大的阻碍。民主的创造为大多数人的创造，承认每一个人都得到创造的机会，这是与专制的创造不同的地方。

三、民主运用到教育方面来

民主运用到教育方面，有双重意义：第一，民主的教育是民有、民治、民享的教育。"民有"的意义，是教育属于老百姓自己的。"民治"的意义，是教育由老百姓自己办的。例如从前山海工学团[②]时代，宜兴有一个西桥工学团[③]，是老百姓自己办的，农民自己的孩子把附近几个村子的教育办起来，校董是老百姓，校长也是老百姓。又如晓庄学校封闭后，晓庄学生不能回晓庄办教育，而老百姓又不要私塾，所以小孩子自己办了一个佘儿岗自动小学。又如陕北方面是提倡的民办教育[④]，也都是这意思。"民享"的意义，是教育为老百姓的需要而办的，并非如统治者为了使老百姓能看布告，便于管理，就使老百姓认识几个字。由此可见，有民有、民治、民享的政治，才有民有、民治、民享的教育。

第二，民主的教育必须办到各尽所能，各学所需，各教所知。各尽所能，就是使老百姓的能力都能发挥。各学所需，因为经济条件没有具备，所以办不到。但各教所知是可以做到的。在民主政治下，特别是中国有许多人没有受教育，需要多少教员才能把各地教育办起来？如一人能教四十人，二百万教师才能教八千万小孩。这些教师是师范所不能训练出来的，所以还必须每人各教所知。各尽所能，各学所需，各教所知三点都办到了，民有、民治、民享的教育也就成功了。

四、教育的对象或教育的目的

"文化为公"、"教育为公"是教育的目的，但又不妨因材施教。国民教育，与人才教育略有不同。国民教育，是人人应当免费受教育，但如有特殊才能的，也应加以特殊的教育，使其才能能充分发挥，这就是人才教育。但人才教育并不是教他们升官发财，而是要他们将学得的东西贡献给大众，所以这也是"文化为公"。

男女也应有平等受教育的机会。目前有些地方，例如南充男女界限分得很严，男女学生不能互相说话，这种地方，女子教育一定不发达。

无论贫富，也应该有均等受教育的机会。前次社会组[5]在草街乡调查失学儿童，占学龄的儿童百分之七十四。能来中心小学读书的儿童，大多是小地主的孩子，佃农恐怕很少。民主教育要使穷人也有受教育的机会。

无论老小，也应该受教育。生活教育很早就提出活到老，学到老。最近听说西北也是如此。生活教育运动中最老的学生为八十三岁之王老太太，她说："我也快进棺材了，还读什么书？"但经她的孙儿曾孙的鼓舞，她的热情也烧炽起来了。因为她的缘故，她的媳妇也得读书了。

还有资格的问题：现有是有资格就能上进，没有资格就该赶出大门外。但民主教育是只问能力，不问资格的。本来资格是有能力的证明，既有直接的证明，又何须资格？只要证明是有能力的就可上进。

民族教育现在也成了一个问题。过去把少数民族取名为边民，不承认他们为民族。我们对于苗族等小民族的教育，强迫他们学汉文，还要用汉人教师去教他们。但民主教育是让他们学习他们自己的文字，没有文字的，就帮助他们制造文字，让他们自己办学训练各民族的人才来教育他们自己的人民。过去蒙古人受教育时，是雇人来上课的。这种教育又有什么用？

还有一点，无论什么阶级，都要有受教育的机会。受教育的机会被剥夺最多的是农工及子弟。农工阶级忙碌一天，还陷入吃不饱饿不死的状态，当然更谈不到受教育。民主教育是要力求农工劳苦阶级有机会受教育。

总结起来，"教育为公"就是教育机会均等：入学时求学的机会均等，长进的机会均等，离校时复学的机会均等，失学时补习机会均等，而且老百姓有办学管教育的机会。

五、民主教育的方法

民主的教育方法，要使学生自动，而且要启发学生使能自觉，要客观，要科学，不限于一种，要多种多样，因材施教，要生活与教育联系起来，并且在中国要会用穷办法，没钱买教科书，用尽种种办法来找代用品，招牌可以作课本，树枝可以作笔，桌面可以当纸张。八路军行军时，带着一套文化工具，即是一支木笔，行军停下来时，就在地面上画字认字。新民主主义既是农工领导，就必须用穷办法使老百姓受教育。单是草街子，如每人买一支铅笔，就要化去四十万元，因此只有不用铅笔另想穷办法，才能做到教育为公。

另外还有一个办法，学生不能来上课的可以去上课，"来者不拒，不能来者送上门去"，看牛的送到牛背上去，这样"教育为公"才有办法。最后，我们必须重提要着重创造，让学生自动的时候，不是让他们乱动，而是要他们走上创造之路，手脑并用，劳力上劳心。这需要六大解放：(一)解放眼睛——不要带上封建的有色眼镜，使眼睛能看事实；(二)解放双手。(三)解放头脑——使头脑从迷信、成见、命定、法西斯细菌中解放出来。(四)解放嘴——儿童应当有言论自由，有话直接和先生说，并且高兴心甘情愿和先生说。首先让先生知道儿童们一切的痛苦。(五)解放空间——不要把学生关在笼中，在民主教育中的学校应当大得多，要把大自然、大社会作他们的世界。空间放大了，才能各学所需；扩大了空间，才能各教所知；扩大了空间，才能各尽所能。(六)解放时间——不是以此标榜，然而并未完全做到。师生工友都应当有一点空闲的时间，可以从容消化所学，人容思考所学，并且干较有意义的工作。

六、民主的教师

民主的教师，必须要有：(一)虚心；(二)宽容；(三)与学生共甘苦；(四)跟民众学习；(五)跟小孩子学习——这听来是很奇怪的，其实先生必须跟小孩子共甘苦，并不是说完全跟小孩子学，而是说只有跟小孩子学，才能完成做民主教师的资格，否则即是专制教师。现在民主国家的领袖，都是跟老百姓学，否则即成专制魔王；(六)消极方面：肃清形式、先生架子、师生的严格界限。

七、民主教育的教材

民主教育的教材应从丰富中求精华，教科书以外求课外的东西，并且要从学校以外到大自然、大社会中求得活的教材。

八、民主教育的课程

(一)内容。现在人民所以大部分在贫穷中过生活，因为贫富不均，所以了解社会是很重要的。另外科学不发达，不能造富，所以应该有科学的生产，科学的劳动。抗战如不能胜利，整个中国就完了！因此教育要拿出一切力量来争取胜利，要启发民众，用一切力量来为抗战为反攻而努力。

(二)课程组织。组织应敷成多轨，即普及与提高并重，使老百姓都能受教育，并且有特殊才干也能发挥。

(三)课程要有系统，但也要有弹性，要在课程上争取时间的解放。

九、民主教育的学制

民主教育的学制，包含三原则：单轨出发。学制在世界上各国分成几种，如德国的学制是双轨制，穷苦的人民受国民教育，再受职业教育。有钱的人，则由中学而直升大学。民主教育开始是单轨，不分贫富从单轨出发，以后依才能分成多轨，各人所走路线虽不同，但都将力量贡献给抗战，贡献给国家，这叫多轨同归。并且还要换轨便利，让他们在才干改变时有调换轨道的便利。

旧时的学校，学生忙于赶考。赶考是缩小学生时间的一原因，并且使学生没有时间思考。民主教育也是要考的，但不要赶考，而是考成。也不鼓励个人的等第，只注意集团的成绩。而成绩也不以分数定高下。

民主也不是绝对的自由。民主有民主的纪律，与专制纪律不同。专制纪律是盲从。民主纪律是自觉的集体的，不但要人服从纪律，还要人懂得为什么。

此外应当广泛的设立托儿所，农村的，工厂的，公务员的，可以将妇女从家庭中解放出来。在大学，要做到下列几点：(一)入学考试不应过分看重文凭，应增加同等学力的录取比例；(二)研究学术自由，读书自由，讨论自由；(三)增设补习大学及夜大学。这应该跟日本学，在日本夜大学很多。我们要帮助工厂里的技术工人，合作农场中的技术农人，得到受大学教育的机会。至于留学政策，凡是在中国可以学到的应在中国学，请外国教授来中国教。如设备不可能在中国设置的学科，才能派大学毕业有研究能力的研究生出外留学。

十、民主教育的行政

(一)鼓励人民办学校，当然人民自己所办的，并不能像美国私立学校那样宣传某种宗教的偏见，而是为民主服务。

(二)鼓励学生自己管自己的事。

(三)肃清官僚气的查案，以及资格的作风。视察员及督学有三个作用：(1)鼓励老百姓办学；(2)考察学校是否合乎民主道理；(3)不是去查案，而是积极指导学校如何办得好。老百姓的学校，大概粗糙简陋，所以视察员到时，不是带来恐怖，而是带来春风。

民主的校长，也有四种任务：(1)培养在职的教师，教师是从各处来的，校长应负有责任使教师进步；(2)通过教员使学生进步并且丰富的进步；(3)在学校中提拔为老百姓服务的人，如小先生之类；(4)应当将校门打开，运用社会的力量，使学校进步，动员学校的力量，帮助社会进步。他应当有社会即学校的观点，整个社会是学校，学校不过是一课堂，这样才能尽校长的责任。并且对于大的社会，才能有民主的贡献。而学校本身就可以成为民主的温床，培育出人才的幼苗。

十一、民主的民众教育

有人民的地方，就是民主教育到的地方。家庭、店铺、茶馆、轮船码头，都是课堂。甚至防空洞中，也可以进行教育。博物馆、电影院、图书馆，都是进行有系统的教育地方。应当请专家讲演，深入浅出。没有专家的地方，也应有好的办法，使老百姓无师自通。

十二、民主教育的文字

要老百姓认二千个字，好比要他们画二千幅画。有人说汉字太难，应当打倒；有人主张，不用拉丁化，而用注音字母。我主张汉字、新文字、注音字母三管齐下。(一)认得汉字的人，照估计有八千万人，假使最低估计有五百万人可能教汉字，这是一股很大的力量，我们不但不用推倒他，而要运用他。(二)运用新文字教老百姓，我们在上海试过，教起来非常方便。一个月就可以使老百姓看懂信件，学过英文的人，三个钟头就可以学会。(三)醉心注音字母也好，就用注音字母来帮助老百姓。我希望文字也像政党似的来一个民主联合，汉字好比是板车木车，注音字母好比是汽车，新文字好比是飞机。各种文字的提倡人联合起来，做到多样的统一。

【注释】

①本篇系陶行知的讲演记录稿，由徽林、元直记录整理。发表于1945年5月《战时教育》第9卷第2期，在第一个标题《旧民主与新民主》下面，只有"遵检"二字，而无正文。本篇该处文字以方与严在1949年所编《陶行知教育论文选辑》中同一文章补入。

②又名私立山海实验乡村学校，于1932年10月1日在上海宝山沪太路孟家木桥正式成立，团长马侣贤。

③全称是西桥儿童工学团。1934年2月，由陶行知所派陆静山、侣朋在江苏省宜兴市创办。

④此处指中国共产党在陕甘宁边区领导创办的教育事业。

⑤育才学校里的一个组，还有音乐组、自然组等。

【导读】

"民主"在许多人眼里是一个政治概念，然而，在教育领域，同样需要民主。翻开教育的史册，民主思想的呐喊可以追溯到18世纪的欧洲，资产阶级的启蒙运动对世界民主教育的前进步伐起到了巨大的推动作用。受过西方教育熏陶的陶行知，结合中国的教育实际，毕生也为实现中国教育的民主进行了不懈的奋斗和努力。1945年的春天，在他的一次演讲中，陶行知将酝酿已久的民主教育的实施火炬终于点燃，并为如何实施民主教育提出了相应的提纲，这次讲题的内容即《实施民主教育的提纲》。

《实施民主教育的提纲》一共涉及教育的十二个方面的民主，通过对这些方面的阐述，陶行知希望能在当时的中国建立起一个民主教育的总体系，在力所能及的范围内最大限度地实现中国教育的民主。当然，他也意识到自己目前这个纲领的不成熟，但他期待着其他教育者的参与和讨论，甚至是修正以至完善。在提纲的制定上，我们从他质朴的话语中看到的是一个人民教育家的真象，从他恳切的态度上更感觉到一种民主的作风正从他这里散开：他要用自己的实际行动从每一件小事上让中国教育真正走上民主的大道。那么，实施民主教育究竟要从哪些方面着手呢？他认为，区分旧民主和新民主，是把握民主教育性质和方向的前提；分清创造的民主与庸俗的民主，是进行民主教育的首要思想工作；将政治中的“民主”引入教育，是民主教育实施的重要理念；理解教育的对象和目的，是实施民主教育的基本任务；熟悉民主教育的方法，是民主教育成功的关键；民主教师的具备，是民主教育顺利展开的可靠保证；教材的选择，是民主教育过程中的重要步骤；课程的安排，是民主教育的重要环节；学制的制定，是民主教育人才培养的制度体现；教育行政的形成，是民主教育管理的依靠；民众教育，民主教育的主力军；推广和运用文字，民主教育的载体……

纵观陶行知《实施民主教育的提纲》这十二个方面，教育的民主化在上个世纪就已经得到了全面系统的理论探讨和事实论证。由此也可见，由于一直以来以“人民教育人民办、办好教育为人民”作为自己的事业路向，陶行知的教育思想得以超乎常人的前卫。这种“民主教育”思想及其设计，即使在今天仍未过时，而且仍是今天我们力求全面实现的教育景观。今天，在大力推进素质教育和全民教育的过程中，这一理论仍然闪耀着时代的光辉，照耀着教育工作者前行。

小学教师与民主运动①

【原文】

我这次到上海，在一个小宴会上，去听了几句令人深思的话。我的朋友说：抗战八年来，五位教师之中，有一位逃难去了，一位做生意去了，一位变节了，一位死了，只剩了一位仍旧还在这里做教师，我们是多么寂寞啊！我说剩下的这一位，头上是裹着裹头布，嘴上是上了封条，肚子是饿凶了，被迫得只有干腌菜喂后一代。我们接着谈论胜利后的他们：逃难的难得回乡；做生意的倒胜利霉；变节的无法戴罪立功；死者不可复生；站在岗位上的，头上的裹头布仍旧裹着，嘴上的封条仍旧封得很紧，肚子饿得更凶了，除了干腌菜还没有别的精神粮食给学生吃。这谈话指示我们，如果我们要为民主奋斗，我们得加强自己，改变自己，武装自己，而且要为教育招兵，为民主募马。

首先我们自己需要再教育，再受民主教育。中华民国虽然成立了三十五年，我们只上了很少的民主功课。细算起来，民国初立的几个月，推翻袁世凯的几个月，五·四运动后的一两年，推翻复辟后的几个月，五卅惨案以及北伐前后的一二年，一二·九到抗战开始后一年，算是断断续续的上了几课，但是一曝一寒，胜不过二千年传下来的专制毒，和这十余年来的有系统的、反民主的、变相的法西斯蒂训政。特别是我们做教师的人，需要再教育来肃清一切不民主，甚至反民主的习惯与态度，并且积极的树立真正的民主作风。校长对于我们，我们对于学生，多少都存在着一些要不得的独裁作风。中国现在，自主席以至于校长教师，有意无意的，难免是一个独裁，因为大家都是在专制的气氛中长大，为独裁作风所熏陶，没有学习过民主作风。我们所要学习的民主作风，至少应该包含这些：

（一）民主贵。人民第一。一切为人民。

（二）天下为公。文化为公。不存心包办，或征为私有。

（三）虚心学习，集思广益，以建立自己的主张。

（四）自己要说话，也让别人说话，最好是大家商量。自己要做事，也让别人做事，最好是大家合作。自己要吃饭，也让别人吃饭，最好是大家有饭吃。自己要安全，也让别人安全，最好是大家平安。自己要长进，也让别人长进，最好是大家共同长进。

（五）民主未得到之前，联合起来以争取民主为己任；人民基本自由得到之后，依据民主原则共同创造，创造新自己，创造新家庭、新学校、新中国、新世界。

这是一种全新的生活方式，我们必须天天在实际的生活中学习，学习再学习，才能习惯成自然，造成民主的作风。

个人学习不如集体学习，偶尔学习不如经常学习。为着进行经常的集体学习，最好是联合起来组织社会大学、星期研究会以实施共同之进修。这些新的学习组织，在重庆已经施行有效，应该在各地举办起来，以应好学的教师与好学的青年的需要。孔子说："学而不厌，诲人不倦。"我看出这两句话有因果的关系。惟其学而不厌才能诲人不倦；如果天天卖旧货，索然无味，要想教师生活不感觉到疲倦是很困难了。所以我们做教师的人，必须天天学习，天天进行再教育，才能有教学之乐而无教学之苦。自己在民主作风上精进不已，才能以身作则，宏收教化流行之效。我们在民主作风之外，要学习的东西很多，应该按着自己的兴趣，才能和工作岗位的需要继续不断的学习，活到老，学到老。但是最重要的不能忘了社会科学。每一位现代的教师，必须把基本的政治问题、经济问题、世界大势、社会的历史的发展和正确思想方法弄清楚，最好是要参加教师进修的组织，如社会大学、星期研究会，凭着集体的力量督促自己长进。在没有社会大学或星期研究会的地方，小学教师们应该主动发起创办。这是如同吃饭一样的急不容缓，不可等待。

我们进行自我再教育，不能没有先生，我们要三顾茅庐请出第一流的教授来帮助我们进行各项学习。第一流的教授具有两种要素：一、有真知灼见；二、肯说真话，敢驳假话，不说谎话。我们必须拿着这两个尺度来衡量我们的先生。合于此者是吾师，立志求之，终身敬之。

在各位大师之中，我要介绍两位最伟大的老师。

一位就是老百姓。我们要跟老百姓学习，学习人民的语言，人民的感情，人民的美德。努力发现老百姓的问题、困苦和他们心中所希望达到的目的，并认识他们就是中华民国真正的主人，要他们告诉我们怎样为他们服务才算满意。我愿把我写的一首小诗献给每一位小学教师，共同勉励：

民之所好好之。
民之所恶恶之。
教人民进步者，
拜人民为老师。

还有一位最伟大的先生要介绍，那就是小孩子——我们所教的小学生。我们要跟小孩子学习，不愿向小孩学习的人，不配做小孩的先生。一个人不懂小孩的心理，小孩的问题，小孩的困难，小孩的愿望，小孩的脾气，如何能教小孩？如何能知道小孩的力量？而让他们发挥出小小的创造力？

唯独肯拜人民与小孩为老师的人，才能把自己造成民主的教师，也只有肯拜人民与小孩为老师的，那民主作风才自然而然的获得了。

其次，就是运用民主作风教学生，并与同事共同过民主生活，以造成民主的学校。教育方法要采用自动的方法，启发的方法，手脑并用的方法，教学做合一的方法，并且要使学生注重全面教育以克服片面教育；注重养成终身好学之习惯以克服短命教育。在现状下，尤须进行六大解放，把学习的基本自由还给学生：一、解放他的头脑，使他能想；二、解放他的双手，使他能干；三、解放他的眼睛，使他能看；四、解放他的嘴，使他能谈；五、解放他的空间，使他能到大自然大社会里去取得更丰富的学问；六、解放他们的时间，不把他的功课表填满，不逼迫他赶考，不和家长联合起来在功课上夹攻，要给他一些空闲时间消化所学，并且学一点他自己渴望要学的学问，干一点他自己高兴干的事情，还要把工友当做平等的人和他们平等合作。只有校长、教师、学生、工友团结起来共同努力，才能造成一个民主的学校。

再其次，要教学生为民主的小先生。我们不把小孩单单当作学生教。最重要的教育是"给的教育"，教小孩拿出小小的力量来为社会服务。人生以服务为目的，不是毕业后才服务。在校时，就要在服务上学习服务。学生最好的服务是做小先生，拿学得的知识教给人。中华民国是一个公司；四万万五千万人联合起来做老板。男人是男老板；女人是女老板；大人是大老板；小孩是小老板；大家都是中华民国的老板；大家都是中华民国的主人。拿这种浅显而重要的意思由学生一面学，一面教给不能进学校的老百姓，他们变成了民主的小先生。一位先生教四十位学生，照老法子，他只是四十个学生的先生。如今把这四十个学生变成小先生，每位小先生平均帮助五个人，便能帮助二百人，连原来的四十人，便是一位二百四十人的先生，力量与贡献大得多了。这样，学校变成了发电机，学生变成了四十根电线，通到每一个家庭里去，使四十家，乃至二百四十家都发出民主的光辉来，这不能算是小学教师的重要任务吗？

再其次，要教民众自己成为民主的干部。小学教师应该是民主的酵母，使凡与他接触的人都发起酵来，发起民主的酵来。农人、工人、商人、军人、官吏、学生家属，只要一接触便或多或少，起一点变化，顶少要对民主运动减少一点阻碍，顶好是一经提醒便成了民主的斗士，乃至成为民主的干部，大家起来创造一个名符其实的中华民国。去年中秋，当我亲眼在四川看见一位老农拿出插在腰背后的旱烟管来，指挥他的七位学生，一连合唱了八个歌曲，我好像是看见了新中国的前途。这样可贵的，从人民中产生出来的民主干部，将来是要几十万几百万的产生出来。发现他们，培养他们，是小学教师不可放弃的天职。

最后，争取民主以保障生存权利与教学自由。小学教师值得几文钱？是我这次到上海来看见从前乃英先生写的一首感动人的歌曲：

"小学教师值几钱？五元钱一天，教一天，算一天。请假一天扣工钱。不管你喊哑喉咙，不管你绞尽脑汁，不管你坐弯背腰，不管你饿凶肚皮，预支不可以。小学教师值几钱？要求提高待遇，还没有这种福气。"

这首歌的末一句，我提议修改为"争民主奋斗到底"。提高待遇，只有民主才有保障。现在的尊师运动，必须包含争取民主，才能将一时救急的办法，变成经常安定的办法。如不争取民主，使真正的民主政治，民主经济，民主文化全盘兑现，我们必定是一辈子陷在"吃不饱来饿不死"的地狱里。所以为着提高生活的待遇，我们必须参加在整个国家民主斗争里面去，实现天下为公，有我们自己的一份在内。

教师的职务是"千教万教，教人求真"，学生的职务是"千学万学，学做真人"。这教人求真和学做真人的教学自由，也只有真正的民主实现了才有可能。在不民主的政治下，说真话做真事的人是会打破饭碗，关进集中营，甚至于失掉生命。因此这教学自由，也是要在整个的人民基本自由中全盘解决。让我们和人民站在一条线上，争取真正民主的实现，共同创造一个独立、自由、平等、进步、幸福的新中国。

【注释】

①本文撰写于1946年4月，后载于1947年上海生活书店版《行知教育论文选辑》。

【导读】

陶行知曾经在写给大学生的一封信里提到，“要想小学办得好，先要造就好教师”。那么，要想小学的民主教育办得好，首先就要造就具有民主作风的好教师，这是《小学教师与民主运动》这篇文章灵魂所在，也是陶行知整个教育思想精髓的体现，更是当时教育工作者应该遵循的前进的方向。抗战救国的道路离不开教育的支持和开启，而战时教育的成功也寄托在小学教师的身上。当民主教育的号角已经吹响，当教育救国的主旋律依然在继续，解决小学教师队伍的数量和质量问题日益迫切，于是陶行知写出了《小学教师和民主运动》：只要小学教师能努力提高自身素质，只要小学教师在工作中形成民主的作风，民主教育一定会深入开展，教育救国的前途就会越来越光明。

在文中，陶行知主要围绕小学教师的自身建设进行讨论，为了努力提高小学教师的素质，他从小学教师自身实际水平入手，提出了许多在我们今天看来仍有借鉴意义和参考价值的解决措施及途径。首先要树立民主的作风，坚持人民第一和一切为了人民的观点，不允许教育的包办和私有，在共同的合作与商量讨论中解决问题，联合以求民主，原则以保民主，在社会机构里长期不断进修中树立“教学相长”的观点，使自己成长为有主见的教师。同时，民主的作风体现在民主的教学方法上，教学方法上的自动、启发诱导就是民主的体现，同时，手脑并用、教学做合一下的生活教育理论更是在民主的环境中孕育而生，在他的理论中，民主的教育已经覆盖着全面教育和终生教育的层面。最后，他指出，民主教育不是一种专门灌输死知识的教育，它是一种“给的教育”，是培养学生为社会服务能力的教育，使民众自己成为民主的干部，使教师自己成为民主的主人等，都是民主教育所要达到的目标。

“千教万教，教人求真”，这是一名教师的永恒；“千学万学，学做真人”，则是教育追寻的至理。但“真”也是只有在民主真正实现后才有可能。小学教师，托起明天民主的太阳，是实现教育民主的领跑者，更是实现自身变革的力量。教师，作为教育活动中的一个基本而又核心的要素，教师自身素质如何，直接关系到整个国家的教育质量和人才的培养。在陶行知的时代，“全民族的命运都操在小学教员手里”，小学教师要“加强自己，改变自己，武装自己，而且要为教育招兵，为民主募马”，通过实施民主教育来为民主奋斗，才能“争取真正的民主的实现，共同创造一个独立、自由、平等、进步、幸福的新中国”。今天的教师，正扛着提高全民族整体素质的重任，应接过陶行知他们的民主大旗，为教育的民主作出不懈的努力！